Jungbauer
Kosten- und Gebührenrecht

ReFaWi

Herausgegeben

von

Sabine Jungbauer

Kosten- und Gebührenrecht

Übungsfälle für Rechtsfachwirte

von

Sabine Jungbauer

Geprüfte Rechtsfachwirtin, München

6., neu bearbeitete Auflage

C.F. Müller

Bibliografische Information der Deutschen Nationalbibliothek

Die Deutsche Nationalbibliothek verzeichnet diese Publikation in der Deutschen Nationalbibliografie; detaillierte bibliografische Daten sind im Internet über http://dnb.d-nb.de abrufbar.

ISBN 978-3-8114-0709-1

E-Mail: kundenbetreuung@cfmueller.de
Telefon: +49 89/2183 7923
Telefax: +49 89/2183 7620

© 2018 C.F. Müller GmbH, Waldhofer Straße 100, 69123 Heidelberg

www.cfmueller.de

Satz: Strassner ComputerSatz, Heidelberg
Druck: CPI Clausen & Bosse, Leck
Printed in Germany

Vorwort der Herausgeberin

Liebe Leserin,
lieber Leser,

da speziell auf die Bedürfnisse der angehenden Rechtsfachwirte zugeschnittene Literatur auf dem Markt nicht zu finden war, entstand 2007 die Idee zu dieser Buchreihe. Sie hat sich inzwischen etabliert und erscheint nun wiederholt in aktualisierter und erweiterter Auflage. Die Autoren haben etliche Gesetzesänderungen eingearbeitet sowie neue Fälle mit Lösungen für Sie erstellt, so dass Sie sich noch intensiver auf die Prüfung oder auch schwierige Fälle in der Kanzlei vorbereiten können. Denn die Buchreihe hat nicht nur bei angehenden Rechtsfachwirten Anklang gefunden. Sie wird auch von qualifizierten Mitarbeitern in RA-Kanzleien sehr geschätzt, die mit einfachen Fragestellungen nicht mehr zufrieden sind und sich vertieftes Wissen aneignen möchten. Doch bevor Sie sich an das Üben begeben, erlauben Sie bitte noch einige – wichtige – Hinweise.

Für geprüfte Rechtsfachwirte (bis zum Jahr 2001 Bürovorsteher/Geschäftsleiter im RA-Büro) existiert bis heute kein einheitlicher Rahmenlehrplan. Lediglich den Prüfungsordnungen der einzelnen Kammern können Sie die Prüfungsinhalte entnehmen. Dabei ist festzustellen, dass gerade Themen wie Mandantenbetreuung oder Büroorganisation und Büroverwaltung unterschiedliche inhaltliche Vorstellungen hervorrufen und bei den einzelnen Kammern auch unterschiedliche Schwerpunkte gesetzt werden.

Da die Anforderungen an Rechtsfachwirte auch einem Wandel unterliegen, der eng mit den praktischen Anforderungen verknüpft ist, wäre es müßig an dieser Stelle einzelne Unterschiede – auch wenn sie bekannt sind – darzustellen. Sie sollten sich selbst genau erkundigen, welche Themengebiete konkret in Ihrem Kammerbezirk geprüft werden, vor allem, wenn Sie sich entschlossen haben, Ihre Ausbildung zum Rechtsfachwirt in einem Fernstudien-, Online- oder Präsenzseminar außerhalb Ihres Kammerbezirks zu absolvieren. Die Kammern stellen die Prüfungsordnungen auf Wunsch zum Download bereit oder versenden diese auch.

Im Moment steht auf dem Prüfstand, ob die Verordnung über die Prüfung zum anerkannten Abschluss Geprüfter Rechtsfachwirt/Geprüfte Rechtsfachwirtin eine Neuordnung erfährt. Dies wäre nach meiner Auffassung wünschenswert, so fehlt insbesondere bis heute eine solche Verordnung für Patentanwaltsfachangestellte. Besonders wünschenswert wäre es aber, wenn den oft kurzen Begriffen der Prüfungsordnung mit Rahmenlehrplänen Leben eingehaucht würde, so dass Interessierte wissen, worauf sie sich einlassen, wenn sie diese Fortbildung anstreben. Bis es aber soweit ist, wird aber wohl noch einige Zeit vergehen, denn die Bestrebungen stecken noch in den „Kinderschuhen". Vor dem nächsten oder auch übernächsten Auflagenturnus ist erfahrungsgemäß nicht mit einer neuen Verordnung zu rechnen.

Bis dahin kann diese auf die heutige Verordnung ausgerichtete Buchreihe Ihnen helfen, sich gezielt auf Ihre Prüfung vorzubereiten – den Besuch eines Kurses gleich welcher Art – können und sollen sie nicht ersetzen. Beachten Sie bitte, dass in den einzelnen Kammerbezirken die Beantwortung von Fragen im Gutachtenstil gefordert wird.

Es würde den Rahmen dieser Reihe sprengen, hier alle Unterschiede aufzugreifen und darzustellen.

In jedem Fall aber werden die Bücher Ihnen helfen, auch schwierigere Fallgestaltungen zu lösen. Damit ein konsequentes Üben möglich ist, wurden die Lösungen zu den Fällen in einem eigenen Kapitel dargestellt. Mein Tipp für Sie: Öfter mal „nur einen Fall lösen" bringt weitaus mehr als das Vorhaben, dieses Buch an einem Wochenende durchzuackern. Die Erfahrung zeigt, dass solche Mammutvorhaben meist nicht umgesetzt werden, und das „schlechte Gewissen" danach ist furchtbar. ☺

In der „Juristerei" gibt es manchmal mehr als eine Lösung. Aus diesem Grund stellen die Lösungen in dieser Buchreihe Lösungsvorschläge dar. Sollten Sie Fehler entdecken oder Anregungen haben, so sind die Autoren und ich als Herausgeberin dankbar für Ihre Hinweise.

Und seien Sie bitte nachsichtig, wenn sich mal ein Tipp- oder Rechenfehler eingeschlichen hat. Solche lassen sich auch bei größter Sorgfalt nicht immer vermeiden.

An dieser Stelle möchte ich nicht versäumen, dem C.F. Müller Verlag dafür zu danken, dass er diese Buchreihe ermöglicht hat. Mein Dank gilt auch Frau Enzmann vom C.F. Müller Verlag für ihre immer freundliche Unterstützung. Das große positive Feedback, das wir erhalten haben, bestätigt unsere Arbeit, und die Fortentwicklung dieser Buchreihe liegt mir als Herausgeberin sehr am Herzen.

Danken möchte ich auch allen Kollegen und Kolleginnen, die mit mir ihre Erfahrungen geteilt haben und mir mit konstruktiven Anregungen zur Seite standen.

Nun bleibt mir noch, Ihnen für Ihre Abschlussprüfung die Daumen zu drücken. Letztendlich gehört auch ein Quäntchen Glück ebenso zum Erfolg, wie der Fleiß beim Lernen.

München, im September 2018

Sabine Jungbauer
Herausgeberin

Vorwort der Autorin

Lieber Leser,

nun liegt sie in Ihren Händen: Die Neuauflage des Buchs „Kosten- und Gebühren-recht", Übungsfälle für Rechtsfachwirte.

In diesem Werk finden Sie zu wichtigen Prüfungsthemen Übungsfälle mit Lösungsvor-schlägen. Wenn spezielle Erläuterungen sinnvoll erschienen, wurden diese an das Ende der Lösung eines Falls gestellt. Bei diesem Buch handelt es sich jedoch nicht um ein Lehrbuch. Es soll Ihnen vielmehr ermöglichen, sich durch das Üben der Fälle in-tensiv auf Ihre schriftliche Abschlussprüfung zum/zur geprüften Rechtsfachwirt/in vor-zubereiten.

Der Schwerpunkt der Fälle wurde auf möglichst anspruchsvolle Fälle gelegt. Bitte lesen Sie gerne die Nutzungstipps für dieses Werk vor A. Sie können Ihnen helfen, eine möglichst hohe Punktzahl in der Prüfung zu erreichen.

Namen von Handlungspersonen in Fällen sind zufällig gewählt; Ähnlichkeiten mit lebenden Personen sind nicht beabsichtigt.

Mit dieser Auflage scheidet der Kollege Horst-Reiner Enders leider aus dem Autoren-team aus. Ich bedauere dies sehr, da ich ihn sowohl menschlich als auch beruflich sehr schätze. Sein Wunsch nach etwas weniger Arbeitsbelastung ist aber natürlich verständ-lich und ich freue mich daher auch für ihn. Für seine bisherige Mitwirkung möchte ich ihm herzlich danken; ebenso für die Erlaubnis, seine Fälle bearbeiten zu dürfen. Wir werden uns in anderen beruflichen Bereichen weiterhin freundschaftlich verbunden bleiben.

Mein Dank geht auch an Frau Enzmann und Frau Mertens vom Verlag, die mir immer sehr hilfsbereit und kompetent zur Seite standen.

Ich wünsche Ihnen bei Ihrer Fortbildung und Prüfung von Herzen viel Erfolg.

München, im September 2018   *Sabine Jungbauer*

Inhaltsverzeichnis

Abkürzungsverzeichnis

a.a.O.	am angegebenen Ort
AG	Amtsgericht
BGH	Bundesgerichtshof
BORA	Berufsordnung (für RAe)
BRAO	Bundesrechtsanwaltsordnung
FamFG	Gesetz über Familiensachen und Angelegenheiten der freiwilligen Gerichtsbarkeit
FamGKG	Gerichtskostengesetz für Familiensachen
GKG	Gerichtskostengesetz
GNotKG	Gerichts- und Notarkostengesetz
GVG	Gerichtsverfassungsgesetz
KostO	Kostenordnung
KostRMoG	Kostenrechtsmodernisierungsgesetz
KV	Kostenverzeichnis
LG	Landgericht
OLG	Oberlandesgericht
RA	Rechtsanwalt
RAin	Rechtsanwältin
RVG	Rechtsanwaltsvergütungsgesetz
VV	Vergütungsverzeichnis
z.B.	zum Beispiel
ZPO	Zivilprozessordnung

Nutzungstipps

Denken Sie während der Durststrecken, wenn der Stoff unendlich scheint und das schlechte Gewissen mal wieder plagt, immer daran, dass diese harte Zeit auch einmal vorbei sein wird. Halten Sie Ihr Ziel vor Augen, seien Sie aber auch gnädig mit sich selbst. Eine solche Fortbildung häufig neben einer Vollzeit-Stelle, vielleicht auch, wenn man gerade noch kleine Kinder hat, zu Hause jemanden pflegt und all dies noch unter dem Druck des Fachkräftemangels, der einen bei der Arbeit in der Kanzlei oft an die Grenzen führt: All das will gemeistert werden. Versuchen Sie daher, eher mit kleinen Lerneinheiten zum Ziel zu gelangen. Oft nimmt man sich viel zu viel vor, wie z.B. „ich werde das ganze nächste Wochenende von morgens bis abends üben". Das Leben macht einem nur zu gerne mal einen Strich durch die Rechnung. Kranke Kinder, eine Freundin, die dringend getröstet werden muss, Grippe oder einfach auch mal keine Lust zum Üben, führen dann meist zu einem furchtbar schlechten Gewissen. Aber das schlechte Gewissen bringt einen kein Stückchen weiter. Ich habe es selbst ausprobiert. Egal wie groß das schlechte Gewissen war, ich habe hinterher einfach nicht mehr gewusst und deswegen auch nicht mehr gelernt. Das heißt nicht, dass man nichts tun muss oder sollte. Aber man kann sich notwendige Auszeiten auch fröhlich nehmen. Vorhaben wie z.B. – „heute Abend mache ich mal **eine** Aufgabe aus dem Buch" – bringen oft mehr als Mammut-Vorhaben. Denn wenn der „Lernberg" nicht so groß ist, macht es plötzlich Spaß. Es ist die stetige Übung, die zum Erfolg führt. Übung macht den Meister, das gilt für Ihre Fortbildungsprüfung in besonderem Maße. Es reich nicht, die Fälle richtig lösen zu können. In der Prüfung kommt es auch auf eine zügige Bearbeitung an. Es ist daher gut, wenn man beim Üben zuerst den Fokus auf Gründlichkeit legt. Wenn man ein Thema beherrscht, ist es Zeit, die Geschwindigkeit zu trainieren. Aber keinesfalls vorher!

Sie finden zu allen Fällen Lösungsvorschläge in einem eigenen Kapitel. Versuchen Sie ehrlich mit sich selbst zu sein und spicken Sie nicht. Nur wenn Sie die Lösung selbst versuchen, erhalten Sie ein realistisches Bild davon, was Sie schon können oder noch üben müssen.

Fälle mit SJ gekennzeichnet	wurden von Sabine Jungbauer erstellt
Fälle mit HRE/SJ gekennzeichnet	wurden von Horst-Reiner Enders erstellt und von Sabine Jungbauer bearbeitet

A. Übungsfälle

I. Wertberechnung für RA-Gebühren und Gerichtskosten

Fall 1 *(SJ)*

Rechtsanwältin Dr. Gründlich soll einen Geschäftsführeranstellungsvertrag für die Fa. beauty-is-our-duty GmbH entwerfen. Im Vertrag sollen folgende Eckpunkte aufgenommen werden:

Monatliche Bruttovergütung	12.000 €
Jahresbonus	25.000 €
Monatliche Spesenpauschale	1.000 €

Berechnen Sie unter Angabe der gesetzlichen Vorschriften den Gegenstandswert der anwaltlichen Tätigkeit!

Variante zu Fall 1 *(SJ)*

Auftrag zum Entwurf eines Geschäftsführeranstellungsvertrags; folgende Leistungen sollen aufgenommen werden:

Monatliche Bruttovergütung	12.000 €
Jahresbonus	25.000 €
Monatliche Spesenpauschale	1.000 €

Dienstwagen, der auch privat genutzt werden darf (Bruttolistenpreis: 60.000 €; 1%-Regelung kommt zur Anwendung).

Berechnen Sie unter Angabe der gesetzlichen Vorschriften den Gegenstandswert der anwaltlichen Tätigkeit!

Fall 2 *(HRE/SJ)*

Rechtsanwalt Dr. Heiner Hilfreich hat für den Mandanten einen Mietvertrag entworfen. Der Mietvertrag kann unter Beachtung der gesetzlichen Kündigungsfristen aufgelöst werden. Eine feste Vertragszeit wurde nicht vereinbart. Monatlich sind zu zahlen:

- Miete 1.000 €
- Nebenkosten 300 € (die Nebenkosten werden jährlich abgerechnet)
- 19 % Umsatzsteuer auf die Miete und die Nebenkosten.

a) Bestimmen Sie unter Angabe der einschlägigen gesetzlichen Vorschriften den Gegenstandswert!

a) Welche Vergütung kann Dr. Hilfreich für den Entwurf des Vertrages ansetzen? Berechnen Sie bitte den höchstmöglichen Gebührensatz!

Variante zu Fall 2 *(HRE/SJ)*

Die Mandantin hat den von Dr. Hilfreich entworfenen Mietvertrag mit dem Mieter abgeschlossen. Nach 1 1/2 Jahren zahlt der Mieter die Miete nicht mehr. Die Mandantin hat selbst das Mietverhältnis gekündigt. Rechtsanwalt Dr. Hilfreich wird nunmehr beauftragt, Räumungsklage zu erheben.

b) Bestimmen Sie unter Angabe der einschlägigen gesetzlichen Vorschriften den Gegenstandswert für die Räumungsklage!

c) Ist die Geschäftsgebühr für den Vertragsentwurf anzurechnen auf die Verfahrensgebühr für die Räumungsklage? Begründen Sie Ihre Antwort bitte stichwortartig!

Fall 3 *(HRE/SJ)*

In einem Rechtsstreit verlangt der Kläger Schadensersatz in Höhe von 100.000 €. Der Beklagte bestreitet die Klageforderung und rechnet zunächst mit einer Gegenforderung von 70.000 € hilfsweise auf. Später bringt er in den Prozess eine weitere Gegenforderung in Höhe von 200.000 € ein, mit dieser erklärt er ebenfalls hilfsweise die Aufrechnung für den Fall, dass das Gericht der Klageforderung stattgibt und die erste hilfsweise zur Aufrechnung gestellte Gegenforderung nicht für begründet erachtet. Das Gericht verkündet ein Urteil, wonach der Klage stattgegeben wird, die Klageforderung aber erloschen ist, aufgrund der berechtigten, hilfsweise zur Aufrechnung gestellten Gegenforderung. Aus den Entscheidungsgründen des Urteils ergibt sich, dass das Gericht die Klageforderung für begründet ansieht, die erste zur Aufrechnung gestellte Gegenforderung unbegründet ist, aber die zweite zur Aufrechnung gestellte Gegenforderung zumindest in Höhe der Klageforderung begründet ist und auf diese Weise die Klageforderung erloschen ist.

Bestimmen Sie unter Angabe der gesetzlichen Vorschriften den Gegenstandswert für die Rechtsanwaltsgebühren!

Fall 4 *(SJ)*

Frau Rechtsanwältin Marxen macht für ihre Mandantin folgende Verfahren beim Familiengericht München anhängig:

a) Antrag auf Erlass einer einstweiligen Anordnung auf Zahlung eines monatlichen Unterhalts in Höhe von 500 €.

b) Antrag auf Zahlung eines laufenden monatlichen Unterhalts in Höhe von 800 € für die Dauer des Getrenntlebens. Der Antrag wird am 5.8. bei dem Gericht eingereicht. Unterhalt wird verlangt seit Juni desselben Jahres.

Berechnen Sie bitte unter Angabe der gesetzlichen Bestimmungen die Verfahrenswerte für die Verfahren a) und b).

Fall 5 *(HRE/SJ)*

Am 12.6. wird bei dem Amtsgericht – Familiengericht – ein Antrag auf Bewilligung von Verfahrenskostenhilfe eingereicht. In diesem Antrag wird Verfahrenskostenhilfe für einen Unterhaltsantrag begehrt, in welchem ein monatlicher – gesetzlicher – Unterhalt von 1.200 € ab Januar verlangt werden soll. In dem Antrag ist klargestellt, dass der Zahlungsantrag nur gestellt wird, wenn Verfahrenskostenhilfe bewilligt wird. Mit Beschluss vom 15.8. bewilligt das Familiengericht Verfahrenskostenhilfe für den beabsichtigten Unterhaltsantrag. Der Antrag auf Zahlung von Unterhalt wird am 8.10. erhoben. Mit Schriftsatz vom 25.11. wird der Antrag dahingehend erweitert, dass ab Dezember ein monatlicher Unterhalt von 1.800 € verlangt wird. Am 12.2. des folgenden Jahres vergleichen sich die Parteien dahingehend, dass ab Januar ein Unterhalt in Höhe von 1.100 € gezahlt wird.

Bestimmen Sie den Verfahrenswert für die Anwaltsgebühren!

Geben Sie die zutreffenden gesetzlichen Bestimmungen an!

Fall 6 *(HRE/SJ)*

Rechtsanwalt Recht vertritt den Mandanten in einem Kündigungsschutzprozess vor dem Arbeitsgericht. Der Mandant war vor der Kündigung über 10 Jahre bei der Arbeitgeberin, der Fa. Metallbau Schnörkel AG, beschäftigt. Das monatliche Bruttoeinkommen des Mandanten betrug 3.000 €, das Nettoeinkommen 2.100 €.

Der Klageantrag lautet: „… *festzustellen, dass das Arbeitsverhältnis durch die Kündigung der Beklagten (Arbeitgeberin) nicht am 30.9. aufgelöst wird, sondern darüber hinaus auf unbestimmte Zeit fortbesteht.*"

In der Güteverhandlung vergleichen sich die Parteien dahingehend, dass das Arbeitsverhältnis zum 31.12. beendet wird und die Arbeitgeberin an den Arbeitnehmer (Kläger) eine Abfindung in Höhe von 30.000 € für den Verlust des Arbeitsplatzes zahlt. Die Abfindung stützt sich auf §§ 9, 10 Kündigungsschutzgesetz. Ferner vergleichen sich die Parteien in der Güteverhandlung auch noch über folgende nicht anhängige – aber streitige – Ansprüche:

a) Rückständige Gehaltsansprüche (resultierend aus der Zeit vor der Kündigung) in Höhe von 5.500 €

b) Urlaubsabgeltungsansprüche in Höhe von 1.500 €

c) Erteilung eines qualifizierten Zeugnisses.

Bestimmen Sie – unter Angabe der einschlägigen gesetzlichen Vorschriften – den Gegenstandswert für das Verfahren und den Vergleich!

(Ihnen ist bekannt, dass das zuständige Arbeitsgericht den Gegenstand „Erteilung eines qualifizierten Zeugnisses" in der Regel mit einem Monatsbruttoeinkommen bewertet.)

Fall 7 *(HRE/SJ)*

Der Rechtsanwalt erhebt für die bei einem Verkehrsunfall schwer verletzte Mandantin eine Klage mit folgenden Anträgen:

1. … *den Beklagten zu verurteilen, an die Klägerin ein angemessenes Schmerzensgeld, dessen Höhe in das Ermessen des Gerichts gestellt wird, zu zahlen …*

2. … *den Beklagten zu verurteilen, an die Klägerin eine monatliche Schadensersatzrente in Höhe von 350 €, ab Januar … zu zahlen …*"

In der Klagebegründung führt der Kläger aus, dass seines Erachtens ein Schmerzensgeld in Höhe von mindestens 250.000 € gerechtfertigt sei. Dieser Betrag wäre ihm auch nach dem klagebegründenden Sachvortrag zuzubilligen. Die Klage wird im April bei Gericht eingereicht.

Bestimmen Sie die Gegenstandswerte für die Klageanträge Ziff. 1. und 2. unter Angabe der einschlägigen gesetzlichen Vorschriften!

Fall 8 *(HRE/SJ)*

In einer Familiensache sind im Verbund mit dem Antrag auf Scheidung der Ehe folgende Folgesachen anhängig:

– Kindschaftssache: Elterliche Sorge für drei Kinder,
– Versorgungsausgleich,
– nachehelicher Unterhalt.

Der Ehemann hat ein monatliches Nettoeinkommen in Höhe von 1.800 €, die Ehefrau ein solches in Höhe von 1.200 €. Die Eheleute haben Vermögen in Form von Sparguthaben (200.000 €) und eines Einfamilienhauses (Verkehrswert: 250.000 €). Schulden sind keine vorhanden. Gegenstand des Versorgungsausgleiches sind folgende Anrechte:

Ehemann

– gesetzliche Rentenversicherung
– betriebliche Altersversorgung
– Riester-Renten-Vertrag

Ehefrau

– gesetzliche Rentenversicherung
– Riester-Renten Vertrag.

Mit dem Antrag auf nachehelichen Unterhalt wird ein solcher in Höhe von 200 € monatlich verlangt.

Bestimmen Sie unter Angabe der einschlägigen gesetzlichen Vorschriften die Verfahrenswerte für die Scheidung und die im Verbund anhängigen Folgesachen.

Nach der Rechtsprechung des zuständigen Oberlandesgerichts gilt Folgendes:

– das Kindergeld (194 € + 194 € + 200 €) ist bei dem Einkommen der Ehegatten zu berücksichtigen,
– für jedes unterhaltsberechtigte Kind sind 300 € von dem Nettoeinkommen der Ehegatten abzusetzen,
– pro Ehegatten und pro Kind ist ein Freibetrag in Höhe von 60.000 € beim Vermögen zu berücksichtigen,
– von dem nach Abzug der Freibeträge verbleibenden Vermögen sind 5 % bei der Ermittlung des Verfahrenswertes für die Scheidung zu berücksichtigen.

Fall 9 *(SJ)*

RAin Adams reicht auftragsgemäß für ihren Mandanten eine Klage wegen einer Forderung in Höhe von 400.000,00 € ein. Der Beklagte erwidert auf die Klage und bestreitet das Bestehen der Forderung. Er rechnet zudem hilfsweise mit vier Gegenforderungen in folgender Reihenfolge auf:

1. Gegenforderung: 300.000 €

2. Gegenforderung: 150.000 €

3. Gegenforderung: 20.000 €

4. Gegenforderung: 54.000 €

Das Gericht verurteilt den Beklagten schließlich zur Zahlung eines Betrags in Höhe von 176.000 €. Es hält die Klage für begründet, die 1. Gegenforderung in Höhe von 300.000 € hält das Gericht für unbegründet, die weiteren Gegenforderungen jedoch für begründet, weshalb die Klageforderung in der entsprechenden Höhe erloschen ist.

a) Welchen Streitwert wird das Gericht festsetzen?

b) Welcher Streitwert wäre festzusetzen, wenn der Beklagte mit Gegenforderungen in der nachstehenden Reihenfolge hilfsweise aufgerechnet und das Gericht aber inhaltlich über die Gegenforderungen wie in Fall a) entschieden hätte?

    1. Gegenforderung: 150.000 € (unbegründet)
    2. Gegenforderung: 250.000 € (begründet)
    3. Gegenforderung: 120.000 € (begründet)
    4. Gegenforderung: 54.000 € (begründet)

II. Gerichtskosten

Fall 10 *(SJ)*

Es wird ein Mahnbescheid eingereicht über einen Betrag von 17.200 €. Nach erhobenem Widerspruch findet im streitigen Verfahren ein Verhandlungstermin statt. Die Parteien einigen sich in diesem Verhandlungstermin über den eingeklagten Betrag sowie auch über nicht rechtshängige Ansprüche i.H.v. weiteren 4.000 €.

Bitte berechnen Sie die Gerichtskosten für vorstehenden Fall.

Variante zu Fall 10 *(SJ)*

Nach erhobenem Widerspruch beraumt das Gericht einen Termin an. Der Beklagte erscheint trotz Ladung nicht. Es ergeht antragsgemäß Versäumnisurteil. Nachdem der Beklagte Einspruch gegen das Versäumnisurteil eingelegt hat, findet ein Verhandlungstermin statt, in dem ein Vergleich über die rechtshängigen Ansprüche i.H.v. 17.200 € sowie die nicht rechtshängigen Ansprüche i.H.v. 4.000 € geschlossen wird.

Fall 11 *(SJ)*

Ein Rechtsanwalt erhält den Auftrag, gegen ein erstinstanzliches Zivilurteil (Gegenstandswert: 45.000 €) Berufung wegen eines Teilbetrags (Gegenstandswert 22.000 €) einzulegen. Die Berufung wird eingelegt. Anträge und Begründung sollen einem gesonderten Schriftsatz vorbehalten bleiben. Nach Berufungseinlegung bestellt sich der anwaltliche Vertreter des Berufungsbeklagten und beantragt die kostenpflichtige Zurückweisung der Berufung.

Vor der Begründung wird die Berufung zurückgenommen.

Bitte berechnen Sie den Gegenstandswert des Berufungsverfahrens

a) für den Berufungskläger-Vertreter

b) für den Berufungsbeklagten-Vertreter

c) Wie hoch sind die Gerichtskosten für das Rechtsmittelverfahren?

Fall 12 *(SJ)*

RA Spatz aus Imst (Österreich) beauftragt im Jahr 2014 seinen deutschen Kollegen mit der Durchführung der Zwangsvollstreckung aus einem Versäumungsurteil des Bezirksgerichts Imst aus dem Jahre 2003, da der Schuldner zwischenzeitlich nach Deutschland verzogen ist.

Welche Gerichtskosten entstehen für die Vollstreckbarerklärung des österreichischen Schuldtitels durch ein deutsches Gericht?

Fall 13 *(SJ)*

Bitte berechnen Sie die Streitwerte und die zu zahlenden Gerichtskosten für die nachfolgenden Rechtsstreitigkeiten:

a) Berufungsverfahren OLG Thüringen gegen ein Urteil des LG Erfurt, mit dem der Beklagte zur Zahlung eines Betrags in Höhe von 160.000 € verurteilt wird. Im Berufungsverfahren wird der Antrag gestellt, das Urteil wegen eines Betrags in Höhe von 120.000 € aufzuheben. Die Berufung wird nach Begründung wieder zurückgenommen.

b) Berufung zum OLG München, gegen Urteil des LG München I, mit dem der Beklagte zur Zahlung von 19.000 € verurteilt wurde, der Kläger erweitert die Klage im Berufungsverfahren, gestützt auf denselben Rechtsgrund, wegen weiter fällig gewordener Beträge um einen Betrag in Höhe von 8.000 €. Das Gericht entscheidet durch Urteil.

c) Beschwerde gegen die Nichtzulassung der Revision zum Bundesgerichtshof aufgrund Zurückweisung des Urteils des OLG Hamburg wegen Schadenersatzansprüchen an dem Schiff Queen Sarah V in Höhe von 66.000 €. Die Beschwerde wird zurückgewiesen.

Fall 14 *(SJ)*

Zählen Sie zwei Ausnahmen auf, wann die Zustellung der Zivilklage nicht von der vorherigen Zahlung von Gerichtskosten abhängig gemacht wird.

Fall 15 *(SJ)*

a) Wie verhält es sich mit den vom Kläger eingezahlten Gerichtskosten für das Verfahren, wenn ein Beklagter, dem Prozesskostenhilfe bewilligt worden ist, den Prozess verliert?

b) Auf Vorschlag der Parteien stellt das Gericht das Zustandekommen des Vergleichs gem. § 278 Abs. 6 ZPO im Beschlusswege fest. Der Kläger trägt nach dem Vergleich 1/3 der Kosten, der Beklagte, dem PKH bewilligt wurde, 2/3 der Kosten. Berechnen Sie die Gerichtskostenbelastung der Parteien; Streitwert: 3.600 €.

Fall 16 *(SJ)*

Welche Besonderheit gilt bzgl. der Gerichtskosten bei einer Zurückverweisung im Zivilprozess?

Fall 17 *(SJ)*

In einem einstweiligen Verfügungsverfahren entscheidet das Gericht zunächst durch Beschluss. Der Streitwert wird auf 50.000 € festgesetzt. Nach Widerspruch findet ein Termin statt. Schließlich weist das Gericht den Antrag auf Erlass einer einstweiligen Verfügung durch Urteil zurück.

Bitte berechnen Sie die Gerichtskosten für das vorstehende Verfahren.

Fall 18 *(SJ)*

RA S. erhält den Auftrag, in einer arbeitsrechtlichen Angelegenheit einen europäischen Zahlungsbefehl zu beantragen. Geltend gemacht werden soll in diesem Verfahren ein Betrag in Höhe von 25.000 €.

Bitte berechnen Sie die Gerichtskosten für dieses Verfahren.

III. Außergerichtliche Vertretung

Fall 19 *(SJ)*

Frau Appelbaum möchte sich von ihrer Rechtsanwältin in einer nachbarrechtlichen Streitigkeit beraten lassen. Sie stört sich an den ausschweifenden Ästen eines Apfelbaums ihrer Nachbarin, die jedes Jahr im Herbst zu erheblichem Laubanfall in ihrem Garten führen. Nach Ansicht von Frau Appelbaum ist der gegenständliche Baum zu nah an ihre Grundstücksgrenze gesetzt. Sie lässt sich eingehend von Frau Rechtsanwältin Gemütlich beraten. Eine Gebührenvereinbarung wird nicht getroffen. Etwa eine Woche nach dieser Beratung ruft Frau Appelbaum nochmals in der Kanzlei von Rechtsanwältin Gemütlich an und erkundigt sich, mit welcher Strafe sie zu rechnen hat, wenn sie beim Überfahren einer roten Ampel geblitzt wurde. Rechtsanwältin Gemütlich erteilt ihr telefonisch Auskunft. Eine weitere Tätigkeit erfolgt von Rechtsanwältin Gemütlich nicht.

Bitte legen Sie dar, was Rechtsanwältin Gemütlich gegenüber Frau Appelbaum abrechnen kann.

Fall 20 *(SJ)*

Rechtsanwältin Elsenheim soll ihren Mandanten (ein Erbe) in einer umfangreichen Erbrechtsangelegenheit beraten. Der Sachverhalt ist äußerst komplex, da insgesamt 5 Miterben und 2 vermeintlich Pflichtteilsberechtigte um das Erbe streiten. Das Testament des Erblassers enthält zudem einige Vermächtnisse. Aufgrund der Komplexität des Falls bittet Frau Elsenheim den Mandanten um den Abschluss einer Gebührenvereinbarung für das Beratungsmandat. Der Mandant ist mit einem Stundensatz in Höhe von 250 € zzgl. 19 % USt. einverstanden. Frau Elsenheim überreicht ihrem Auftraggeber im zweiten Besprechungstermin eine vorgefertigte Honorarvereinbarung mit der Bitte, diese gut durchzulesen und unterschrieben im Original an die Kanzlei zurückzusenden. Frau Elsenheim führt, da die Sache eilig ist, die Beratung weiter fort. Nach zwei weiteren Beratungsgesprächen möchte Rechtsanwältin Elsenheim die Angelegenheit abrechnen und stellt fest, dass der Mandant die Honorarvereinbarung nicht zurückgereicht hat.

a) Was kann Rechtsanwältin Elsenheim nun gegenüber dem Mandanten abrechnen?
b) Welche Problematik wird sich möglicherweise im Hinblick auf die Abrechnung ergeben?

Fall 21 *(SJ)*

Rechtsanwalt Mart Rose vertritt einen Mandanten, der Schiffsmotoren für den Bau einer Yacht bestellt hat. Da die Schiffsmotoren Mängel aufweisen und eine zunächst selbst versuchte Einigung mit dem Hersteller und Zulieferer nicht erfolgreich ist, beauftragt der Mandant schließlich Rechtsanwalt Mart Rose. Rechtsanwalt Mart Rose holt für die außergerichtliche Tätigkeit gegenüber dem Schiffsmotorenhersteller Deckungsschutz bei der Rechtsschutzversicherung JuraCard des Mandanten ein. Die JuraCard verweigert die Deckungszusage mit dem Hinweis darauf, dass die Schiffsmotoren für den Bau eines Wasserfahrzeugs geeignet sind, dies vom Verkehrsrechtsschutz grundsätzlich zwar umfasst sei, der Mandant und Versicherungsnehmer allerdings keinen Verkehrsrechtsschutz versichert habe. Rechtsanwalt Mart Rose argumentiert damit, dass die Schiffsmotoren auch anderweitig eingesetzt werden könnten, z.B. als Aggregate, und fordert weiterhin Kostenübernahme durch die Rechtsschutzversicherung. Die JuraCard ist schließlich bereit, ohne Anerkenntnis einer Rechtspflicht, die Kosten für die außergerichtliche Vertretung gegenüber dem Schiffsmotorenhersteller zu übernehmen.

Nach Deckungsschutzzusage schreibt Rechtsanwalt Mart Rose an den Schiffsmotorenhersteller ein außergerichtliches Aufforderungsschreiben. Nach einigem Briefwechsel kommt es schließlich zu einer Einigung zwischen den Parteien. Der Schiffsmotorenhersteller ist bereit, neue Schiffsmotoren zu liefern. Der Mandant verzichtet im Gegenzug darauf, weitergehende Schadenersatzansprüche geltend zu machen. Der Gegenstandswert hat 12.800 € betragen.

a) Wie viele gebührenrechtliche Angelegenheiten liegen vor?

b) Bitte erstellen Sie die Vergütungsrechnung gegenüber dem Mandanten. Die Tätigkeit von RA Rose war nicht umfangreich und nicht schwierig.

c) Treffen den Rechtsanwalt, und falls ja welche, Hinweispflichten bezogen auf die Rechtsschutzversicherung bzw. die entstehende Vergütung gegenüber dem Mandanten?

Fall 22 *(SJ)*

Anton Maurer hat von seinem Arbeitgeber wegen Trunkenheit am Arbeitsplatz eine außerordentliche Kündigung erhalten. Er sucht Rechtsanwältin Best auf und beauftragt diese, Klage beim Arbeitsgericht (unbedingter Klageauftrag) zu erheben. Der Arbeitgeber von Anton Maurer, das Bauunternehmen „Schön und Günstig", setzt sich telefonisch mit Rechtsanwältin Best in Verbindung und bespricht mit ihr die Möglichkeit, die Kündigung fallen zu lassen, da Anton Maurer ein sehr guter Arbeiter ist und es sich um die erste Verfehlung dieser Art gehandelt hat. Ein arbeitsgerichtliches Verfahren wird mit dieser Besprechung vermieden. Die Parteien einigen sich darauf, dass Anton Maurer seine Tätigkeit wieder aufnimmt und künftig derartige Verfehlungen nicht mehr begeht. Das Brutto-Entgelt von Anton Maurer beträgt 2.224 €. Anton Maurer erhält ein 13. Gehalt in gleicher Höhe.

Bitte berechnen Sie die Vergütung von Rechtsanwältin Best.

Fall 23 *(SJ)*

Rechtsanwalt Schmitz erhält den Auftrag, den Gegner außergerichtlich aufzufordern, eine Zahlung in Höhe von 10.000 € zu erbringen. Rechtsanwalt Schmitz sendet das Aufforderungsschreiben ab und setzt Frist zur Zahlung binnen zwei Wochen. Der Gegner verweigert die Zahlung. Er ruft Rechtsanwalt Schmitz an und bespricht die Angelegenheit ausführlich mit ihm. Der Gegner möchte vermeiden, dass Rechtsanwalt Schmitz Klage gegen ihn erhebt. Er beruft sich darauf, dass die Forderung längst verjährt sei. Nach nochmaliger Prüfung der Sach- und Rechtslage und Rücksprache mit dem Mandanten teilt Rechtsanwalt Schmitz dem Gegner mit, dass die Forderung aufrecht erhalten bleibt. Die Tätigkeit war weder umfangreich noch schwierig, sondern durchschnittlicher Natur. Da weiterhin keine Zahlung erfolgt, erhält Rechtsanwalt

Schmitz schließlich den Auftrag zur Klageerhebung. Das Landgericht München II bestimmt nach Klageerhebung Termin zur mündlichen Verhandlung. Rechtsanwalt Schmitz erscheint zum anberaumten Verhandlungstermin. Weder der Beklagte noch sein anwaltlicher Vertreter, der sich im Vorfeld bestellt hatte, erscheinen zum Termin. Gericht und Klägervertreter, Rechtsanwalt Schmitz, warten etwa zehn Minuten. Plötzlich erscheint der Beklagte außer Atem im Gerichtssaal und teilt mit, dass sein Anwalt nicht bereit gewesen sei, zur mündlichen Verhandlung zu erscheinen, da er den geforderten Vorschuss noch nicht gezahlt hatte. Antragsgemäß ergeht sodann gegen den nicht ordnungsgemäß vertretenen Beklagten Versäumnisurteil. Gegen das Versäumnisurteil legt der Beklagtenvertreter in der Folge frist- und formgerecht Einspruch ein. Es finden zwei weitere Gerichtstermine statt, mehrere Zeugen werden gehört. Im weiteren Termin zur Hauptsache nimmt der Beklagtenvertreter schließlich den Einspruch gegen das Versäumnisurteil zurück.

Bitte berechnen Sie die Vergütung für Rechtsanwalt Schmitz.

Fall 24 *(SJ)*

In einer außergerichtlichen Angelegenheit erhält der Schuldner (Privatperson) ein Aufforderungsschreiben zur Zahlung eines Betrags in Höhe von 1.500 €. Nach Erhalt des Aufforderungsschreibens zahlt der Schuldner auf die Hauptforderung kommentarlos einen Betrag in Höhe von 700 €. Die Tätigkeit war durchschnittlich und weder umfangreich noch schwierig. Es erfolgt weder eine weitere Zahlung noch eine Reaktion des Schuldners, so dass über den Restbetrag ein Mahnbescheid beantragt wird. Nachdem der Mahnbescheid dem Antragsgegner zugestellt worden ist, erfolgt eine weitere Zahlung auf die Hauptforderung von 250 €. Auch hiernach kommt es wiederum zu keiner weiteren Reaktion oder Zahlung, so dass der Vollstreckungsbescheid über den nach Abzug der Zahlungen noch offen stehenden Betrag beantragt wird. Gegen diesen Vollstreckungsbescheid legt der Antragsgegner Einspruch ein. Das streitige Verfahren wird vor dem Amtsgericht Neuss durchgeführt. Zum Termin zur mündlichen Verhandlung erscheint der Schuldner und bittet darum, den noch offen stehenden Restbetrag in monatlichen Ratenzahlungen von 50 € zahlen zu dürfen, da er zur Zahlung des Gesamtbetrags auf einmal nicht in der Lage ist. Es wird ein entsprechender Vergleich mit dem Beklagten geschlossen.

a) In welcher Höhe können vorgerichtliche Kosten des Anwalts im Mahnbescheid max. geltend gemacht werden?

b) In welcher Höhe hat dann eine Anrechnung der Geschäftsgebühr zu erfolgen?

c) Erstellen Sie bitte die Vergütungsrechnung für das Mahnverfahren und das streitige Verfahren.

Fall 25 *(SJ)*

Rechtsanwältin K. vertritt ihren Mandanten in einem Verwaltungsverfahren (Antragsverfahren). Die Tätigkeit war überdurchschnittlich umfangreich, weshalb der Ansatz einer 1,5 Gebühr gerechtfertigt ist. Die Behörde erlässt einen Bescheid. Der Rechtsanwalt legt für seinen Mandanten gegen den Bescheid Widerspruch ein und vertritt den Mandanten auch im Widerspruchsverfahren. Gleichzeitig stellt er den Antrag auf Aussetzung der sofortigen Vollziehung bei der Behörde. Auch in diesem außergerichtlichen Verfahren vertritt Rechtsanwältin K. ihren Mandanten. Die Gegenstandswerte betragen für das Antrags- und Widerspruchsverfahren jeweils 10.000 € und für das Verfahren auf Aussetzung der Vollziehung 5.000 €.

Bitte berechnen Sie den Vergütungsanspruch von Rechtsanwältin K. gegenüber ihrem Mandanten.

Fall 26 *(SJ)*

Rechtsanwalt R vertritt den Mandanten (Leistungsempfänger) in einer sozial-rechtlichen Angelegenheit. Er stellt für den Mandanten einen Antrag bei der Behörde. Die Tätigkeit war überdurchschnittlich umfangreich, so dass Rechtsanwalt R die Mittelgebühr ansetzt. Die Behörde lehnt den Antrag ab.

Auftragsgemäß erhebt Rechtsanwalt R für den Mandanten Widerspruch gegen den ablehnenden Bescheid. Die Tätigkeit im Verfahren, das der Nachprüfung des Verwaltungsakts dient (Ablehnung), war schwierig, so dass der Ansatz der Mittelgebühr gerechtfertigt ist. Da die Behörde den Widerspruch zurückweist, erhebt Rechtsanwalt R für seinen Mandanten Klage zum Sozialgericht. Er vertritt den Mandanten auch in der mündlichen Verhandlung. Das Gericht entscheidet durch Urteil. Auch im sozialgerichtlichen Verfahren wird die Mittelgebühr angesetzt.

Bitte berechnen Sie die Vergütung für Rechtsanwalt R.

IV. Bürgerliche Rechtsstreitigkeiten

Fall 27 *(SJ)*

Rechtsanwalt Schlöndorf bittet die Rechtsschutzversicherung seines Mandanten um Deckungszusage für eine Klage über einen Betrag von 45.000 €. Die Rechtsschutzversicherung erteilt den Deckungsschutz nur für eine Klage über 30.000 €. Gleichwohl wird die Klage über 45.000 € eingereicht. Es kommt zu einer streitigen Verhandlung. Die Parteien können sich nicht einigen, und es ergeht ein Urteil, mit dem die Klage voll umfänglich abgewiesen wird.

a) Bitte berechnen Sie die Vergütung von Rechtsanwalt Schlöndorf nebst Gerichtskosten.

b) Bitte berechnen Sie den Freistellungsanspruch des Versicherungsnehmers (die Vergütung, die der Auftraggeber von seiner Rechtsschutzversicherung erstattet verlangen kann) ohne Gerichtskosten.

Fall 28 *(SJ)*

Rechtsanwalt Schumacher vertritt die Mandanten Hilgers und Köhler. Gegen Hilgers und Köhler wurde Klage auf Zahlung eines Betrages in Höhe von 15.000 € eingereicht, die Hilgers und Köhler gesamtschuldnerisch zahlen sollen. Rechtsanwalt Schumacher bestellt sich für seine Auftraggeber. Im Übrigen erhebt er für Hilgers (allein) Widerklage wegen eines Betrags in Höhe von 5.000 €. Widerklage und Klage betreffen nicht denselben Streitgegenstand. Nach mündlicher Verhandlung werden sowohl die Klage als auch die Widerklage abgewiesen.

a) Bitte erstellen Sie die Vergütungsrechnung von Rechtsanwalt Schumacher gegenüber seinen beiden Auftraggebern.

b) In welcher Höhe könnte Rechtsanwalt Schumacher von jedem einzelnen seiner Mandanten die Vergütung beanspruchen?

Fall 29 *(HRE/SJ)*

Rechtsanwalt Schöneck hat für seinen Mandanten Klage über 13.000 € erhoben. Das Landgericht bestimmt einen frühen ersten Termin. In diesem Termin erscheint der Beklagte persönlich, ohne anwaltliche Vertretung. Der Einzelrichter weist Rechtsanwalt Schöneck darauf hin, dass seine Klage wegen eines Teilbetrages von 6.000 € nicht schlüssig sei. Rechtsanwalt Schöneck erörtert mit dem Einzelrichter wegen dieses Teilbetrages in Höhe von 6.000 € ausgiebig die Sach- und Rechtslage und kann den Einzelrichter schließlich davon überzeugen, dass die Klage auch wegen dieses Teilbetrages in Höhe von 6.000 € schlüssig ist. Auf Antrag von Rechtsanwalt Schöneck ergeht gegenüber dem Beklagten ein echtes Versäumnisurteil über den Gesamtbetrag. Dieses wird rechtskräftig.

Berechnen Sie die Vergütung die Rechtsanwalt Schöneck für seine Tätigkeit als Prozessbevollmächtigter beanspruchen kann!

Fall 30 *(SJ)*

Das Eigentum der Brüder Ernie und Bert Kunterbunt wurde durch Fritz Radau beschädigt. Rechtsanwältin Schneider reicht auftragsgemäß für ihre beiden Mandanten eine Klage auf Schadenersatz in Höhe von 4.500 € ein. Nach mündlicher Verhandlung und Beweisaufnahme durch Einholung eines Sachverständigengutachtens erlässt das Gericht schließlich ein Klage stattgebendes Urteil. Gegen dieses Urteil legt Fritz Radau Berufung ein. Er nimmt jedoch die Berufung bereits vor der Begründung wieder zurück. Rechtsanwältin Schneider hat sich auch im Berufungsverfahren für ihre Mandanten bestellt.

a) Welche Vergütungsansprüche kann Rechtsanwältin Schneider abrechnen?

b) Welcher Betrag muss von jedem der beiden Auftraggeber gezahlt werden?

c) Welche Kosten werden voraussichtlich erstattungsfähig sein?

Fall 31 *(HRE/SJ)*

Rechtsanwältin B hat für die Eheleute M einen Mahnbescheid über eine Hauptforderung in Höhe von 25.000 € beantragt. Nach Zustellung des Mahnbescheides meldet sich der Antragsgegner telefonisch bei Rechtsanwältin B. Der Antragsgegner hofft, dass ihm ein Großteil der Schuld erlassen wird, wenn er umgehend einen Teilbetrag zahlt. Im Telefonat mit Rechtsanwältin B unterbreitet er einen entsprechenden Vorschlag. Eine Einigung kommt aber nicht zustande, so dass Rechtsanwältin B für ihre Auftraggeber den Erlass des Vollstreckungsbescheides beantragt. Gegen den Vollstreckungsbescheid wird wegen einer Teilhauptforderung in Höhe von 10.000 € Einspruch eingelegt. Nach Abgabe an das Streitgericht bestimmt dieses einen Termin zur mündlichen Verhandlung. In dem mündlichen Verhandlungstermin erscheint der Antragsgegner/Beklagte nicht. Auf Antrag von Rechtsanwältin B ergeht im Termin ein 2. Versäumnisurteil, mit dem das Gericht urteilt, dass der Vollstreckungsbescheid aufrechterhalten bleibt. Das Urteil wird rechtskräftig.

a) Berechnen Sie, welche Vergütung Rechtsanwältin B für ihre gesamte Tätigkeit beanspruchen kann!

b) Stellen Sie dar, welche Vergütung nach Beendigung des streitigen Verfahrens noch zur Festsetzung angemeldet werden kann!

Fall 32 *(HRE/SJ)*

Rechtsanwältin Krass hat für ihren Mandanten Antrag auf Erlass eines gerichtlichen Mahnbescheides gegen die Schuldnerin wegen einer Hauptforderung in Höhe von 20.000 € gestellt. Nach Zustellung des Mahnbescheides meldet sich die Schuldnerin telefonisch bei Rechtsanwältin Krass und bespricht mit ihr Lösungsmöglichkeiten. Rechtsanwältin Krass schließt mit der Schuldnerin einen Vergleich, wonach diese sich verpflichtet, die gesamte Forderung einschließlich Kosten und Zinsen zu zahlen. Sollte ein Betrag von 17.500 € bis zum 15. Mai gezahlt sein, würde der Schuldnerin die Restforderung erlassen. Zudem würde das Mahnverfahren bis zu diesem Datum nicht weiter betrieben. Die Schuldnerin zahlt den Vergleichsbetrag nicht. Nach Ablauf des 15. Mai beantragt Rechtsanwältin Krass für ihren Mandanten den Erlass des Vollstreckungsbescheides über die gesamte Forderung.

Die Antragsgegnerin legt gegen den Vollstreckungsbescheid Einspruch ein. Nach Abgabe an das Streitgericht und Klagebegründung bestimmt das zuständige Landgericht einen Termin zur mündlichen Verhandlung. In dieser schließt Rechtsanwältin Krass mit dem gegnerischen Kollegen einen unwiderruflichen Vergleich, wonach zur Abgeltung aller Ansprüche 15.000 € von der Schuldnerin gezahlt werden.

Die Schuldnerin zahlt jedoch wiederum nicht. Rechtsanwältin Krass wird von ihrem Mandanten beauftragt, die Zwangsvollstreckung aus dem Vergleich in die Wege zu leiten. Vollstreckt werden soll wegen des Vergleichsbetrags in Höhe von 15.000 € sowie der festgesetzten Kosten in Höhe von 2.200 €. Rechtsanwältin Krass erteilt dem zuständigen Gerichtsvollzieher einen Auftrag zur Abnahme der Vermögensauskunft. Die Schuldnerin meldet sich erneut telefonisch bei Rechtsanwältin Krass und bespricht mit ihr die Möglichkeit, eine Ratenzahlungsvereinbarung zu schließen. Die Schuldnerin erzählt Rechtsanwältin Krass, dass sie bei Abschluss des Vergleichs davon ausgegangen war, die Vergleichssumme aus der Rückzahlung eines Verwandten-Darlehens tilgen zu können, die Rückzahlung jedoch nicht erfolgt ist. Rechtsanwältin Krass schließt mit der Schuldnerin im Auftrag des Mandanten, der ein großes Herz hat, erneut einen (Teilzahlungs-)Vergleich, wonach die Schuldnerin sich verpflichtet, die Forderung in monatlichen Raten in Höhe von 500 € zu tilgen. Der (Teilzahlungs-)Vergleich enthält sonst keine Vereinbarungen. Die Schuldnerin tilgt dann auch die komplette Forderung in Raten.

Welche Vergütung kann Rechtsanwältin Krass für ihre gesamte Tätigkeit in diesem Fall verlangen?

Fall 33 *(HRE/SJ)*

Siegfried Hahn hat einen Zahlungsanspruch in Höhe von 20.000 € gegen Sepp Urgestein. Er beauftragt Rechtsanwalt Dr. Erwin Stuber, diesen Anspruch zunächst außergerichtlich gegen Sepp Urgestein geltend zu machen. Auf die außergerichtliche Zahlungsaufforderung hin bestellt Sepp Urgestein seinerseits ebenfalls einen Anwalt. Es entwickelt sich eine umfangreiche anwaltliche Korrespondenz. Schließlich versuchen die Anwälte in einer Besprechung zur Vermeidung eines gerichtlichen Verfahrens die Angelegenheit „aus der Welt zu schaffen". Es kommt nicht zu einer Einigung.

Rechtsanwalt Dr. Erwin Stuber beantragt für seinen Mandanten Siegfried Hahn wegen der 20.000 € den Erlass eines Mahnbescheides gegen Sepp Urgestein. Gegen den Mahnbescheid wird fristgerecht Widerspruch erhoben.

Rechtsanwalt Dr. Erwin Stuber beantragt nach Erhebung des Widerspruchs für seinen Mandanten die Durchführung des streitigen Verfahrens. Auch in dem Termin zur mündlichen Verhandlung, den beide Prozessbevollmächtigten mit ihren Mandanten wahrnehmen, kann keine Einigung erzielt werden. Das Gericht lässt im Termin Schriftsatzfristen für beiden Parteien nach. Rechtsanwalt Dr. Erwin Stuber erweitert für seinen Mandanten die Klage um 22.000 €. Es findet erneut ein Gerichtstermin statt. Eine Einigung kann nicht erzielt werden. Das Gericht verkündet sodann ein Urteil, wonach die Klage in vollem Umfange abgewiesen wird.

Erstellen Sie die Vergütungsberechnung für Rechtsanwalt Dr. Erwin Stuber! Aus einem Aktenvermerk ergibt sich, dass dieser für die außergerichtliche Vertretung eine um 0,3 über der Mittelgebühr liegende Geschäftsgebühr abrechnen möchte!

Fall 34 *(HRE/SJ)*

In der Kanzlei des Rechtsanwaltes Dr. Einfach erscheint Frau Schluderig. Sie legt Rechtsanwalt Dr. Einfach eine Klage vor, womit sie von der Aqua GmbH auf Zahlung eines Betrages in Höhe von 3.846 € zuzüglich Zinsen und Kosten in Anspruch genommen wird. Frau Schluderig beauftragt Rechtsanwalt Dr. Einfach, sie in dem Rechtsstreit als Prozessbevollmächtigter zu vertreten. Nach Durchsicht der Klageschrift und nach dem ihm Frau Schluderig ihre Einwendungen geschildert hat, erkennt Dr. Einfach, dass eine Rechtsverteidigung gegen die Klage keine Aussicht auf Erfolg hat. Frau Schluderig bittet Rechtsanwalt Dr. Einfach dann, ihr nur aufzuzeigen, wie sie die Sache am kostengünstigsten erledigen könne. Sie weist darauf hin, dass sie die Hauptforderung zuzüglich Zinsen und Kosten sofort in einer Summe zahlen könne. Sie sei selbst in der Lage, mündlich und auch schriftlich mit der Gegenseite oder dem Gericht Kontakt aufzunehmen und dort entsprechende Erklärungen abzugeben. Rechtsanwalt Dr. Einfach bittet Sie, zu ermitteln, welche der folgenden drei Möglichkeiten die kostengünstigste Variante zur Erledigung des Verfahrens darstellt. Beziehen Sie auch etwaige Gerichtskosten in Ihre Berechnung mit ein. Lassen Sie die Kosten von Rechtsanwalt Dr. Einfach unberücksichtigt.

a) Erledigung des Erkenntnisverfahrens durch Versäumnisurteil.

b) Erledigung des Erkenntnisverfahrens durch Anerkenntnisurteil.

c) Erledigung des Erkenntnisverfahrens durch Zahlung der Hauptforderung; anschließender Hauptsacheerledigung durch gegnerischen Schriftsatz sowie Kostenübernahmeerklärung der Mandantin.

Variante zu Fall 34 *(SJ)*

Angenommen, Frau Schluderig könnte die Forderung nicht begleichen und es soll mit der Gegenseite eine Zahlungsvereinbarung geschlossen werden.

Welche Vergütung würden in diesem Fall beim Klägervertreter entstehen? Gehen Sie bei Ihrer Berechnung bitte davon aus, dass Frau Schludrig zur Sicherung der Ratenzahlungsvereinbarung ihr Gehalt an den Kläger in Höhe der Klageforderung abtritt. Berechnen Sie auch die Gerichtskosten für diesen Fall.

Fall 35 *(HRE/SJ)*

Rechtsanwältin Peter vertritt als Prozessbevollmächtigte den Kläger in einem beim Landgericht Dortmund anhängigen Zivilprozess über 10.000 €. Das Gericht hat das schriftliche Vorverfahren gem. § 276 Abs. 1 ZPO angeordnet. Der Beklagte zeigt keine Verteidigungsabsicht an, so dass auf Antrag der Klägervertreterin Versäumnisurteil ergeht. Gegen das Versäumnisurteil lässt der Beklagte durch einen Anwalt Teil-Einspruch wegen einer Hauptforderung in Höhe von 6.000 € einlegen. Das Gericht bestimmt einen Termin zur mündlichen Verhandlung. Vor dem Termin haben sich die Parteien persönlich zusammengesetzt und einen Vergleich ausgehandelt, wonach unter Einbeziehung des Versäumnisurteils zur Abgeltung der Gesamtforderung ein Betrag in Höhe von 3.000 € gezahlt wird. Die Parteien bitten die Rechtsanwälte, den Vergleich in dem Termin vor Gericht entsprechend zu protokollieren. Dies geschieht auch.

Erstellen Sie die Vergütungsberechnung für Rechtsanwältin Peter!

Fall 36 *(HRE/SJ)*

Frau Dr. Schlau – Rechtsanwältin am BGH – vertritt als Prozessbevollmächtigte in einem Revisionsverfahren mit einem Gegenstandswert in Höhe von 125.000 € den Revisionsbeklagten. In dem Termin zur mündlichen Verhandlung erscheint der Revisionskläger nicht und ist auch nicht durch einen Rechtsanwalt vertreten. Auf Antrag von Rechtsanwältin Dr. Schlau ergeht ein Versäumnisurteil, welches auch rechtskräftig wird.

Welche Vergütung kann Rechtsanwältin Dr. Schlau für ihre Tätigkeit in dem Revisionsverfahren berechnen?

Fall 37 *(HRE/SJ)*

Rechtsanwalt Edel ist in einem Rechtsstreit über 10.000 € auftragsgemäß als Prozessbevollmächtigter für den Kläger tätig. Der Kläger hat noch weitere Ansprüche gegenüber demselben Beklagten in Höhe von 7.500 €. Wegen dieser Ansprüche hat Rechtsanwalt Edel ebenfalls bereits Klageauftrag. Er hat insoweit aber die Klage noch nicht erhöht, da er Bedenken wegen der Erfolgsaussichten hat. In dem Termin stellt Rechtsanwalt Edel den Antrag aus der Klageschrift. Der Beklagtenvertreter beantragt Klageabweisung. Anschließend wird eine umfangreiche Beweisaufnahme durchgeführt. Rechtsanwalt Edel vertritt den Mandanten in zwei Gerichtsterminen, in denen Zeugen vernommen werden. Es wird ein Sachverständigengutachten eingeholt. In einem weiteren Gerichtstermin, in dem Rechtsanwalt Edel ebenfalls anwesend ist, wird der Sachverständige vernommen. Schließlich werden im Beisein der Parteien Vergleichsgespräche geführt. Gegenstand dieser Vergleichsgespräche sind auch die weiteren, noch nicht anhängigen Ansprüche in Höhe von 7.500 €. Schließlich kann ein Vergleich geschlossen werden, wonach zur Abgeltung der anhängigen und nicht anhängigen Ansprüche ein Betrag in Höhe von 15.000 € von dem Beklagten an den Kläger gezahlt wird.

Erstellen Sie die Vergütungsberechnung für Rechtsanwalt Edel!

Fall 38 *(HRE/SJ)*

Rechtsanwalt Blau hat von den Geschwistern Adelheid, Bernhard, Cäsar, Dora und Emil Kleeblatt folgende Aufträge erhalten:

1. Die Geschwister haben einen gemeinsamen Anspruch in Höhe von 10.000 € gegen Benjamin Blum. Wegen dieses Anspruchs soll Klage erhoben werden. Rechtsanwalt Blau soll sie in diesem Rechtsstreit als Prozessbevollmächtigter vertreten.

2. Die Geschwister haben einen weiteren gemeinsamen Anspruch in Höhe von 20.000 € gegen denselben Benjamin Blum. Aus Kostengründen soll zunächst nur ein Teilbetrag in Höhe von 10.000 € eingeklagt werden.

Nachdem Rechtsanwalt Blau die Klage im Namen aller Geschwister erhoben hatte, bestimmt das Landgericht den Termin. In diesem Termin, in dem die Parteien persönlich anwesend sind, werden nicht nur die eingeklagten 10.000 € erörtert, sondern auch die weiteren Ansprüche in Höhe von 20.000 €. Wegen der 20.000 € wird eine Besprechung zur Vermeidung einer Klageerweiterung vor Gericht geführt. Zu einer Einigung kommt es zunächst nicht. Es folgt eine Beweisaufnahme. Nach durchgeführter Beweisaufnahme erkennt der Beklagte die eingeklagten 10.000 € an.

Wegen der weiteren Ansprüche in Höhe von 20.000 € findet außergerichtlich eine Besprechung zwischen den Anwälten im Beisein aller Parteien statt. Schließlich vergleichen sich die Parteien unter Mitwirkung ihrer Anwälte wegen der weiteren Ansprüche in Höhe von 20.000 € dahingehend, dass Benjamin Blum diese in monatlichen Raten zahlen kann. Der Vergleich wird nicht gerichtlich protokolliert, sondern als Anwaltsvergleich geschlossen.

Erstellen Sie die Vergütungsberechnung für Rechtsanwalt Blau!

Fall 39 *(HRE/SJ)*

Rechtsanwältin Samuel vertritt als Prozessbevollmächtigte den Kläger in zwei Rechtsstreitigkeiten zwischen denselben Parteien:

1. Rechtsstreit vor dem Amtsgericht Düsseldorf. In diesem Verfahren sind 4.800 € eingeklagt.
2. Berufungsverfahren vor dem Landgericht Düsseldorf. Die Berufung wird geführt wegen 14.000 €.

In dem Berufungsverfahren vor dem Landgericht Düsseldorf wurde nach Berufungserwiderung ein Termin zur mündlichen Verhandlung bestimmt. In diesem Termin hat Rechtsanwältin Samuel den Berufungskläger vertreten. Nach Stellung der Anträge hat das Gericht Termin zur Verkündung einer Entscheidung bestimmt.

Vor dem Verkündungstermin in dem Berufungsverfahren findet auch in dem Verfahren bei dem Amtsgericht Düsseldorf ein Termin zur mündlichen Verhandlung statt. Rechtsanwältin Samuel bespricht als Prozessbevollmächtigte in diesem Termin nicht nur die in dem amtsgerichtlichen Rechtsstreit anhängigen Ansprüche, sondern auch die in dem Berufungsverfahren rechtshängigen Ansprüche im Hinblick auf den Abschluss eines Gesamtvergleiches. Schließlich kann Rechtsanwältin Samuel erreichen, dass vor dem Amtsgericht Düsseldorf ein Vergleich geschlossen wird, wonach zur Abgeltung der Ansprüche in Höhe von 4.800 € und der in dem Berufungsverfahren anhängigen Ansprüche in Höhe von 14.000 € ein Betrag in Höhe von insgesamt 9.400 € gezahlt wird. In dem Vergleich wird die Rücknahme der Berufung vor dem Verkündungstermin beim Landgericht Düsseldorf vereinbart.

Berechnen Sie die Vergütung der Rechtsanwältin Samuel für ihre Tätigkeit als Prozessbevollmächtigte in dem Rechtsstreit

a) bei dem Amtsgericht Düsseldorf und

b) in dem Berufungsverfahren bei dem Landgericht Düsseldorf!

Fall 40 *(HRE/SJ)*

Hermann, Katharina und Maria Krause wurden vom LG München I als Gesamtschuldner verurteilt, an den Kläger 17.000 € zu zahlen. Mit ihrem bisherigen Prozessbevollmächtigten waren sie nicht zufrieden. Deshalb beauftragen sie jetzt Rechtsanwältin Meyer, zunächst einmal zu prüfen, ob eine Berufung Aussicht auf Erfolg hätte. Auftragsgemäß soll Rechtsanwältin Meyer ihre Stellungnahme den Mandanten schriftlich übermitteln. Sie soll allerdings kein Gutachten erstellen. In ihrer schriftlichen Stellungnahme kommt Rechtsanwältin Meyer zu dem Ergebnis, dass eine Berufung allenfalls wegen eines Betrags in Höhe von 5.394 € Aussicht auf Erfolg hat. Nunmehr wird

Rechtsanwältin Meyer von Hermann, Katharina und Maria Krause beauftragt, wegen des Betrags in Höhe von 5.394 € das Berufungsverfahren durchzuführen und sie in dem Verfahren vor dem zuständigen Oberlandesgericht als Prozessbevollmächtigte zu vertreten. Nachdem Rechtsanwältin Meyer die Berufung wegen 5.394 € eingelegt und begründet hat, reicht die Gegenseite eine Berufungserwiderung ein. Das Gericht erlässt einen Hinweisbeschluss nach § 522 Abs. 2 ZPO und kündigt an, die Berufung im Beschlusswege zurückweisen zu wollen. Rechtsanwältin Meyer nimmt ausführlich Stellung. Dennoch weist das Gericht die Berufung gem. § 522 Abs. 2 ZPO durch Beschluss zurück.

Erstellen Sie die Vergütungsberechnung für Rechtsanwältin Meyer. Soweit Rahmengebühren anzusetzen sind, gehen Sie bitte von der Mittelgebühr aus.

Fall 41 *(HRE/SJ)*

Die Eheleute Helene und Hans Müller sind als Gesamtschuldner verurteilt worden, 8.700 € an den Kläger zu zahlen. Sie beauftragen Rechtsanwalt Amadeus, der bislang mit diesem Fall noch nicht befasst war, für sie gegen das Urteil Berufung einzulegen und sie in dem Berufungsverfahren als Prozessbevollmächtigter zu vertreten. Nach Prüfung der Entscheidungsgründe bespricht Rechtsanwalt Amadeus erneut mit den Eheleuten Müller die Sache. Er teilt ihnen mit, dass er Erfolgsaussichten für eine Berufung allenfalls wegen Ansprüchen in Höhe von 5.500 € sehe. Daraufhin beauftragen die Eheleute Müller Rechtsanwalt Amadeus, dann die Berufung nur wegen 5.500 € einzulegen und das Urteil insoweit anzufechten. Der Senat bei dem zuständigen Oberlandesgericht bestimmt den Termin zur mündlichen Verhandlung. In dem Termin kommen weitere, bislang nicht gerichtlich anhängige Ansprüche in Höhe von 7.000 € zur Sprache. Die im Termin ebenfalls anwesenden Eheleute Müller beauftragen Rechtsanwalt Amadeus, diese 7.000 € – wenn möglich – in dem Berufungsverfahren mitzuverhandeln und mit zu erledigen. Wegen dieser bislang nicht anhängigen 7.000 € wird in dem Termin eine Besprechung im Hinblick auf eine vergleichsweise Erledigung dieser Ansprüche geführt. Schließlich kann unter Mitwirkung von Rechtsanwalt Amadeus ein Vergleich ausgehandelt werden, wonach die Eheleute Müller zur Abgeltung der im Berufungsverfahren anhängigen 5.500 € und der nicht anhängigen 7.000 € insgesamt 10.000 € an den Kläger zahlen. Später wird der Vergleich widerrufen. Das Gericht weist die Berufung kostenpflichtig zurück.

Erstellen Sie die Vergütungsberechnung für Rechtsanwalt Amadeus!

Fall 42 *(HRE/SJ)*

Rechtsanwältin Dr. Graf vertritt den Kläger in einem Schadensersatzprozess vor dem Landgericht Köln. In der Klageschrift werden Schadensersatzansprüche in Höhe von 12.000 € geltend gemacht. Rechtsanwältin Dr. Graf vertritt als Prozessbevollmächtigte den Kläger in dem Termin zur mündlichen Verhandlung. Das Gericht verkündet im Anschluss hieran ein Grundurteil.

Gegen das Grundurteil wird Berufung eingelegt. Rechtsanwältin Dr. Graf vertritt den Kläger als Prozessbevollmächtigte auch in dem Berufungsverfahren vor dem OLG Köln. Sie nimmt für den Kläger den Termin zur mündlichen Verhandlung wahr. Das OLG Köln ändert das Urteil des LG Köln dahingehend ab, dass der Beklagte nicht in vollem Umfang haftet, sondern der Kläger sich ein Mitverschulden von 20 % zurechnen lassen muss.

Das OLG Köln verweist anschließend an das LG Köln zurück, damit dieses über die Höhe der Ansprüche entscheiden kann. Rechtsanwältin Dr. Graf nimmt die Klage wegen eines Betrags i.H.v. 2.400 € zurück. Sie vertritt in der mündlichen Verhandlung und in den anschließenden Terminen zur Beweisaufnahme. In zwei Terminen wird jeweils ein Zeuge vernommen. In einem dritten Termin wird ein Sachverständiger zu seinem Gutachten angehört. Die Beweisaufnahme war besonders umfangreich. Nach durchgeführter Beweisaufnahme erhöht Rechtsanwältin Dr. Graf die Klage wegen zwischenzeitlich eingetretener weiterer Schäden um 15.000 €. Nach Klageerhöhung führt sie außergerichtliche Vergleichsverhandlungen wegen der noch anhängigen Gesamtansprüche mit der Gegenseite. Schließlich kann sie einen Vergleich abschließen, in welchem vereinbart ist, dass zur Abgeltung der noch anhängigen Ansprüche 20.000 € an den Kläger gezahlt werden.

Erstellen Sie die Vergütungsberechnung für Rechtsanwältin Dr. Graf!

Fall 43 *(SJ)*

Der Mandant Heinrich Reich möchte einen Prozess über einen Streitwert von 25 Millionen € führen. Er vereinbart mit seinem Rechtsanwalt Krösus eine Vergütung über einen Stundensatz in Höhe von 350 € zzgl. 19 % Umsatzsteuer durch Abschluss eines Beratervertrags. Die Vereinbarung wird per E-Mail übersandt. Der Mandant Reich druckt diese aus, unterschreibt sie und sendet sie per Mail zurück.

a) Wie ist diese Vereinbarung im Hinblick auf das anwaltliche Berufsrecht einzuordnen?

b) Kann Krösus bei Obsiegen die gesetzliche Vergütung von der Gegenseite fordern?

c) Wie wäre die Sache zu beurteilen, wenn der Anwalt die Vergütungsvereinbarung in einer Vollmacht aufgenommen hätte? Müsste Reich dann die vereinbarte Vergütung bezahlen?

Fall 44 *(HRE/SJ)*

Der Mandant hat seinen Wohnsitz in Berlin. Er will 22.000 € einklagen gegen ein Unternehmen mit Sitz in München. Zuständig ist das Landgericht München I. Er beauftragt Rechtsanwältin Peters, Berlin, die Klageschrift zu fertigen, beim Landgericht München I einzureichen und ihn als Prozessbevollmächtigte in dem Rechtsstreit zu vertreten.

Rechtsanwältin Peters, Berlin, beauftragt – nach Absprache mit dem Mandanten in dessen Namen – den Rechtsanwalt Kammlaus, München, in dieser Sache als Unterbevollmächtigter tätig zu werden.

Zwischenzeitlich sind weitere Ansprüche des Mandanten gegenüber demselben Unternehmen in München fällig geworden. Der Mandant beauftragt Rechtsanwältin Peters, die Klage um diese 17.000 € zu erhöhen. Da die Erfolgsaussichten wegen dieser 17.000 € aber nicht sehr positiv sind, kommt man dahingehend überein, eine Erhöhung der Klage zunächst zurückzustellen, bis das Gericht seine Meinung wegen der eingeklagten 22.000 € kundgetan hat.

Der Termin zur mündlichen Verhandlung vor dem LG München I wird von Rechtsanwalt Kammlaus wahrgenommen. Die Parteien sind in dieser mündlichen Verhandlung persönlich anwesend. In dem Termin wird wegen der bislang nicht anhängigen Ansprüche von 17.000 € unter Mitwirkung des Unterbevollmächtigten eine auf die Vermeidung eines gerichtlichen Verfahrens gerichtete Besprechung geführt. Das Gericht unterbreitet den Parteien einen Vergleichsvorschlag, wonach zur Abgeltung der anhängigen und nicht anhängigen Ansprüche ein Betrag in Höhe von 30.000 € gezahlt wird. Nach dem Vergleichsvorschlag bleibt dem Beklagten nachgelassen, den Vergleichsbetrag in monatlichen Raten von 1.000 € zu zahlen. Für den Fall der fristgerechten Zahlung der Raten verpflichtet sich der Kläger (Gläubiger), nicht aus dem Vergleich zu vollstrecken. Diesen Vergleichsvorschlag gibt Rechtsanwalt Kammlaus an Rechtsanwältin Peters weiter. Rechtsanwältin Peters bespricht diesen Vergleichsvorschlag des Gerichts noch einmal eingehend mit dem Mandanten. Schließlich teilt Rechtsanwältin Peters dem LG München I mit, dass der Vergleichsvorschlag des Gerichts angenommen werde. Das LG München I bestimmt Termin zur Protokollierung des Vergleichs. Diesen Termin nimmt Rechtsanwalt Kammlaus wahr und schließt den Vergleich für den Mandanten wirksam ab.

Berechnen Sie die Vergütung für

a) Rechtsanwältin Peters, Berlin

b) Rechtsanwalt Kammlaus, München

Fall 45 *(SJ)*

Rechtsanwältin Witschel klagt im Urkundenverfahren gegen den Beklagten Roberto Rosato einen Betrag in Höhe von 100.000 € ein. Der Anspruch steht ihren Mandanten, den Klägern Bruno Ramazotti und Filipe Grandioso, gemeinsam zu. Das Gericht bestimmt einen Termin zur mündlichen Verhandlung. In der Folge ergeht gegen den Beklagten ein Vorbehaltsurteil.

Der Beklagte macht im Anschluss seine Rechte im Nachverfahren geltend. Die Klage wird um 20.000 € erweitert. Inhaber dieses Anspruchs in Höhe von 20.000 € ist der Mandant Bruno Ramazotti alleine. Im Termin zur mündlichen Verhandlung wird ein Vergleich geschlossen, wonach zur Abgeltung der ursprünglich eingeklagten Forderung in Höhe von 100.000 € ein Betrag von 75.000 € gezahlt wird. Bezüglich der Klageerweiterung in Höhe von 20.000 € wird die Klage zurückgenommen.

Berechnen Sie die Vergütung von Rechtsanwältin Witschel!

Fall 46 *(HRE/SJ)*

Rechtsanwältin Sabine Sorglos erhält von dem Mandanten Ernesto Mafiosi folgende Aufträge:

1. Außergerichtliche Geltendmachung von 10.000 € aus einem Pachtvertrag gegenüber der Pizzeria Vesuvio.

2. Klage über andere 20.000 € aus demselben Pachtverhältnis gegen die Pizzeria Vesuvio.

Wegen des Anspruchs in Höhe von 10.000 € fordert Rechtsanwältin Sabine Sorglos die Inhaber der Pizzeria Vesuvio außergerichtlich unter Fristsetzung zur Zahlung auf. Die Inhaber der Pizzeria melden sich bei der Rechtsanwältin Sabine Sorglos und führen mit ihr eine Besprechung zur Vermeidung eines gerichtlichen Verfahrens wegen der 10.000 €.

Auftragsgemäß erhebt Rechtsanwältin Sabine Sorglos für ihren Mandanten die Klage über den anderen Anspruch in Höhe von 20.000 €. Das Gericht bestimmt Termin zur mündlichen Verhandlung, in welcher Rechtsanwältin Sorglos den Mandanten vertritt.

Die Parteien führen dann selbst untereinander – ohne ihre Bevollmächtigten – Vergleichsverhandlungen. Die Parteien einigen sich dahingehend, dass zur Abgeltung der außergerichtlich geltend gemachten Ansprüche und der Klageforderung insgesamt 15.000 € gezahlt werden. Ernesto Mafiosi beauftragt Rechtsanwältin Sabine Sorglos, den ausgehandelten Vergleich nach § 278 Abs. 6 ZPO bei Gericht feststellen zu lassen. Dies geschieht dann auch.

Erstellen Sie die Vergütungsberechnung für Rechtsanwältin Sabine Sorglos! Soweit Satzrahmengebühren anfielen, setzen Sie bitte Mittelgebühren an!

Fall 47 *(HRE/SJ)*

Peggy Blondine lebt mit Costa Figaro in einer nichtehelichen Lebensgemeinschaft zusammen. Da Costa Figaro wieder einmal für seinen Gebrauchtwagenhandel dringend 20.000 € benötigt, bittet er Peggy Blondine um finanzielle Unterstützung. Da Peggy Blondine 20.000 € alleine nicht aufbringen kann, bittet sie, ihre Mutter Alma Blondine um Hilfe. Alma und Peggy Blondine gewähren Costa Figaro ein Darlehen über 20.000 €. Hierüber wird auch ein schriftlicher Darlehensvertrag gefertigt.

Wenige Wochen später benötigt Costa Figaro noch mehr Geld. Mutter und Tochter gewähren Costa Figaro ein weiteres Darlehen über 15.000 €, diesmal ohne schriftlichen Vertrag. Damit sind die finanziellen Rücklagen von Mutter und Tochter erschöpft. Wenige Tage später zieht Costa Figaro aus der gemeinsamen Wohnung aus und hat kurz danach auch schon eine neue Lebensabschnittsgefährtin.

Mutter und Tochter kontaktieren gemeinsam Rechtsanwältin Sabine Sonnenschein und beauftragen diese, die Darlehen zu kündigen und ihre gemeinsame Forderung zunächst außergerichtlich gegenüber Costa Figaro geltend zu machen. Dieser lässt durch einen von ihm eingeschalteten Anwalt die Forderung bestreiten. Es entwickelt sich ein umfangreicher Schriftverkehr.

Schließlich beauftragen Mutter und Tochter gemeinsam Rechtsanwältin Sabine Sonnenschein, die Ansprüche in Höhe von 20.000 € gerichtlich geltend zu machen. Wegen der restlichen Ansprüche in Höhe von 15.000 € will man zunächst abwarten, wie das Gericht die Sach- und Rechtslage beurteilt. Im Namen von Peggy und Alma Blondine erhebt Rechtsanwältin Sabine Sonnenschein beim Landgericht Klage über 20.000 €. In dem Termin zur mündlichen Verhandlung beim Landgericht werden Vergleichsverhandlungen geführt. Auftragsgemäß bespricht Rechtsanwältin Sabine Sonnenschein mit der Gegenseite auch die nicht anhängigen Ansprüche in Höhe von 15.000 €. Schließlich kann man sich einigen. Es wird ein Vergleich protokolliert, wonach zur Abgeltung der anhängigen und der nicht anhängigen Ansprüche von dem beklagten Costa Figaro 27.500 € gezahlt werden.

Der Schuldner Costa Figaro erfüllt den Vergleich nicht. Rechtsanwältin Sabine Sonnenschein wird von den Mandantinnen beauftragt, die Zwangsvollstreckung aus dem Vergleich zu betreiben. Auftragsgemäß erteilt sie dem zuständigen Gerichtsvollzieher einen Auftrag, die gütliche Erledigung zu versuchen, und für den Fall, dass diese scheitert, einen Auftrag zur Pfändung und Verwertung körperlicher Sachen. Vollstreckt wird wegen (Hauptforderung und Kosten) in Höhe von 31.800 €. Der Versuch der gütlichen Erledigung scheitert. Der Gerichtsvollzieher pfändet bewegliche Habe beim Schuldner. Der Schuldner meldet sich und vereinbart mit Rechtsanwältin Sabine Sonnenschein eine Ratenzahlung, worin er sich verpflichtet, die Forderung in monatlichen Teilbeträgen von 2.000 € zu tilgen. Im Namen der Gläubigerinnen stellt Rechtsanwältin Sabine Sonnenschein die Zwangsvollstreckung ein und verzichtet so lange auf neue Zwangsvollstreckungsmaßnahmen, wie die monatlichen Raten pünktlich gezahlt werden.

Erstellen Sie die Vergütungsberechnung für Rechtsanwältin Sabine Sonnenschein! Soweit Satzrahmengebühren anfallen, gehen Sie bitte von der Mittelgebühr aus!

Fall 48 *(HRE/SJ)*

Rechtsanwältin Dr. Sieglinde Bau vertritt die Eheleute Häusle wegen Mängeln an ihrem neu errichteten Eigenheim gegenüber dem Bauträger.

Zunächst macht Rechtsanwältin Dr. Sieglinde Bau für die Eheleute auftragsgemäß außergerichtlich Ansprüche wegen Mängel in Höhe von 50.000 € gegenüber dem Bauträger geltend. Es kommt zu einer Besprechung. Ziel dieser Besprechung mit den verantwortlichen Herren des Bauträgers ist die Vermeidung einer gerichtlichen Auseinandersetzung. Man kann sich allerdings in dieser Besprechung nicht einigen.

Auftragsgemäß leitet Rechtsanwältin Dr. Sieglinde Bau dann für die Eheleute Häusle ein selbstständiges Beweisverfahren in die Wege. Der vom Gericht bestellte Sachverständige bestimmt Termin vor Ort. Diesen Termin nimmt Rechtsanwältin Dr. Sieglinde Bau zusammen mit den Eheleuten Häusle wahr. Nachdem das Gutachten vorliegt, setzt das Gericht den Gegenstandswert für das Beweisverfahren auf 50.000 € fest.

Auftragsgemäß erhebt Rechtsanwältin Dr. Sieglinde Bau anschließend für die Eheleute Häusle Klage zur Hauptsache. In dem Rechtsstreit nimmt sie auch den Termin zur mündlichen Verhandlung wahr. Schließlich verkündet das Gericht ein Urteil. In dem Urteil setzt das Gericht den Gegenstandswert für das gerichtliche Hauptsacheverfahren auf 200.000 € fest.

Berechnen Sie die Vergütung, die Rechtsanwältin Dr. Sieglinde Bau in diesen Angelegenheiten ansetzen kann. Gehen Sie bitte für die außergerichtliche Vertretung von einer Geschäftsgebühr aus, die 0,3 über der Mittelgebühr liegt (ohne mögliche Erhöhungen durch mehrere Auftraggeber).

Fall 49 *(HRE/SJ)*

Rechtsanwältin Dr. Henrietta Jura vertritt als Prozessbevollmächtigte in einem Rechtsstreit die Klägerin, die Firma Blumsoft GmbH. Diese verlangt von den Geschwistern Antonia und Frederike Bach als Gesamtschuldner 25.000 €. Den Termin zur mündlichen Verhandlung nimmt Frau Rechtsanwältin Dr. Henriette Jura für die Klägerin wahr. Beide Prozessbevollmächtigte konnten in diesem Termin eine Einigung nicht erreichen. Eine Woche nach dem Termin erhält Frau Rechtsanwältin Dr. Henrietta Jura von dem gegnerischen Kollegen einen schriftlichen Vergleichsvorschlag, worin dieser anbietet, zur Abgeltung der eingeklagten 25.000 € würden seine Mandanten 15.000 € zahlen. Die Kosten sollen entsprechend gequotelt werden.

Frau Rechtsanwältin Dr. Henrietta Jura übergibt Ihnen die Akte mit der Bitte, zu berechnen, welche Kosten im Falle des Abschlusses des Vergleiches von der Mandantin im Ergebnis zu tragen wären.

Berechnen Sie die Kosten, die die Klägerin im Falle des Vergleiches zu tragen hätte!

Fall 50 *(HRE/SJ)*

Rechtsanwalt Dr. Knut Billig vertritt als Prozessbevollmächtigter den Kläger Heinrich Abel in einem Rechtsstreit vor dem Amtsgericht Köln, Az. 153 C 2081/18, wegen eines Anspruchs in Höhe von 3.800 € gegen den Beklagten Kurt Kroller. In diesem Rechtsstreit hat Rechtsanwalt Dr. Knut Billig auch bereits einen Termin zur mündlichen Verhandlung für den Kläger wahrgenommen.

Zwischen denselben Parteien ist bei dem Amtsgericht Köln, Az. 153 C 2193/18, ein weiteres Verfahren über 1.100 € anhängig, in welchem Rechtsanwalt Dr. Knut Billig ebenfalls den Kläger als Prozessbevollmächtigten vertritt. Auch in diesem Verfahren hat bereits eine mündliche Verhandlung stattgefunden, in der Dr. Knut Billig den Kläger vertreten hat.

Nach der mündlichen Verhandlung in diesem Verfahren verbindet das Amtsgericht Köln die beiden Verfahren und bestimmt in dem nunmehr führenden Verfahren, Az. 153 C 2081/18, Termin zur mündlichen Verhandlung. Auch in diesem Termin vertritt Dr. Knut Billig den Kläger als Prozessbevollmächtigter. Nach durchgeführter Beweisaufnahme verkündet das Gericht ein Urteil.

Erstellen Sie die Vergütungsberechnung für Rechtsanwalt Dr. Knut Billig! Rechtsanwalt Dr. Knut Billig hat Ihnen die Anweisung gegeben, dem Mandanten die maximal mögliche Vergütung zu berechnen.

Fall 51 *(HRE/SJ)*

Rechtsanwältin Gerlinde Schnell vertritt den Kläger Jörg Neu als Prozessbevollmächtigte in zwei beim Landgericht Frankfurt/Main anhängigen Zivilverfahren gegen Jürgen Lücke:

In dem ersten Rechtsstreit vor dem Landgericht Frankfurt/Main, Az. 14 O 145/18, ist eine Klageforderung in Höhe von 20.000 € rechtshängig. In diesem kommt es zu einer mündlichen Verhandlung.

In dem zweiten, ebenfalls bei dem LG Frankfurt/Main geführten Verfahren, Az. 14 O 172/18, sind 30.000 € eingeklagt. In diesem Verfahren ist bisher eine Terminsgebühr nicht ausgelöst worden.

Die beiden Verfahren werden vier Wochen nach dem Termin in dem ersten Rechtsstreit verbunden. Führend ist die Sache Az. 14 O 145/18. Nach Verbindung bestimmt das Gericht erneut Termin zur mündlichen Verhandlung, den die Prozessbevollmächtigte des Klägers wahrnimmt. Sie wirkt im Termin am Abschluss eines Vergleiches mit, wonach zur Abgeltung der Forderungen aus den beiden verbunden Verfahren 40.000 € gezahlt werden.

Erstellen Sie die Vergütungsberechnung für Rechtsanwältin Gerlinde Schnell! Aus einem Aktenvermerk der Rechtsanwältin Schnell ergibt sich, dass die maximal mögliche gesetzliche Vergütung abgerechnet werden soll.

Fall 52 *(HRE/SJ)*

Rechtsanwältin Michaela Kunst ist in einem Rechtsstreit vor dem Landgericht Hamburg als Prozessbevollmächtigte tätig. In diesem Rechtsstreit, Az. 14 O 179/18, klagt Henriette Boss gegen Hans Stabilo Ansprüche in Höhe von 40.000 € ein. Die Klageforderung setzt sich aus einer Forderung aus einem Kaufvertrag in Höhe von 15.000 € sowie aus einer Forderung aus einem Werkvertrag in Höhe von 25.000 € zusammen. Rechtsanwältin Michaela Orgi vertritt die Klägerin im Termin zur mündlichen Verhandlung. Danach beschließt das Landgericht Hamburg die Trennung in zwei Verfahren.

Vor dem LG Hamburg, Az. 14 O 179/18, wird der Anspruch aus dem Kaufvertrag in Höhe von 15.000 € weiter verhandelt. Nach streitiger mündlicher Verhandlung ergeht ein Urteil.

Im zweiten Rechtsstreit vor dem Landgericht Hamburg, Az. 14 O 281/18, wird der Anspruch in Höhe von 25.000 € aus dem Werkvertrag weiter verfolgt. Auch in diesem Verfahren findet eine mündliche Verhandlung statt, in welcher Rechtsanwältin Michaela Kunst die Klägerin vertritt. Nach einer langwierigen Beweisaufnahme wird auch in dieser Sache ein Urteil verkündet.

Erstellen Sie die Vergütungsberechnung für Rechtsanwältin Michaela Kunst! In der Akte befindet sich ein Vermerk der Rechtsanwältin Michaela Kunst, wonach die maximal mögliche Vergütung der Mandantin Henriette Boss in Rechnung gestellt werden soll.

Fall 53 *(HRE/SJ)*

Rechtsanwältin Schönau vertritt Hans Gala und macht für diesen zunächst auftragsgemäß außergerichtlich Ansprüche in Höhe von 50.000 € geltend gegen

a) Gerlinde Klang, Dortmund
b) Gertrude Klang, Dortmund
c) Heidrun Blume, Stade
d) Karin Lange, Stade.

Die vier Personen haften als Gesamtschuldner. Auf die außergerichtliche Aufforderung reagieren die Gegner nicht.

Auftragsgemäß erhebt Rechtsanwältin Schönau für ihren Auftraggeber Hans Gala Klage beim Landgericht Dortmund. In dieser Klage nimmt sie alle vier Beklagten als Gesamtschuldner in Anspruch. In der ersten mündlichen Verhandlung, in welcher Rechtsanwältin Schönau den Kläger Hans Gala als Prozessbevollmächtigte vertritt, weist das Landgericht Dortmund darauf hin, dass es wegen der beiden Beklagten, die in Stade ihren Wohnsitz haben, nicht zuständig sei. Das Landgericht Dortmund regt an, den Rechtsstreit zu trennen und wegen der Beklagten Heidrun Blume und Karin Lange den Rechtsstreit bei dem zuständigen Landgericht Stade weiterzuführen. Nachdem die Parteien entsprechende Verweisungsanträge gestellt haben, trennt das Gericht den Rechtsstreit wegen der Beklagten Heidrun Blume und Karin Lange ab und verweist den Rechtsstreit diesbezüglich an das Landgericht Stade.

In dem Rechtsstreit beim Landgericht Dortmund findet ein weiterer Termin zur mündlichen Verhandlung statt und dann ergeht ein der Klage stattgebendes Urteil.

Nach Eingang der Akte bestimmt das Landgericht Stade ebenfalls Termin. Auch in dem Rechtsstreit vor dem Landgericht Stade vertritt Rechtsanwältin Schönau den Kläger Hans Gala als Prozessbevollmächtigte. Sie vertritt ihn in der mündlichen Verhandlung vor Gericht und in einem anschließenden Termin zur Beweisaufnahme, in welchem drei Zeugen vernommen werden. Anschließend verkündet auch das Landgericht Stade ein der Klage stattgebendes Urteil.

Welche Gebühren sind bei Rechtsanwältin Schönau entstanden? Unterstellen Sie bitte, dass die außergerichtliche Tätigkeit weder umfangreich noch schwierig war.

Fall 54 *(HRE/SJ)*

Rechtsanwalt Rader vertritt die Mandanten Lisa Amaretto, geb. Uso, und Giovanni Uso als Prozessbevollmächtigter in einem beim Landgericht Koblenz anhängigen Rechtsstreit. Die Kläger verlangen Auskunft über den Bestand des Nachlasses nach ihrem verstorbenen Vater. Im Termin zur Güteverhandlung gibt das Gericht zu erkennen, dass es beabsichtige, dem Auskunftsbegehren der Kläger stattzugeben. Der Richter regt an, dass der Beklagte die begehrten Auskünfte erteilt und sich die Parteien nebst ihrem Prozessbevollmächtigten danach zusammensetzen und prüfen, ob nicht eine Einigung im Hinblick auf die Auseinandersetzung der Erbengemeinschaft möglich sei. Bei Gericht wird die Sache erst einmal vertagt. Nachdem der Beklagte tatsächlich eine vollständige und zufriedenstellende Auskunft erteilt hat, erteilen Lisa Amaretto und Giovanni Uso dem Rechtsanwalt Rader den Auftrag, im Rahmen des bestehenden Prozessauftrages Einigungsgespräche mit der Gegenseite zu führen. Es kommt zu einer Besprechung in der Kanzlei von Rechtsanwalt Rader, an welcher neben beiden Prozessbevollmächtigten auch die Parteien teilnehmen. Schließlich findet man eine Einigung, wonach der Beklagte sowohl an Lisa Amaretto als auch an Giovanni Uso jeweils 100.000 € zur Abgeltung der Ansprüche aus dem Nachlass nach dem verstorbenen Vater zahlt. Rechtsanwalt Rader formuliert den Vergleich aus und bittet das Gericht, das Zustandekommen dieses Vergleiches nach § 278 Abs. 6 ZPO festzustellen.

Rechtsanwalt Rader regt an, die Gegenstandswerte wie folgt festzusetzen:

1. Auskunftsanspruch: je Kläger 25.000 €

2. für den Vergleich 2 × 120.000 € = 240.000 €.

Nach Einholung einer Stellungnahme der Gegenseite folgt das Gericht den Vorschlägen von Rechtsanwalt Rader und setzt die Gegenstandswerte entsprechend fest.

Erstellen Sie die Vergütungsberechnung für Rechtsanwalt Rader!

Fall 55 *(SJ)*

Rechtsanwalt Rauh vertritt Mandantin S in einem anhängigen Scheidungsverfahren. Neben der Scheidung wurde der Versorgungsausgleich anhängig (gesetzliche Rentenversicherung). Rechtsanwalt Rauh legt im Termin eine zwischen den Beteiligten anlässlich einer Besprechung in der Kanzlei des Rechtsanwalt Rauh ausgehandelte Scheidungsvereinbarung vor, die vom Gericht lediglich protokolliert wird.

Gegenstand der Scheidungsvereinbarung war Unterhalt für die Ehefrau (monatlich: 755 €); Unterhalt für die beiden Kinder (jeweils 357 €) sowie die Zahlung eines Zugewinnausgleichs von 35.000 €. Das Sorgerecht wollten beide Beteiligte entsprechend der gesetzlichen Regelung beibehalten. Ein Antrag wurde insofern nicht gestellt. Der Versorgungsausgleich wurde durchgeführt. Das Gericht setzte den Streitwert für die Ehesache auf 44.000 € und für den Wert des Versorgungsausgleichs auf 3.000 € fest.

a) Erstellen Sie die Vergütungsrechnung von Rechtsanwalt Rauh!

b) Abwandlung: Gehen Sie davon aus, dass auch über den Versorgungsausgleich eine Einigung stattfand und erstellen Sie die Vergütungsrechnung für Rechtsanwalt Rauh!

c) Gleicher Fall wie zuvor. Es erfolgte allerdings zusätzlich aus dem Wert des Zugewinnausgleichs (35.000 €) und Unterhalts (Frau und Kind 17.628 € jeweils eine gesonderte außergerichtliche Tätigkeit. Erstellen Sie auch für diesen Fall die Vergütungsrechnung für RA Rauh für alle erbrachten Tätigkeiten!

Fall 56 *(SJ)*

RA Brand wird außergerichtlich für seinen Mandanten Anton Feuer tätig. Er fordert den Schuldner, Emil Wasser auf, einen Betrag in Höhe von 24.000 € zu bezahlen. Emil Wasser ruft RA Brand an und teilt ihm mit, dass er einen Betrag in Höhe von 14.000 € bezahlen wird. Im Übrigen könne ihn Anton Feuer „mal gern haben", denn der weitere Anspruch in Höhe von 10.000 € bestehe gar nicht.

Emil Wasser zahlt wie angekündigt 14.000 €, und RA Brand reicht über den Restbetrag Klage ein. Im Termin zur mündlichen Verhandlung kommt es zu widerstreitenden Anträgen. Das Gericht versucht, die Parteien zu einem Vergleich zu bewegen. Diese sind aber nicht vergleichsbereit.

Daraufhin bestimmt das Gericht einen Termin zur Verkündung einer Entscheidung und gibt den Parteien zudem Gelegenheit, abschließend in dem Verfahren Stellung zu nehmen. Das Gericht verkündet schließlich ein Urteil, mit dem es die Klage abweist.

RA Brand legt für den Kläger Berufung gegen dieses Urteil ein und rügt, dass das erstinstanzliche Gericht sein Beweisangebot (Einholung eines Sachverständigengutachtens) übergangen hat. Das Oberlandesgericht weist nach Termin im Berufungsverfahren daher die Sache antragsgemäß an das Landgericht zurück.

Das Landgericht erlässt nach Zurückverweisung einen Beweisbeschluss, den RA Brand nach Prüfung an seinen Mandanten weiterleitet. Auf Antrag des Klägervertreters RA Brand wird Termin bestimmt, in dem die Parteien dem Sachverständigen ergänzende Fragen zum Gutachten stellen können. Der Beklagte Emil Wasser wird schließlich verurteilt, 3.000 € an den Kläger zu bezahlen, im Übrigen wird die Klage abgewiesen.

Gegen dieses Urteil legen sowohl der Beklagte als auch der Kläger Berufung ein. Im weiteren Berufungsverfahren schließen die Parteien schließlich einen Vergleich, nach welchem der Beklagte zur Abgeltung sämtlicher Ansprüche zwischen den Parteien 8.000 € bezahlt. Mit dieser Vergleichssumme sind weitere Ansprüche in Höhe von 4.000 € abgegolten, die in einem parallel anhängigen erstinstanzlichen Verfahren bereits ergebnislos im dortigen Termin verhandelt wurden.

a) Bitte erstellen Sie die Vergütungsrechnung für RA Brand für das gesamte Verfahren (alle Rechtszüge), das in einem Vergleich mündete.

b) Bitte erstellen Sie die Vergütungsrechnung für RA Brand für das 1. instanzliche Verfahren über den parallel rechtshängigen Anspruch, der im Gesamtvergleich mitverglichen worden ist.

V. Prozess- und Verfahrenskostenhilfe

Fall 57 *(SJ)*

Rechtsanwalt Kurz soll für seinen Mandanten Prozesskostenhilfe (PKH) für eine Klage über 78.000 € beantragen. Nach Prüfung des Antrags bewilligt das Gericht lediglich über einen Teilbetrag in Höhe von 32.000 € die begehrte Prozesskostenhilfe.

a) Der Mandant möchte lediglich wegen des bewilligten Betrags Klage einreichen, was auch geschieht. Es kommt zu einer mündlichen Verhandlung. Das Gericht weist die Klage schließlich ab. Bitte berechnen Sie die Vergütungsansprüche des Rechtsanwalts Kurz gegenüber der Staatskasse **und** gegenüber seinem Mandanten.

b) (Variante!) Der Mandant möchte, obwohl die PKH lediglich über 32.000 € bewilligt worden ist, die Klage über den gesamten Betrag führen. Nach mündlicher Verhandlung wird die Klage insgesamt abgewiesen. Bitte berechnen Sie die Vergütung für Rechtsanwalt Kurz gegenüber der Staatskasse **und** dem Mandanten.

c) Rechtsanwalt Kurz reicht wegen des nicht bewilligten Betrags in Höhe von 46.000 € Beschwerde ein.

    aa) Was kann Rechtsanwalt Kurz abrechnen?

    bb) Wer hat diese Kosten zu tragen?

Fall 58 *(SJ)*

Rechtsanwalt Ober reicht für seinen Mandanten, dem Prozesskostenhilfe bewilligt worden ist, eine Klage auf Zahlung von 90.000 € ein. Nach mündlicher Verhandlung und Beweisaufnahme erlässt das Gericht ein Urteil, wonach der Beklagte an den Kläger 60.000 € zu bezahlen hat. Von den Kosten des Verfahrens haben der Kläger 1/3 und der Beklagte 2/3 zu tragen.

Bitte berechnen Sie die Vergütung der beteiligten Rechtsanwälte und nehmen Sie die Kostenausgleichung vor. Beachten Sie dabei bitte, dass der Kläger nicht vorsteuerabzugsberechtigt ist, der Beklagte aber sehr wohl. Bitte berücksichtigen Sie bei der Kostenausgleichung, dass der Klägervertreter seine Gebühren bereits gegenüber der Staatskasse abgerechnet hat.

Fall 59 *(SJ)*

Rechtsanwalt Schuster soll für seinen Mandanten Prozesskostenhilfe für eine Klage über 12.300 € beantragen. Da Rechtsanwalt Schuster nach Prüfung der Sach- und Rechtslage die Erfolgsaussichten für die beabsichtigte Klage sehr dürftig erscheinen, sich sein Mandant von der Klage aber nicht abbringen lassen möchte, verlangt Rechtsanwalt Schuster einen Vorschuss in Höhe von 250 €. Nach Zahlung des Vorschusses fertigt Rechtsanwalt Schuster die Klage im Entwurf und beantragt die begehrte Prozesskostenhilfe beim zuständigen Prozessgericht. Das Prozessgericht bewilligt schließlich die begehrte Prozesskostenhilfe. Die Klage wird jedoch nach mündlicher Verhandlung abgewiesen.

Der Mandant fordert, nachdem die Staatskasse die Prozesskostenhilfe bewilligt hatte und eine Abrechnung der entstandenen Gebühren mit der Staatskasse erfolgt ist, seinen Vorschuss zurück. Zu Recht?

VI. Familiensachen

Fall 60 *(SJ)*

Berta Frey beauftragt Rechtsanwalt Gründlich zwei Jahre nach ihrer Scheidung, einen Antrag zu stellen, das gemeinsame Sorgerecht für das Kind Anna auf sie allein zu übertragen. Sie beantragt wegen der Dringlichkeit den Erlass einer einstweiligen Anordnung, zunächst ohne Hauptsache. Das Gericht entscheidet, dass ein Gutachten einzuholen ist. Es wird nunmehr auch das Hauptsacheverfahren anhängig gemacht. Der Antragsgegner lässt durch seinen anwaltlichen Vertreter schriftsätzlich vortragen, dass die Anträge unbegründet seien, und beantragt seinerseits, diese zurückzuweisen. Weiter beantragt er im Hauptsacheverfahren, das Umgangsrecht neu zu regeln. Es erfolgt umfangreicher schriftsätzlicher Vortrag der Beteiligten. In einem Termin im Hauptsacheverfahren wird, nachdem der Antrag auf Erlass einer einstweiligen Anordnung betreffend Sorgerecht bereits im Beschlusswege zurückgewiesen wurde, die Sach- und Rechtslage mit den Parteien erörtert. Die Antragstellerin nimmt sodann ihren Antrag (Hauptsache Sorgerecht) zurück. Über das Umgangsrecht wird antragsgemäß entschieden.

Bitte berechnen Sie die Vergütung von Rechtsanwalt Gründlich.

Fall 61 *(SJ)*

Rechtsanwalt Otto macht für seinen Mandanten Peters Zugewinnausgleichansprüche außergerichtlich geltend. Rechtsanwalt Otto hat umfangreiche Berechnungen durchgeführt und einen Ausgleichanspruch seines Mandanten in Höhe von 17.000 € festgestellt. Zunächst erteilte Mandant Peters den Auftrag, die Gegenseite außergerichtlich aufzufordern, diesen Ausgleichsanspruch zu zahlen. Nachdem die gesetzte Frist fruchtlos abgelaufen war, erhielt Rechtsanwalt Otto Verfahrensauftrag. Rechtsanwalt Otto diktiert den Antrag. Bevor er diesen einreichen kann, ruft Mandant Peters in der Kanzlei an und bittet, den Antrag nicht einzureichen. Er weist Rechtsanwalt Otto darauf hin, dass man sich außergerichtlich entsprechend dem bereits von Rechtsanwalt Otto gemachten Vorschlag geeinigt habe. Der Ausgleichsanspruch wurde bereits gezahlt.

Bitte erstellen Sie die Vergütungsrechnung für Rechtsanwalt Otto.

Fall 62 *(SJ)*

Rechtsanwalt Zufall vertritt seine Mandantin Morgenröte in einer Scheidungsangelegenheit. Zunächst erfolgt durch Rechtsanwalt Zufall eine Beratung in der Ehesache selbst. Die Mandantin informiert sich bei Rechtsanwalt Zufall über die Voraussetzungen der Scheidung sowie die praktische Durchführung der Trennung. Aus der Ehe sind zwei Kinder hervorgegangen. Zunächst möchte die Mandantin, dass das Sorgerecht für die beiden Kinder entsprechend der gesetzlichen Regelung bei den Ehegatten bleibt. Darüber hinaus soll Rechtsanwalt Zufall den Ehemann über die beabsichtigte Scheidung informieren, Hinweise zur praktischen Umsetzung des Trennungsjahres geben und Trennungsunterhalt in Höhe von 1.200 € monatlich fordern. Gleichzeitig wird ein nachehelicher Unterhalt in Höhe von 1.000 € gefordert. Für die beiden Kinder wird ein Bedarfsunterhalt in Höhe von insgesamt 1.600 € monatlich gefordert. Der Versorgungsausgleich (Deutsche Rentenversicherung Bund) soll erst im gerichtlichen Verfahren durchgeführt werden. Eine außergerichtliche Tätigkeit wegen des Versorgungsausgleichs ist damit zunächst nicht angezeigt. Zugewinnausgleichsansprüche werden in Höhe von 50.000 € geltend gemacht. Im Übrigen legt Rechtsanwalt Zufall der Gegenseite eine Liste mit den Haushaltsgegenständen vor, die seine Mandantin für sich beansprucht.

Im Rahmen der außergerichtlichen Vertretung bestellt sich für Herrn Morgenröte sodann Rechtsanwältin Knapp. Über den geltend gemachten Trennungsunterhalt wird schnell eine Einigung erzielt. Es soll ein gerichtliches Verfahren anhängig gemacht werden wegen der Gegenstände nachehelicher Ehegatten- und Kindesunterhalt. Nachdem die Parteien sich dann hierüber doch einig werden konnten, erhält der Rechtsanwalt den Auftrag, im Scheidungstermin zum nachehelichen Unterhalt und Kindesunterhalt eine Scheidungsvereinbarung zu protokollieren. Ebenso eine Zahlung auf Zugewinnausgleich in Höhe von 30.000 €. Ein Sorgerechtsantrag wird im laufenden Scheidungsverfahren nicht gestellt. Was die Haushaltsgegenstände betrifft, erklärt sich Herr Morgenröte mit den Wünschen seiner getrennt lebenden Ehefrau einverstanden.

Nach Ablauf des Trennungsjahres reicht Rechtsanwalt Zufall für seine Mandantin Scheidungsantrag ein. Das Gericht setzt den Wert der Ehesache auf 45.000 € fest. Der Wert setzt sich aus dem dreifachen Nettoeinkommen beider Ehegatten vor Antragstellung in Höhe von 11.000 € sowie anteiligem Vermögen zusammen. Der Versorgungsausgleich wird durchgeführt. Die Parteien legen im Scheidungstermin eine Vereinbarung vor, nach der sich der Antragsgegner verpflichtet, einen nachehelichen Ehegattenunterhalt in Höhe von 1.000 € zu bezahlen. Die Vereinbarung enthält betreffend den Ehegattenunterhalt eine Wertsicherungsklausel. Der Kindesunterhalt wird für beide Kinder mit monatlich 1.600 € vereinbart. Der Zugewinnausgleich wird durch Zahlung von 30.000 € an die Antragstellerin geregelt. Auch hierüber enthält die zwischen den Parteien geschlossene Vereinbarung eine entsprechende Regelung. Im Termin wird die in der Kanzlei des Rechtsanwalts Zufall mit den Parteien und ihren anwaltlichen Vertretern besprochene Scheidungsvereinbarung protokolliert.

a) Bitte ermitteln Sie die einzelnen Gegenstandswerte.
b) Bitte berechnen Sie die Vergütung für Rechtsanwalt Zufall sowohl für die außergerichtliche (Regelgebühr) als auch für die gerichtliche Tätigkeit.

Fall 63 *(SJ)*

In einem laufenden Ehescheidungsverfahren sind als Folgesachen der Versorgungsausgleich, die Übertragung der elterlichen Sorge sowie das Umgangsrecht anhängig.

Die Eheleute versöhnen sich aufgrund der Mitwirkung beider Rechtsanwälte, so dass die Antragstellerin ihren Scheidungsantrag zurücknimmt. Sie nimmt auch den Antrag bzgl. des Umgangsrechts und des Versorgungsausgleichs zurück. Da sie in der Vergangenheit jedoch erhebliche Schwierigkeiten mit dem Antragsgegner bzgl. der Ausübung der elterlichen Sorge (Krankenhausaufenthalt des Kindes sowie Schulbesuch) gegeben hat, möchte die Antragstellerin weiterhin, dass über das Sorgerecht entschieden wird. Sie nimmt den Antrag diesbezüglich ausdrücklich nicht zurück. Da das Gericht das Kindeswohl ebenfalls gefährdet sieht, führt es das Sorgerecht als isoliertes Verfahren weiter. Im Termin über das Sorgerecht erfolgt eine Erörterung. Das Gericht entscheidet sodann antragsgemäß.

Der Wert der Ehesache wurde vom Gericht auf 6.000 € festgesetzt. Ein Termin hat im Scheidungsverfahren noch nicht stattgefunden, es kam allerdings zu einer Besprechung in der Kanzlei des anwaltlichen Vertreters des Antragsgegners mit den Ehegatten und ihren anwaltlichen Vertretern bzgl. sämtlicher Gegenstände.

Bitte berechnen Sie die Vergütung der anwaltlichen Vertreterin der Antragstellerin.

Fall 64 *(SJ)*

RA Schmidt reicht für seine Mandanten beim Amtsgericht München, Familiengericht, einen Unterhaltsantrag ein. Der Antrag lautet in Ziff. 1 bis 4 wie folgt:

„1) Der Antragsgegner wird verpflichtet, an die Antragstellerin zu 1) ab 1.7.2018 einen im Voraus zu leistenden laufenden monatlichen Unterhalt in Höhe von 400 € zu bezahlen.

2) Der Antragsgegner wird verpflichtet, an die Antragstellerin zu 1) rückständigen Unterhalt in Höhe von 800 € zu bezahlen.

3) Weiter wird der Antragsgegner verpflichtet, an den Antragsteller zu 2) ab 1.7.2018 einen im Voraus zu leistenden laufenden monatlichen Unterhalt in Höhe von 655 € zu bezahlen.

4) Der Antragsgegner wird verpflichtet, an die Antragsteller zu 2) rückständigen Unterhalt in Höhe von 1.310 € zu bezahlen."

Das Gericht spricht der Antragstellerin zu 1) einen laufenden monatlichen Unterhalt in Höhe von 320 € und rückständigen Unterhalt in Höhe von 640 € zu; dem Antragsteller zu 2) einen laufenden Unterhalt in Höhe von 587 € sowie rückständigen Unterhalt in Höhe von 1.174 €.

a) Wie viele gebührenrechtliche Angelegenheiten liegen vor und wie oft kann RA Schmidt seine Gebühren fordern?

b) Wieviele Gegenstände werden vorliegend geltend gemacht?

c) Welcher Gegenstandswert ist vorliegend gegeben?

d) Kann RA Schmidt eine Erhöhung nach Nr. 1008 VV RVG verlangen?

VII. Besondere Gerichtsbarkeiten

Fall 65 *(SJ)*

Vor dem Arbeitsgericht München ist eine Kündigungsschutzklage anhängig. Das Gericht hat einen Güteverhandlungstermin anberaumt, zu dem der Kläger mit seinem anwaltlichen Vertreter und auch die beklagte Arbeitgeberin, ebenfalls anwaltlich vertreten, anwesend sind. Der Kläger hatte beantragt, festzustellen, dass die ausgesprochene Kündigung unwirksam ist und das Arbeitsverhältnis fortbesteht. Die Arbeitgeberin ist nicht bereit, von der Kündigung Abstand zu nehmen, macht jedoch den Vorschlag, für den Verlust des Arbeitsplatzes eine entsprechende Abfindung zu zahlen. Die Parteien einigen sich schließlich darauf, dass die Beklagte eine Abfindung in Höhe von 25.000 € bezahlt und dem Kläger ein wohlwollendes Zeugnis mit der Note „gut" erteilt.

Das monatliche Brutto-Entgelt des Klägers hat 1.780 € betragen. Durch die Rechtsschutzversicherung des Klägers wurde für die Kündigungsschutzklage Deckungsschutz erteilt.

a) Wem wird das Gericht die Kosten des Verfahrens auferlegen, und wie hoch sind die Gerichtskosten für dieses Verfahren?

b) Welche Kosten sind entstanden, und in welcher Höhe können diese von der Rechtsschutzversicherung verlangt werden? Gehen Sie dabei davon aus, dass die RSV aufgrund der hier geltenden ARB auch die Kosten eines Mehrvergleichs trägt.

c) Wie wäre der Fall zu behandeln, wenn der Auftraggeber/Kläger mit seiner Rechtsschutzversicherung eine Selbstbeteiligung in Höhe von 150 € vereinbart hätte?

Fall 66 *(SJ)*

Herbert Unzufrieden hat einen Einkommensteuerbescheid des für ihn zuständigen Finanzamts erhalten. Seine Einkommensteuerschuld für das Jahr 2013 wird darin auf 47.800 € festgesetzt. Herbert Unzufrieden hält den Einkommensteuerbescheid für falsch und beauftragt seinen Rechtsanwalt Otto Zügig mit der Einlegung eines Einspruchs. Herbert Unzufrieden verspricht sich eine Herabsetzung des Einkommensteuerbescheides um 12.000 €.

Das zuständige Finanzamt hilft dem Einspruch nicht ab und besteht auf der Festsetzung von 47.800 €. Herbert Unzufrieden beauftragt Otto Zügig mit der Einreichung einer Klage beim zuständigen Finanzgericht. Das Finanzgericht entscheidet nach § 90a FGO ohne mündliche Verhandlung durch Gerichtsbescheid.

Bitte erstellen Sie die Vergütungsrechnung für Otto Zügig.

Fall 67 *(SJ)*

Rechtsanwalt Müller reicht eine Klage beim Landgericht München I ein. Der Gegenstandswert beträgt 8.000 €. Das Landgericht München I erklärt sich sachlich für unzuständig und verweist die Sache an das zuständige Sozialgericht München. Es handelt sich um ein Verfahren, das gerichtskostenfrei ist und für das Betragsrahmengebühren entstehen. Nach einem Gerichtstermin, in dem die Sach- und Rechtslage erörtert wird, ergeht ein der Klage stattgebendes Urteil.

Bitte erstellen Sie die Vergütungsrechnung des Rechtsanwalts des Klägers.

Fall 68 *(SJ)*

In einem Rechtsstreit vor dem Sozialgericht streiten die Beteiligten darüber, ob der Kläger zum Umlageverfahren nach dem Gesetz über den Ausgleich der Arbeitgeberaufwendungen für Entgeltfortzahlung (Aufwendungsausgleichsgesetz – AAG) herangezogen werden darf. Außergerichtlich hatte der klagende Arbeitgeber durch seinen Anwalt Widerspruch gegen den Bescheid der Krankenkasse eingelegt, mit dem festgestellt wurde, dass er umlagepflichtig sei. Die Krankenkasse weist den Widerspruch zurück. Die Tätigkeit des Anwalts im Widerspruchsverfahren ist nicht umfangreich oder schwierig. Die Anfechtungsklage vor dem Sozialgericht blieb ohne Erfolg. Nach einem Termin zur Erörterung der Sach- und Rechtslage wird die Anfechtungsklage kostenpflichtig zurückgewiesen.

Bitte erstellen Sie die Vergütungsrechnung des Klägervertreters sowohl für die vorgerichtliche als auch für die gerichtliche Tätigkeit.

Fall 69 *(SJ)*

In einem berufsgerichtlichen Verfahren vor dem Anwaltsgericht in München droht Rechtsanwalt Pauschalverrechner der Entzug der Zulassung. Sowohl für das außergerichtliche Verfahren gegenüber der Rechtsanwaltskammer als auch für das Verfahren vor dem Anwaltsgericht beauftragt er mit seiner Vertretung einen Kollegen. Es findet ein Termin vor dem Anwaltsgericht statt.

Bitte berechnen Sie die außergerichtliche und gerichtliche Vergütung des anwaltlichen Vertreters von Rechtsanwalt Pauschalverrechner. Gehen Sie dabei von Mittelgebühren aus.

Fall 70 *(SJ)*

Vor dem Seemannsamt in Hamburg macht der Matrose Hein Petersen seine ausstehende Heuer geltend. Die Beteiligten schließen einen Vergleich. Der Gegenstandswert hat 822 € betragen.

Berechnen Sie die Vergütung für den anwaltlichen Vertreter von Hein Petersen.

VIII. Straf- und Bußgeldsachen

Fall 71 *(SJ)*

Hans Allesmeins hat eine Vorladung zur Vernehmung bei der Staatsanwaltschaft wegen des Verdachts des Betruges erhalten. Er beauftragt Rechtsanwalt Nochmal mit seiner Verteidigung. Zur Vernehmung begleitet Rechtsanwalt Nochmal seinen Mandanten. Rechtsanwalt Nochmal nimmt Akteneinsicht (42 Fotokopien) und nimmt im laufenden, sich dem Ermittlungsverfahren anschließenden, Strafverfahren sodann zwei Gerichtstermine wahr. Der Beschuldige war nicht inhaftiert.

Hans Allesmeins ist vom Amtsgericht wegen Betrugs verurteilt worden. 19 Monate nach der Verurteilung wird ein neuer Zeuge ermittelt. Hans Allesmeins erteilt daraufhin seinem Rechtsanwalt Nochmal den Auftrag, eine Wiederaufnahme des Verfahrens zu betreiben. Rechtsanwalt Nochmal wird entsprechend im Wiederaufnahmeverfahren tätig. Das Gericht hält den Antrag jedoch für unzulässig und weist ihn zurück. Gegen die Zurückweisung wird durch Rechtsanwalt Nochmal sofortige Beschwerde eingelegt. Das Landgericht, das über die Beschwerde zu entscheiden hat, gibt dieser statt. Das Amtsgericht muss daraufhin das Wiederaufnahmeverfahren fortsetzen.

a) Bitte berechnen Sie die Vergütung von Rechtsanwalt Nochmal für die Verteidigung sowie für die Vertretung im Wiederaufnahmeverfahren! Gehen Sie bitte jeweils von den Mittelgebühren aus.

b) Bitte berechnen Sie die Vergütung von Rechtsanwalt Nochmal, wenn er Pflichtverteidiger gewesen wäre.

c) Angenommen, Rechtsanwalt Nochmal hätte als Pflichtverteidiger einen Vorschuss in Höhe von 600 € erhalten. Wie wäre mit diesem Vorschuss zu verfahren?

Fall 72 *(SJ)*

Rechtsanwalt Hammer vertritt Erna Langfinger wegen mehrfachen Diebstahls vor dem Amtsgericht. Rechtsanwalt Hammer wird bereits im Ermittlungsverfahren tätig und nimmt Akteneinsicht (32 Kopien). Auch bei der Vernehmung durch die Polizei war Rechtsanwalt Hammer zugegen. Nachdem beim Amtsgericht Anklage erhoben worden ist, beraumt das Gericht einen Termin zur Hauptverhandlung an. Rechtsanwalt Hammer nimmt nochmals Akteneinsicht (26 Kopien) und schließlich an der Hauptverhandlung teil. Das Gericht verurteilt die angeklagte Erna Langfinger in ihrer Anwesenheit. Gegen das Urteil legt Rechtsanwalt Hammer Berufung ein. Erna Langfinger fühlt sich von Rechtsanwalt Hammer nicht gut vertreten und wechselt ihren Verteidiger nach Einlegung der Berufung.

Bitte erstellen Sie die Vergütungsrechnung von Rechtsanwalt Hammer, der als Wahlverteidiger tätig geworden ist (Mittelgebühren).

Variante zu Fall 72 *(SJ)*

Wie würde sich die Vergütungsrechnung darstellen, wenn Rechtsanwalt Hammer nach Einlegung des Rechtsmittels erneut Akteneinsicht genommen hätte, bevor die Mandantin das Mandat kündigte?

Fall 73 *(SJ)*

Mandant M sucht Rechtsanwalt R auf. Er hat einen Anhörungsbogen wegen einer Verkehrsordnungswidrigkeit erhalten. Gegenüber der Verwaltungsbehörde erfolgt eine Stellungnahme. Im Anschluss daran ergeht dennoch ein Bußgeldbescheid. Mandant M soll eine Geldbuße von 75,00 € bezahlen und erhält einen Punkt im Fahreignungsregister (bis 30.4.2014: Verkehrszentralregister) eingetragen. Gegen den Bußgeldbescheid wird Einspruch eingelegt. Nach Akteneinsicht (8 Kopien) wird der Einspruch gegen den Bußgeldbescheid zurückgenommen.

Fall 74 *(SJ)*

Gegen den Jugendlichen K. Gras wird ein strafrechtliches Ermittlungsverfahren eingeleitet, da er einen Anschlag auf seine Schule geplant haben soll. Mitschüler von K. Gras haben im Internet Hinweise dazu gefunden, dass K. Gras die Schule „in die Luft jagen" wollte. Nachdem die Polizei informiert worden ist, wird K. Gras noch im Klassenzimmer verhaftet und in Untersuchungshaft genommen. Zeitgleich findet bei ihm im elterlichen Haus eine Wohnungsdurchsuchung statt. Rechtsanwalt Behüter vertritt K. Gras als Pflichtverteidiger. Er beantragt Akteneinsicht, Angestellte Flink holt die Strafakte bei Gericht ab und fertigt für Rechtsanwalt Behüter 76 Kopien. Nach einem Haftprüfungstermin vor dem Haftrichter wird die Anordnung der Untersuchungshaft aufgehoben.

Bei K. Gras wird das Jugendstrafrecht angewendet. Er wird vom Landgericht nach zwei Verhandlungsterminen (Dauer mehr als 5 Std.) zu drei Jahren Freiheitsstrafe, ausgesetzt auf Bewährung, verurteilt.

Bitte berechnen Sie die Vergütungsansprüche von Rechtsanwalt Behüter gegenüber der Staatskasse.

Fall 75 *(SJ)*

Das Landgericht verurteilt den Angeklagten zu einer Freiheitsstrafe. Vor dem Landgericht (Strafkammer) fanden vier Hauptverhandlungstermine statt. Rechtsanwalt Vollmuth nahm Akteneinsicht und fertigte 264 Kopien. Verteidiger Vollmuth legt nunmehr gegen das Urteil im Auftrag seines Mandanten fristgerecht Revision ein, beantragt erneut Akteneinsicht und fertigt weitere 25 Kopien. Der Bundesgerichtshof hebt das Urteil der Strafkammer nach Hauptverhandlung auf und verweist die Sache zur erneuten Verhandlung an das Landgericht zurück. Rechtsanwalt Vollmuth beantragt Akteneinsicht und fertigt 36 Kopien. Es finden dort zwei weitere Hauptverhandlungstermine statt. Im Anschluss daran ergeht ein Urteil. Der Angeklagte wird freigesprochen. Die Akte wird jeweils per Post versendet; nach Akteneinsicht wird die Akte per Post zurückgereicht.

a) Bitte erstellen Sie die Vergütungsrechnung von Rechtsanwalt Vollmuth als Wahlverteidiger.

b) Angenommen, Rechtsanwalt Vollmuth wäre als Pflichtverteidiger tätig geworden. Welche Vergütung könnte er dann gegenüber der Staatskasse geltend machen?

IX. Reisekosten

Fall 76 *(SJ)*

Rechtsanwalt Steinhart ist Strafverteidiger in mehreren Strafverfahren. Er besucht seine Auftraggeber in der JVA und legt mehrere Besuche auf einen Tag. Die Fahrt zur JVA beträgt 50 km einfach, die Fahrzeit beträgt 1,5 Stunden. Der Termin mit Mandant A dauerte 2 Stunden, mit Mandant B 1 Stunde.

Bitte berechnen Sie die Reisekosten, die jeweils A bzw. B in Rechnung gestellt werden können.

X. Abgrenzung Geschäftsgebühr/Beratung

Fall 77 *(SJ)*

Rechtsanwalt K. wird beauftragt, für seinen Mandanten, den Unternehmer Anton Steinreich an der Erstellung eines Testaments mitzuwirken. Mandant Steinreich hat ein Vermögen in Höhe von 45 Millionen. Er möchte auf jeden Fall, dass sein Sohn im Testament nicht bedacht wird. Rechtsanwalt K. hilft bei der Formulierung des Testaments, so dass Mandant Steinreich dieses Testament nur noch beim Notar errichten muss. Rechtsanwalts K. übermittelt zu diesem Zweck den Testamentsentwurf per Post an den Mandanten.

Berechnen Sie den Vergütungsanspruch von Rechtsanwalt für diese Tätigkeit.

B. Lösungsvorschläge

I. Wertberechnung für RA-Gebühren und Gerichtskosten

Lösungsvorschlag 1 *(SJ)*

Der Gegenstandswert bestimmt sich nach folgenden Vorschriften: § 23 Abs. 3 S. 1 RVG → § 99 Abs. 2 GNotKG.

Der Gegenstandswert berechnet sich wie folgt:

Monatliche Bruttovergütung	12.000 €	× 12	×	5 =	720.000 €
Jahresbonus	25.000 €		×	5 =	125.000 €
Monatliche Spesenpauschale	1.000 €	× 12	×	5 =	60.000 €
Summe				=	**905.000 €**

Lösungsvorschlag zu Variante Fall 1 *(SJ)*

Der Gegenstandswert bestimmt sich nach folgenden Vorschriften: § 23 Abs. 3 S. 1 RVG → § 99 Abs. 2 GNotKG.

Der Gegenstandswert berechnet sich wie folgt:

Monatliche Bruttovergütung	12.000 €	× 12	×	5 =	720.000 €
Jahresbonus	25.000 €		×	5 =	125.000 €
Monatliche Spesenpauschale	1.000 €	× 12	×	5 =	60.000 €
Dienstwagen	600 €	× 12	×	5 =	36.000 €
Summe				=	**941.000 €**

Erläuterung: Die private Nutzung des Dienstwagens ist monatlich mit 1 % des inländischen Bruttolistenpreises im Zeitpunkt der Erstzulassung beim Arbeitsentgelt anzusetzen.

Lösungsvorschlag 2 *(HRE/SJ)*

a) Der Gegenstandswert bestimmt sich nach § 23 Abs. 3 S. 1 RVG → § 99 Abs. 1 GNotKG.

Der Gegenstandswert berechnet sich wie folgt:
Miete 1.000 € + Nebenkosten 300 € + 19 % Umsatzsteuer auf Miete und Nebenkosten 247 € = monatliches Entgelt insgesamt 1.547 €.
12 Monate × 5 Jahre × 1.547 € = **92.820 €**

TIPP: Nach § 99 Abs. 1 GNotKG berechnet sich der Gegenstandswert nach dem Wert **aller Leistungen** des Mieters oder Pächters. Also sind auch die Nebenkosten und die Umsatzsteuer in die Wertberechnung einzubeziehen. Der Gegenstandswert bestimmt sich nach dem Wert aller Leistungen während der gesamten Vertragszeit, höchstens nach den auf die ersten 20 Jahre entfallenden Leistungen (§ 99 Abs. 1 S. 1 u. 3

GNotKG). Bei Miet- oder Pachtverträgen von unbestimmter Vertragsdauer sind die auf die ersten 5-Jahre entfallenden Leistungen maßgebend (§ 99 Abs. 1 S. 2 GNotKG).

Der BGH (Beschl. v. 25.2.2015 – XII ZB 608/13 JurBüro 2015, S. 358) hat entschieden, dass der Wert auch dann nach § 99 Abs. 1 GNotKG zu bestimmen ist, wenn der Rechtsanwalt mit der Überprüfung eines Mietvertrags beauftragt ist.

Enders (JurBüro 2016, S. 172) bestimmt den Wert auch dann nach § 99 Abs. 1 GNotKG, wenn der Rechtsanwalt mit außergerichtlichen Verhandlungen wegen der vorzeitigen Aufhebung eines Mietvertrags beauftragt ist.

Es kommt vor, dass ein Mietvertrag – gerade bei Gewerberäumen – für eine bestimmte Dauer geschlossen wird, die kürzer als fünf Jahre ist. Wird z.B. ein Gewerberaum-Mietvertrag für die Dauer von 4 Jahren entworfen, so gilt für die Wertberechnung der Wert aller Leistungen für diese 4 Jahre. Ist der Vertrag auf unbestimmte Dauer geschlossen, kann aber frühestens nach 10 Jahren zum ersten Mal gekündigt werden, so sind die Leistungen für 10 Jahre anzusetzen, da diese 10 Jahre dann praktisch eine Mindestlaufzeit darstellen.

b) Gegenstandswert: 92.820 €

2,5 Geschäftsgebühr

(§§ 2 Abs. 2, 13 Abs. 1, 14 RVG), Nr. 2300 VV RVG	€	3.545,00
PT-Pauschale, Nr. 7002 VV RVG	€	20,00
Zwischensumme	€	3.565,00
19 % Umsatzsteuer, Nr. 7008 VV RVG	€	677,35
Summe	**€**	**4.242,35**

Lösungsvorschlag zu Variante Fall 2 *(HRE/SJ)*

a) Der Gegenstandswert für die Räumungsklage bestimmt sich nach § 23 Abs. 1 S. 1 RVG → § 41 Abs. 2 GKG.

Der Gegenstandswert berechnet sich wie folgt:

Miete 1.000 € + 19 % Umsatzsteuer 190 € = 1.190 €

12 Monate × 1.190 € = 14.280 €

b) Die Geschäftsgebühr für den Entwurf des Mietvertrages ist nicht anzurechnen auf die Verfahrensgebühr des gerichtlichen Verfahrens. Denn nach der Vorbemerkung 3 Abs. 4 VV RVG ist die Geschäftsgebühr nur anzurechnen, soweit sie wegen desselben Gegenstandes entsteht. Der Gegenstand (Entwurf des Mietvertrages) ist aber ein anderer, als der Gegenstand, der später in dem gerichtlichen Verfahren anhängig geworden ist (Räumung der Mietsache).

TIPP: Bei der Bestimmung des Wertes für die Räumungsklage werden die Nebenkosten und die Umsatzsteuer hierauf nicht mit gerechnet, wenn die Nebenkosten gesondert abgerechnet werden (§ 41 Abs. 1 S. 2 GKG). Nebenkosten werden bei der Bestimmung des Gegenstandswertes für die Räumungsklage mit berücksichtigt, wenn diese im Mietvertrag als – feste – Pauschale vereinbart sind und nicht gesondert abgerechnet werden.

Dagegen ist die Umsatzsteuer auf die Miete mit in die Wertberechnung einzubeziehen (OLG Düsseldorf, JurBüro 2006, S. 428).

> **Hinweis:** Sollte der Anwalt den Auftrag erhalten, ein Mietverhältnis zu kündigen und anschließend die Räumungsklage durchzuführen, ist nach der Rechtsprechung des BGH zum einen die Bewertung für das Kündigungsschreiben nach § 41 Abs. 1 GKG vorzunehmen, zum anderen sei wegen der vorbereitenden Bedeutung der Kündigung für das Räumungsverfahren die Geschäftsgebühr für das Kündigungsschreiben auf die Verfahrensgebühr der Räumungsklage anzurechnen.[1] (Die Entscheidung wurde vielfach kritisiert, weil sie die Systematik der Wertberechnung nicht ausreichend berücksichtigt; der Ausspruch einer Kündigung kann niemals Gegenstand eines gerichtlichen Verfahrens sein).

Lösungsvorschlag 3 *(HRE/SJ)*

Der Gegenstandswert bestimmt sich nach § 23 Abs. 1 S. 1 RVG → § 45 Abs. 3 GKG.
Der Gegenstandswert berechnet sich wie folgt:

• Klageforderung	€ 100.000,00
+ erste hilfsweise zur Aufrechnung gestellte Gegenforderung	€ 70.000,00
+ zweite zur Aufrechnung gestellte Gegenforderung, aber nur in Höhe der Klageforderung (§ 322 Abs. 2 ZPO)	€ 100.000,00
Gegenstandswert	**€ 270.000,00**

Lösungsvorschlag 4 *(SJ)*

a) Einstweilige Anordnung

Der Verfahrenswert bestimmt sich nach § 23 Abs. 1 S. 1 RVG → § 41 FamGKG i.V.m. § 51 Abs. 1 FamGKG nach der Hälfte des für die Hauptsache bestimmten Wertes: 12 Monate × 500 € = 6.000 €; hiervon 1/2 = 3.000 €.

Anmerkung: Der Jahresbetrag des geforderten Unterhalts beträgt nach § 51 Abs. 1 FamGKG 12 × 500 € = 6.000 €. Ob der so ermittelte Betrag „halbiert" wird, oder aber die Monate (6 Monate statt 12) spielt letztendlich keine Rolle, da beide Berechnungswege zum selben Ergebnis führen.

b) Antrag auf Trennungsunterhalt (Hauptsacheverfahren)

Der Verfahrenswert (§ 23 Abs. 1 S. 1 RVG → § 51 Abs. 1 und 2 FamGKG) berechnet sich wie folgt:

12 Monate × 800 € =	€ 9.600,00
+ fällige Beträge Juni bis August = 3 Monate × 800 € =	€ 2.400,00
Verfahrenswert	**€ 12.000,00**

> **Hinweis:** Unterhalt ist grundsätzlich im voraus zu bezahlen, so dass der Unterhaltsanspruch für den Monat, in dem der Antrag eingereicht wird, bereits einen fälligen Betrag (früher: Rückstände) darstellt.

Lösungsvorschlag 5 *(HRE/SJ)*

Der Verfahrenswert bestimmt sich nach § 23 Abs. 1 S. 1 RVG → § 51 Abs. 1 und 2 FamGKG. Nach § 51 Abs. 2 S. 2 FamGKG steht die Einreichung eines Antrags auf Be-

---

1 *BGH*, Urt. v. 14.3.2007, Az. VIII ZR 184/06 JurBüro 2007, Heft 7.

willigung der Prozess-/Verfahrenskostenhilfe der Einreichung des Zahlungsantrags gleich. Dies bedeutet, dass Rückstände nur bis zum Zeitpunkt der Einreichung des Antrags auf Bewilligung von Prozess-/Verfahrenskostenhilfe beim Verfahrenswert zu berücksichtigen sind.

Der Verfahrenswert berechnet sich wie folgt:
Der für die ersten 12 Monate nach Einreichung des Zahlungsantrags geforderte Betrag ist nach § 51 Abs. 1 S. 1 FamGKG maßgebend. Der Antrag wurde im Oktober eingereicht.

Oktober – November – 2 Monate – à 1.200 € =	€	2.400,00
Dezember – Oktober – 10 Monate à 1.800 € =	€	18.000,00
+ fällige Beträge für Januar bis Juni –		
6 Monate à 1.200 € =	€	7.200,00
Verfahrenswert[2]	**€**	**27.600,00**

> **TIPP:** Maßgebend ist der **geforderte** Betrag, nicht der Betrag, der später entschieden wird oder auf den sich die Parteien vergleichen.
>
> Nach § 51 Abs. 1 S. 1 FamGKG ist in Unterhaltssachen und in sonstigen den Unterhalt betreffenden Familiensachen, soweit diese jeweils Familienstreitsachen sind und wiederkehrende Leistungen betreffen, der für die ersten 12 Monate nach **Einreichung des Antrags** geforderte Betrag maßgeblich für die Berechnung des Verfahrenswertes. Bei der Berechnung des Jahresbetrages ist nicht abzustellen auf den Zeitpunkt der Einreichung eines Antrags auf Bewilligung von Prozesskostenhilfe. Denn eine derartige Bestimmung findet sich in § 51 Abs. 1 S. 1 FamGKG nicht, sondern nur in § 51 Abs. 2 FamGKG (nach letzterem bestimmen sich die fälligen Beträge). Daher ist für die Berechnung des Jahresbetrages meines Erachtens nur auf den Zeitpunkt der Einreichung des Zahlungsantrags abzustellen. Es ist also zu berechnen, welcher Unterhalt für die ersten 12 Monate nach Einreichung des Zahlungsantrags gefordert wurde.
>
> Bei der Ermittlung der fälligen Beträge ist dagegen wegen der ausdrücklichen Bestimmung in § 51 Abs. 2 S. 2 FamGKG abzustellen auf die Einreichung des Antrags auf Bewilligung der Prozesskostenhilfe. Nur bis zu diesem Zeitpunkt sind die fälligen Beträge zu berechnen.

Lösungsvorschlag 6 *(HRE/SJ)*

Der Gegenstandswert bestimmt sich nach § 23 Abs. 1 S. 1 RVG, § 42 Abs. 2 GKG. Abfindungen, die ihre Begründung in den §§ 9, 10 Kündigungsschutzgesetz finden, sind beim Gegenstandswert nicht zu berücksichtigen (§ 42 Abs. 2 S. 1, letzter Halbsatz GKG).

---

2 Anderer Meinung: *Schneider/Herget*, Streitwert-Kommentar für den Zivilprozeß, 13. Aufl. Rn. 84, 34.

Der Gegenstandswert bestimmt sich wie folgt:

Für das Verfahren

3 × monatliches Bruttoeinkommen 3.000 € =   € **9.000,00**

Für den Vergleich

– Auflösung Arbeitsverhältnis   € 9.000,00
– Rückstände Gehaltsansprüche   € 5.500,00
– Urlaubsabgeltungsansprüche   € 1.500,00
– Erteilung eines qualifizierten Zeugnisses   € 3.000,00
Gegenstandswert für den Vergleich   € **19.000,00**

Lösungsvorschlag 7 *(HRE/SJ)*

Ziff. 1: Unbezifferter Klageantrag

Der Wert für den unbezifferten Klageantrag zu 1 bestimmt sich nach § 23 Abs. 1 S. 1 RVG, § 48 Abs. 1 S. 1 GKG, § 3 ZPO.
Der Wert ist nach zutreffender Meinung
(vergleiche nachfolgenden Tipp) auf   € 250.000
zu bestimmen.

Ziff. 2: Schadensersatzrente

Der Gegenstandswert für den Klageantrag zu 2 bestimmt sich nach § 23 Abs. 1 S. 1 RVG → § 48 Abs. 1 S. 1 GKG → § 9 ZPO und § 42 Abs. 3 GKG.
Der Wert berechnet sich wie folgt:
12 Monate × 3 1/2 Jahre × 350 € =   € 14.700,00
+ Rückstände Januar bis Juni – 6 Monate × 350 € =   € 2.100,00

Gegenstandswert Klageantrag zu 2   € 16.800,00

Der Wert für die Klage beläuft sich insgesamt auf
250.000 € + 16.800 € =   € **266.800,00**

TIPP: Wie der Wert bei unbezifferten Klageanträgen zu bestimmen ist, ist umstritten. Nach zutreffender Meinung wird auf den Betrag abgestellt, der dem Kläger auf der Grundlage des klagebegründenden Sachvortrages zuzubilligen wäre (vergleiche: *Schneider/Herget* Streitwert – Kommentar, 14. Aufl., Rn. 5274 unter Hinweis auf *BGH* Urteil vom 30.4.1996, Az. XI ZR 55/95 = MDR 1996, S. 886).

Nach § 9 ZPO sind Schadensersatzrenten mit dem 3 1/2-fachen Jahresbetrag zu bewerten. Nach § 42 Abs. 3 GKG sind Rückstände hinzuzurechnen (vergleiche Gesetzesbegründung zum 2. KostRMoG in BT-Drucksache 17/11471 – neu –, S. 245, rechte Spalte). Maßgebend sind die bei Einreichung der Klage fälligen Beträge. Schadensersatzrenten der §§ 843, 844 BGB sind gem. § 760 Abs. 2 BGB für drei Monate im Voraus fällig (§ 843 Abs. 2 S. 1 BGB). Hier wurde im Klageantrag keine andere Fälligkeit verlangt, weshalb von der gesetzlichen Vorauszahlungspflicht auszugehen ist. In der Praxis wird diese Vorauszahlungspflicht häufig nicht berücksichtigt; bei der Wertberechnung kann sie jedoch zum Gebührensprung führen. Als Rückstand kommen daher nicht nur die Monate Januar bis März in Betracht. Im April – zum Zeitpunkt der Klageeinreichung – waren auch bereits die Monate April, Mai und Juni fällig. Daher sind als Rückstände die Monate Januar bis Juni zu berücksichtigen.

Lösungsvorschlag 8 *(HRE/SJ)*

Antrag auf Scheidung der Ehe

Der Verfahrenswert bestimmt sich nach § 23 Abs. 1 S. 1 RVG → § 43 FamGKG.
Der Wert berechnet sich wie folgt:

Ehemann monatliches Nettoeinkommen	€	1.800,00
Ehefrau monatliches Nettoeinkommen	€	1.200,00
Kindergeld 194 € + 194 € + 200 € =	€	588,00
abzüglich 300 € pro unterhaltsberechtigtes		
Kind, hier 3 Kinder à 300 € =	./. €	900,00
Berücksichtigungfähiges Nettoeinkommen beider		
Parteien: 2.688 € × 3 Monate =	€	8.064,00

Vom Vermögen in Höhe von 450.000 € sind
zunächst die Freibeträge in Höhe von 60.000 €
pro Ehegatten und pro Kind abzusetzen; also
5 × 60.000 € = 300.000 €.
450.000 € abzüglich Freibeträge 300.000 € =
150.000 €

hiervon 5 % = 7.500 € + Wert/Vermögen	€	7.500,00
Verfahrenswert Ehescheidung	**€**	**15.564,00**

Kindschaftssache: Elterliche Sorge

Der Verfahrenswert bestimmt sich nach § 23 Abs. 1 S. 1 RVG → § 44 Abs. 2 S. 1 FamGKG.
Der Verfahrenswert für die Kindschaftssache – Elterliche Sorge – beträgt 20 % des Verfahrenswerts der Ehesache (Scheidung), also 20 % von 15.564,00 € = 3.112,80 €, aber höchstens **€ 3.000,00**

Versorgungsausgleich

Der Verfahrenswert bestimmt sich nach § 23 Abs. 1 S. 1 RVG → § 50 FamGKG.
Der Verfahrenswert beträgt für jedes Anrecht 10 % des in drei Monaten erzielten Nettoeinkommens der Ehegatten. Gegenstand des Versorgungsausgleichs sind insgesamt 5 Anrechte (Ehemann 3 Anrechte / Ehefrau 2 Anrechte). Das monatliche Nettoeinkommen der Ehegatten beträgt:
Ehemann: 1.800 €
Ehefrau: 1.200 €
Kindergeld: 588 €
insgesamt also 3.588 € × 3 – Monate – = 10.764 €
10.764 € × 50 % (5 Anrechte à 10 %) = **€ 5.382,00**

> **Hinweis:** Es werden keine Abschläge gemacht, da in § 50 FamGKG allein auf das Nettoeinkommen abgestellt wird.

Folgesache nachehelicher Unterhalt

Der Wert bestimmt sich nach § 23 Abs. 1 S. 1 RVG → § 51 Abs. 1 FamGKG.
Der Wert berechnet sich wie folgt:
12 Monate × 200 € = **€ 2.400,00**

Addition der Werte

Da im Verbund mit der Scheidung anhängige Folgesachen dieselbe Angelegenheit bilden, sind die Werte zu addieren (§ 22 Abs. 1 RVG):

Scheidung	€	15.564,00
Elterliche Sorge	€	3.000,00
Versorgungsausgleich	€	5.382,00
Unterhalt	€	2.400,00
Der Verfahrenswert des Verbundes beträgt	**€**	**26.346,00**

> **Hinweis:** § 33 Abs. 1 FamGKG kommt hier nicht zur Anwendung, da nach dem Gegen-standswert gefragt ist und für die Anwaltsvergütung § 22 Abs. 1 RVG dem § 33 Abs. 1 FamGKG vorgeht.

Lösungsvorschlag 9a *(SJ)*

Das Gericht wird den Streitwert wie folgt festsetzen:

1. Klageforderung:	€	400.000
2. Gegenforderung Nr. 1:	€	300.000
3. Gegenforderung Nr. 2:	€	150.000
4. Gegenforderung Nr. 3:	€	20.000
5. Gegenforderung Nr. 4:	€	54.000
6. Summe	**€**	**924.000**

Das Gericht hat über alle zur Aufrechnung gestellten Gegenforderungen eine der Rechtskraft fähige Entscheidung getroffen. Aus diesem Grund können alle Gegenforderungen zum Wert hinzuaddiert werden, § 45 Abs. 3 GKG. Eine Begrenzung aus § 322 Abs. 2 ZPO ergibt sich hier nicht, da aufgrund der vorgegebenen Reihenfolge der Aufrechnung und der Tatsache, dass die erste hilfsweise zur Aufrechnung gestellte Gegenforderung vom Gericht als unbegründet angesehen wurde, keine Reduzierung der Klageforderung eingetreten ist und bei den Aufrechnungen mit den weiteren drei Forderungen die Klageforderung immer noch zumindest in Höhe der Gegenforderungen bestand.

Lösungsvorschlag 9b *(SJ)*

Das Gericht würde dann den Streitwert wie folgt festsetzen:

1. Klageforderung:	€	400.000
2. Gegenforderung Nr. 1:	€	150.000
3. Gegenforderung Nr. 2:	€	250.000
4. Gegenforderung Nr. 3:	€	120.000
5. Gegenforderung Nr. 4 (54.000 €; berücksichtigungsfähig, § 322 Abs. 2 ZPO):	€	30.000
Summe	**€**	**950.000**

Gem. § 322 Abs. 2 ZPO ergibt sich ein Gesamtwert von 874.000 €, da nur noch 250.000 € von der Klageforderung verbleiben, nachdem die erste hilfsweise zur Aufrechnung gestellte Gegenforderung gegriffen hätte und sich daher die Klageforderung zu diesem Zeitpunkt von 400.000 € um 150.000 € reduziert, § 45 Abs. 3 GKG.

II. Gerichtskosten

Lösungsvorschlag 10 *(SJ)*

Aus dem Wert der rechtshängigen Ansprüche von 17.200 €:
0,5 Verfahrensgebühr

Nr. 1100 KV GKG	€	159,50
2,5 Verfahrensgebühr		
Nr. 1210 KV GKG	€	797,50
Zwischensumme	€	957,00

abzgl. zu erstattender 2,0 Verfahrensgebühr

Nr. 1211 Nr. 3 KV GKG	./. €	638,00
verbleibt 1,0 Verfahrensgebühr	€	319,00

Aus dem Wert der nicht rechtshängigen Ansprüche von 4.000 €:

0,25 Verfahrensgebühr Nr. 1900 KV GKG	€	31,75
Summe	**€**	**350,75**

jedoch nach § 36 Abs. 3 GKG nicht mehr als eine
1,0 Verfahrensgebühr aus 21.200 € =   **€ 345,00**

Erläuterung: Eine 0,5 Verfahrensgebühr wurde mit dem Mahnbescheid eingezahlt, Nr. 1100 KV GKG; 2,5 Verfahrensgebühren wurden eingezahlt mit Klagebegründung; 2 Gebühren werden erstattet aufgrund des Vergleichs, Nr. 1210 i.V.m. Nr. 1211 Nr. 3 KV GKG.

Lösungsvorschlag zu Variante Fall 10 *(SJ)*

Aus dem Wert der rechtshängigen Ansprüche von 17.200 €:
3,0 Verfahrensgebühr

Nr. 1210 KV GKG	€	957,00

Aus dem Wert der nicht rechtshängigen Ansprüche von 4.000 €:

0,25 Verfahrensgebühr Nr. 1900 KV GKG	€	31,75
Summe	**€**	**988,75**

jedoch nach § 36 Abs. 3 GKG nicht mehr als eine 3,0 Verfahrensgebühr
aus 21.200 € = 1.035,00 €
hier keine Kürzung erforderlich

> **Achtung!** Das Versäumnisurteil verhindert, dass sich die Gerichtskosten noch reduzieren können, selbst wenn im späteren Verlauf des Verfahrens ein Vergleich geschlossen wird (vgl. dazu *BVerfG* Beschl. v. 27. 8. 1999, JurBüro 2000, 146).

Lösungsvorschlag 11 *(SJ)*

a) Der Gegenstandswert für den Berufungskläger-Vertreter berechnet sich nach dem erteilten Auftrag, 22.000 €.

b) Da das Rechtsmittelverfahren endet, ohne dass Anträge gestellt worden sind, ist die Beschwer Grundlage für die Berechnung des Gegenstandswerts, § 23 Abs. 1 S. 1 RVG, § 47 Abs. 1 S. 2 GKG. Der Gegenstandswert für den Vertreter des Berufungsbeklagten beträgt daher 45.000 €.

c) Die Gerichtskosten berechnen sich ebenfalls aus der Beschwer, §§ 23 Abs. 1 S. 1 RVG, 47 Abs. 1 S. 2 GKG. Es entsteht eine 1,0 Verfahrensgebühr nach Nr. 1221 KV GKG aus 45.000 €, somit 511 €.

Lösungsvorschlag 12 *(SJ)*

Es entsteht für das Verfahren auf Vollstreckbarerklärung eine Festgebühr in Höhe von 240 € nach Nr. 1510 Nr. 1 KV GKG.

> **Hinweis:** Da der Titel aus dem Jahre 2003 stammt, handelt es sich nicht um einen Titel im Sinne des EU-Vollstreckungstiteldurchführungsgesetzes. Der Titel muss daher in Deutschland für vollstreckbar erklärt werden.

Lösungsvorschlag 13 *(SJ)*

a) Streitwert: 120.000 €, § 47 Abs. 1 GKG

2,0 Verfahrensgebühr Nr. 1222 Nr. 1a) KV GKG	€	2.292

b) Streitwert: 19.000 € + 8.000 € = 27.000 €

§§ 39 Abs. 1 GKG, 47 Abs. 1 und Abs. 2 S. 2 GKG 4,0 Verfahrensgebühr Nr. 1220 KV GKG	€	1.624

c) Streitwert: 66.000 €, § 3 Abs. 1 GKG

2,0 Verfahrensgebühr Nr. 1242 KV GKG	€	1.572

Lösungsvorschlag 14 *(SJ)*

Nach § 14 Nr. 1 GKG besteht keine Vorschusspflicht, wenn dem Antragsteller Prozesskostenhilfe bewilligt wird; nach § 14 Nr. 2 GKG besteht keine Vorschusspflicht, wenn dem Antragsteller Gebührenfreiheit zusteht.

(Auch andere richtige Antworten können bewertet werden.)

Lösungsvorschlag 15 *(SJ)*

a) Verliert der Beklagte den Prozess, so haftet er als Entscheidungsschuldner für die Gerichtskosten nach § 29 Nr. 1 GKG. Den Kläger hat jedoch bei Einreichung der Klage eine Vorschusspflicht getroffen, § 12 Abs. 1 GKG. Da dem Entscheidungsschuldner Prozesskostenhilfe bewilligt ist, darf jedoch die Haftung des Klägers aus § 22 Abs. 1 GKG (Kostenhaftung des Antragstellers/Klägers) nicht geltend gemacht werden, vom Kläger bereits erhobene Kosten im Wege der Vorschusspflicht sind zurückzuzahlen, § 31 Abs. 3 GKG.

b) Streitwert: 3.600 €
3,0 Verfahrensgebühr

Nr. 1210 KV GKG	€	381,00
abzgl. 2,0 Verfahrensgebühr Nr. 1211 KV GKG	./. €	254,00
Summe	€	127,00
1/3 Kläger	€	42,33
2/3 Beklagter, § 31 Abs. 4 GKG	€	84,67

Lösungsvorschlag 16 *(SJ)*

Wird eine Sache zur anderweitigen Verhandlung an das Gericht des unteren Rechtszugs zurückverwiesen, bildet das weitere Verfahren mit dem früheren Verfahren vor diesem Gericht i.S.d. § 35 GKG einen Rechtszug, § 37 GKG. Das bedeutet, dass die Gerichtsgebühren nach § 35 GKG nur einmal erhoben werden dürfen.

Lösungsvorschlag 17 *(SJ)*

3,0 Verfahrensgebühr aus 50.000 €,
Nr. 1412 i.V.m. Nr. 1410 KV GKG   €   **1.638**

Erläuterung: Für das einstweilige Verfügungsverfahren entsteht nach Nr. 1410 KV GKG eine Verfahrensgebühr in Höhe von 1,5. Diese erhöht sich aufgrund der Urteilsentscheidung auf 3,0 gem. Nr. 1412 KV GKG.

Lösungsvorschlag 18 *(SJ)*

Die Gerichtskosten betragen 0,4 aus 25.000 €, somit 148,40 € gem. Nr. 8100 KV GKG.

III. Außergerichtliche Vertretung

Lösungsvorschlag 19 *(SJ)*

Es handelt sich vorliegend um zwei verschiedene gebührenrechtliche Angelegenheiten, da ein innerer Zusammenhang nicht gegeben ist. Zum einen handelt es sich um eine Beratung in einer nachbarrechtlichen Streitigkeit und zum anderen um eine Beratung in einer bußgeldrechtlichen Angelegenheit. Da Rechtsanwältin Gemütlich ausschließlich beraten hat und die Beratungen nicht mit einer anderen gebührenpflichtigen Tätigkeit in Zusammenhang steht, hätte sie sinnvollerweise entsprechend § 34 Abs. 1 S. 1 RVG eine Gebührenvereinbarung mit ihrer Mandantin getroffen. Da sie eine solche nicht getroffen hat, steht ihr eine Vergütung nach dem Bürgerlichen Gesetzbuch zu. Bei dem Anwaltsvertrag handelt es sich um einen Dienstvertrag (Geschäftsbesorgungsvertrag), so dass über § 612 Abs. 2 BGB die „übliche Vergütung" zu zahlen wäre. Zu beachten ist jedoch, dass Frau Appelbaum gebührenrechtlich in beiden Fällen als Verbraucherin anzusehen ist, so dass Rechtsanwältin Gemütlich für die jeweilige Beratung maximal 190 € als Gebühr abrechnen kann. Es handelt sich vorliegend, wie dargelegt, um zwei verschiedene Angelegenheiten, § 15 Abs. 2 RVG, die jeweils für sich genommen als Erstberatung i.S.d. § 34 Abs. 1 S. 3 RVG anzusehen sind. Es ist also nicht von einer weiteren Beratung auszugehen, deren Beschränkung bei 250 € läge, da die Beratungen ausschließlich mündlich erfolgten und nur einmalig je Angelegenheit beraten wurde. Rechtsanwältin Gemütlich kann jede Angelegenheit gesondert abrechnen, sie muss die Kappungsgrenze von 190 € beachten und ihre Gebühr unter Berücksichtigung der Kriterien des § 14 RVG bestimmen.

Lösungsvorschlag 20 *(SJ)*

a) Vorliegend hat Rechtsanwältin Elsenheim eine Beratung i.S.d. § 34 Abs. 1 S. 1 RVG durchgeführt. Sie soll nach dem Willen des Gesetzgebers eine Gebührenvereinbarung mit dem Mandanten treffen. Dies hat sie vorliegend getan. Nach § 3a Abs. 1 S. 4 RVG ist für eine Gebührenvereinbarung nach § 34 RVG keine Formvorschrift vorgesehen (weder Textform, noch Schriftform). Damit ist die Vorlage der schriftlich unterzeichneten Vereinbarung vom Auftraggeber grundsätzlich entbehrlich. Rechtsanwältin Elsenheim kann daher den vereinbarten Stundensatz zzgl. 19 % USt. gegenüber dem Mandanten abrechnen.

b) Zwar schreibt § 3a Abs. 1 S. 4 RVG weder Text- noch Schriftform vor, so dass die Vereinbarung mit dem Auftraggeber auch mündlich getroffen werden kann. Zu beachten ist jedoch, dass im Fall einer Nichtzahlung der Kostenrechnung in einem etwaigen Vergütungsprozess anspruchsbegründende Tatsachen unter Beweis zu stellen sind. Rechtsanwältin Elsenheim könnte zwar ihre Vergütungsansprüche an einen Kollegen abtreten und damit im Prozess als Zeugin auftreten, das Gericht wird aber möglicherweise den beklagten Auftraggeber als Partei vernehmen. Der Richter kann die Beweise (Zeugeneinvernahme, Parteieinvernahme) frei würdigen. Kommt das Gericht zu dem Ergebnis, dass der Nachweis nicht geführt werden kann, könnte Rechtsanwältin Elsenheim möglicherweise auf den Höchstbetrag in Höhe von 250 € zzgl. Auslagen und Umsatzsteuer gegenüber dem Auftraggeber „herunterfallen", § 34 Abs. 1 S. 3 RVG. Die Kappungsgrenze mit 190 € des § 34

Abs. 1 S. 3 RVG gilt hier nicht, da es sich nicht um ein erstes Beratungsgespräch gehandelt hat, sondern vielmehr mehrere Beratungen erfolgt sind. Da der Auftraggeber in dem Fall als Verbraucher zu werten sein würde, könnte RA Elsenheim möglicherweise nur max. 250 € zzgl. Auslagen zugesprochen erhalten. wenn sie den Beweis der Stundensatzvereinbarung nicht führen kann.

Lösungsvorschlag 21 *(SJ)*

a) Gebührenrechtliche Angelegenheiten

Es liegen zwei gebührenrechtliche Angelegenheiten vor, da nach der herrschenden Meinung die Einholung einer Deckungsanfrage ein eigenständiges Mandat darstellt.[3] Gegenstandswert für diese Tätigkeit wären die Kosten, von denen der Mandant gegenüber dem Rechtsanwalt durch die Rechtsschutzversicherung freigestellt werden möchte.

b) Abrechnung gegenüber dem Schiffsmotorenhersteller

Gegenstandswert: 12.800 €, § 2 Abs. 1 RVG

1,3 Geschäftsgebühr (§§ 2 Abs. 2, 13 Abs. 1, 14 Abs. 1 RVG), Nr. 2300 VV RVG	€	785,20
1,5 Einigungsgebühr (§§ 2 Abs. 2, 13 Abs. 1 RVG), Nr. 1000 VV RVG	€	906,00
PT-Pauschale, Nr. 7002 VV RVG	€	20,00
Zwischensumme	€	1.711,20
19 % Umsatzsteuer, Nr. 7008 VV RVG	€	325,13
Summe	**€**	**2.036,33**

c) Hinweise

Der Rechtsanwalt hat den Auftraggeber darauf hinzuweisen, dass sich die Vergütung nach dem Gegenstandswert richtet, § 49b Abs. 5 BRAO.

Der Rechtsanwalt schuldet dem Mandanten gegenüber grundsätzlich keine ausdrückliche Belehrung über anfallende Gebühren; dies gilt jedoch dann nicht, wenn der Mandant erkennbar von falschen Voraussetzungen ausgeht (z.B. bei Rechtsschutzversicherung).[4] Holt der Rechtsanwalt wunschgemäß die Deckungszusage beim Rechtsversicherer ein, kann der Rechtsanwalt für die Korrespondenz mit dem Rechtsschutzversicherer Gebühren nur beanspruchen, wenn er sich ausdrücklich unter Hinweis auf auch insoweit entstehende Gebühren hat beauftragen lassen.[5]

---

3 Vgl. dazu Axel *Pabst* „Die Deckungsanfrage beim Rechtsschutzversicherer durch den Anwalt", AnwBl 2007, S. 136 ff.; *Jungbauer* in: Bischof/Jungbauer u.a., RVG-Kompaktkommentar, Nr. 2300 VV RVG, Rn. 177.

4 *BGH* Beschl. v. 14.12.2005, Az. IX ZR 210/03; BRAK-Mitt. 2006, S. 115.

5 *OLG Düsseldorf* Beschl. v. 27.5.2010, Az. 24 U 211/09, DAR 2010, S 3846 mit Anm. *Jungbauer*.

Lösungsvorschlag 22 *(SJ)*

Gegenstandswert: 7.228 €, §§ 23 Abs. 1 RVG, 42 Abs. 2 S. 1 GKG
(2.224 € × 13 = 28.912 €; 28.912 € : 12 = 2.409,33 €; 2.409,33 € × 3 = 7.227,99 €)

0,8 Verfahrensgebühr (§§ 2 Abs. 2, 13 Abs. 1 RVG), Nr. 3101 Nr. 1 VV RVG Vorbem. 3 Abs. 1 RVG	€	364,80
1,2 Terminsgebühr (§§ 2 Abs. 2, 13 Abs. 1 RVG), Nr. 3104 VV RVG	€	547,20
1,5 Einigungsgebühr (§§ 2 Abs. 2, 13 Abs. 1 RVG), Nr. 1000 VV RVG	€	684,00
PT-Pauschale, Nr. 7002 VV RVG	€	20,00
Zwischensumme	€	1.616,00
19 % Umsatzsteuer, Nr. 7008 VV RVG	€	307,40
Summe	**€**	**1.923,04**

Erläuterung: Die Terminsgebühr entsteht vorliegend für die Besprechung, die mit der Gegenseite (Arbeitgeber) geführt wird, mit dem Ziel, ein gerichtliches Verfahren zu vermeiden. Die Einigungsgebühr entsteht in Höhe von 1,5, da über die Ansprüche ein gerichtliches Verfahren noch nicht anhängig ist.

Bei Berechnung des Gegenstandswertes ist das dreifache Brutto-Entgelt zugrunde zu legen, wobei das 13. Gehalt ebenfalls anteilmäßig zu berücksichtigen ist.

Beachten Sie bitte, dass, insbesondere in Klausuren und Abschlussprüfungen, in der Regel danach gefragt wird, welche Gebühren **entstanden** sind. Die Frage ist jedoch unabhängig von der Frage, ob ein Rechtsschutzversicherer die entstandenen Gebühren in diesem Umfang auch zu ersetzen hat, zu beantworten.

Lösungsvorschlag 23 *(SJ)*

1. Außergerichtliche Vertretung

Gegenstandswert: 10.000 €

1,3 Geschäftsgebühr (§§ 2 Abs. 2, 13 Abs. 1, 14 Abs. 1 RVG), Nr. 2300 VV RVG	€	725,40
PT-Pauschale, Nr. 7002 VV RVG	€	20,00
Zwischensumme	€	745,50
19 % Umsatzsteuer, Nr. 7008 VV RVG	€	141,63
Summe	**€**	**887,03**

2. Gerichtliches Verfahren

Gegenstandswert: 10.000 €

1,3 Verfahrensgebühr (§§ 2 Abs. 2, 13 Abs. 1 RVG), Nr. 3100 VV RVG	€	725,40
abzüglich 0,65 Geschäftsgebühr, Vorbem. 3 Abs. 4, Nr. 2300 VV RVG	./. €	362,70
Zwischensumme	€	362,70
1,2 Terminsgebühr (§§ 2 Abs. 2, 13 Abs. 1 RVG), Nr. 3104 VV RVG	€	669,60
PT-Pauschale, Nr. 7002 VV RVG	€	20,00
Zwischensumme	€	1.052,30
19 % Umsatzsteuer, Nr. 7008 VV RVG	€	199,94
Summe	**€**	**1.252,24**

> **Hinweis:** Die Aufgabenstellung gab keinen Hinweis auf besonderen Umfang und Schwierigkeit der Angelegenheit, so dass von der Regelgebühr von 1,3 auszugehen ist.
>
> Weil nach dem Versäumnisurteil ein weiterer Termin vor Gericht stattfand, entsteht die Terminsgebühr in Höhe von 1,2 und nicht eine solche in Höhe von 0,5 nach Nr. 3105 VV RVG.

Lösungsvorschlag 24 *(SJ)*

a) Vergütung für das Aufforderungsschreiben, die im Mahnbescheid mit geltend gemacht wird

Gegenstandswert 1.500 €

1,3 Geschäftsgebühr (§§ 2 Abs. 2, 13 Abs. 1, 14 Abs. 1 RVG), Nr. 2300 VV RVG	€	149,50
PT-Pauschale, Nr. 7002 VV RVG	€	20,00
Zwischensumme	€	169,50
19 % Umsatzsteuer, Nr. 7008 VV RVG	€	32,21
Summe	**€**	**201,71**

Im Mahnbescheid werden 201,71 € als vorgerichtliche Anwaltskosten geltend gemacht.

b) Anrechnung der Geschäftsgebühr

Da die Mahnverfahrensgebühr aus dem Wert von 800 € entsteht, ist auch nur insoweit eine Anrechnung der Geschäftsgebühr vorzunehmen, vgl. dazu Vorbem. 3 Abs. 4 S. 5 VV RVG. Anzurechnen ist eine 0,65 Geschäftsgebühr aus dem Wert von 800 €, nach der Vorbem. 3 Abs. 4 VV RVG somit ein Betrag in Höhe von 52,00 €.

c) Vergütung des Mahn- und streitigen Verfahrens

Mahnverfahren

Gegenstandswert 800 €/550 €
1,0 Mahnverfahrensgebühr aus 800 €
(§§ 2 Abs. 2, 13 Abs. 1 RVG),

Nr. 3305 VV RVG	€	80,00			
abzüglich 0,65 Geschäftsgebühr aus 800 €					
Vorbem. 3 Abs. 4, Nr. 2300 VV RVG	€	52,00			
Zwischensumme			€		28,00

0,5 Verfahrensgebühr aus 550 €

(§§ 2 Abs. 2, 13 Abs. 1 RVG), Nr. 3308 VV RVG	€	40,00
PT-Pauschale (aus 120,00 €), Nr. 7002 VV RVG	€	20,00
Zwischensumme	€	88,00
19 % Umsatzsteuer, Nr. 7008 VV RVG	€	16,72
Summe	**€**	**104,72**

Streitiges Verfahren, § 17 Nr. 2 RVG

Gegenstandswert 550 €

1,3 Verfahrensgebühr
(§§ 2 Abs. 2, 13 Abs. 1 RVG),

Nr. 3100 VV RVG	€	104,00			
abzüglich 1,0 Verfahrensgebühr					
Anm. zu Nr. 3305 VV RVG aus 550 €	./. €	80,00			
Zwischensumme			€		24,00

1,2 Terminsgebühr (§§ 2 Abs. 2, 13 Abs. 1 RVG), Nr. 3104 VV RVG	€	96,00
1,0 Einigungsgebühr (§§ 2 Abs. 2, 13 Abs. 1 RVG), Nr. 1003 VV RVG	€	80,00
PT-Pauschale, Nr. 7002 VV RVG	€	20,00
Zwischensumme	€	220,00
19 % Umsatzsteuer, Nr. 7008 VV RVG	€	41,80
Summe	**€**	**261,80**

Erläuterung: Es ist nach wie vor strittig, ob sich die PT-Pauschale aus den Gebühren berechnet, wie sie ursprünglich entstanden sind (vgl. dazu Mahnverfahren oben 120,00 €) oder aus dem Anteil der Gebühr, wie er nach Anrechnung verbleibt (vgl. dazu oben 68,00 €). Die herrschende Meinung geht zurzeit davon aus, dass die Auslagenpauschale sich grundsätzlich auf die Gebühren bezieht, wie sie vor Anrechnung entstanden sind und eine Anrechnung der Auslagenpauschale (und damit möglicherweise eine Reduzierung) nicht in Frage kommt. Der Leser wird gebeten, die Entwicklung der Rechtsprechung, insbesondere der des BGH, zu beobachten, da naturgemäß nicht vorausgesagt werden kann, welche Auffassung in einzelnen Kammerbezirken den Abschlussprüfungen zugrunde gelegt wird und wie sich die Rechtsprechung entwickelt.

Lösungsvorschlag 25 *(SJ)*

Es handelt sich um drei verschiedene gebührenrechtliche Angelegenheiten, § 17 Nr. 1a RVG

1. Antragsverfahren

Gegenstandswert: 10.000,00 €
1,5 Geschäftsgebühr
(§§ 2 Abs. 2, 13 Abs. 1, 14 Abs. 1 RVG)

Nr. 2300 VV RVG	€	837,00
PT-Pauschale, Nr. 7002 VV RVG	€	20,00
Zwischensumme	€	857,00
19 % Umsatzsteuer, Nr. 7008 VV RVG	€	162,83
Summe	**€**	**1.019,83**

2. Widerspruchsverfahren

Gegenstandswert: 10.000,00 €
1,3 Geschäftsgebühr
(§§ 2 Abs. 2, 13 Abs. 1, 14 Abs. 1 RVG)

Nr. 2300 VV RVG	€	725,40
./. 0,75 Geschäftsgebühr gem. Vorbem. 2.3 Abs. 4 VV RVG	./. €	418,50
Zwischensumme	€	
PT-Pauschale, Nr. 7002 VV RVG	€	20,00
Zwischensumme	€	326,90
19 % Umsatzsteuer, Nr. 7008 VV RVG	€	62,11
Summe	**€**	**389,01**

3. Verfahren auf Aussetzung der sofortigen Vollziehung

Gegenstandswert: 5.000,00 €
1,3 Geschäftsgebühr
(§§ 2 Abs. 2, 13 Abs. 1, 14 Abs. 1 RVG)

Nr. 2300 VV RVG	€	393,90
PT-Pauschale, Nr. 7002 VV RVG	€	20,00
Zwischensumme	€	413,90
19 % Umsatzsteuer, Nr. 7008 VV RVG	€	78,64
Summe	**€**	**492,54**

Lösungsvorschlag 26 *(SJ)*

Vergütungsanspruch Rechtsanwalt R:

1. Vertretung im Verwaltungsverfahren

Geschäftsgebühr
(§§ 2 Abs. 2, 13 Abs. 1, 14 Abs. 1 RVG)

Nr. 2302 Nr. 1 VV RVG (Mittelgebühr)	€	345,00
PT-Pauschale Nr. 7002 VV RVG	€	20,00
Zwischensumme	€	365,00

Übertrag	€	365,00
19 % Umsatzsteuer, Nr. 7008 VV RVG	€	69,35
Summe	**€**	**434,35**

2. Vertretung im Verwaltungsverfahren, das der Nachprüfung des Verwaltungsaktes dient

Geschäftsgebühr

(§§ 2 Abs. 2, 13 Abs. 1, 14 Abs. 1 RVG) Nr. 2302 Nr. 1 VV RVG (Mittelgebühr)	€	345,00
./. anzurechnende hälftige Geschäftsgebühr gem. Vorbemerkung 2.3 Abs. 4 VV RVG hierauf nach der anzurechnender	./. €	172,50
Restbetrag	€	172,50
PT-Pauschale Nr. 7002 VV RVG	€	20,00
Zwischensumme	€	192,50
19 % Umsatzsteuer, Nr. 7008 VV RVG	€	36,58
Summe	**€**	**229,08**

3. Vertretung vor dem Sozialgericht

Verfahrensgebühr Nr. 3102 VV RVG (Mittelgebühr)	€	300,00
./. anzurechnender hälftiger Geschäftsgebühr Vorbemerkung 3 Abs. 4 VV RVG	./. €	172,50
(§§ 2 Abs. 2, 13 Abs. 1, 14 Abs. 1 RVG) Nr. 2302 Ziffer 1 Restbetrag	€	127,50
Terminsgebühr (§§ 2 Abs. 2, 13 Abs. 1, 14 Abs. 1 RVG) Nr. 3106 VV RVG (Mittelgebühr)	€	280,00
PT-Pauschale Nr. 7002 VV RVG	€	20,00
Zwischensumme	€	472,50
19 % Umsatzsteuer, Nr. 7008 VV RVG	€	89,78
Summe	**€**	**562,28**

IV. Bürgerliche Rechtsstreitigkeiten

Lösungsvorschlag 27 *(SJ)*

a) Vergütungsansprüche RA Schlöndorf

Gegenstandswert: 45.000 €

1,3 Verfahrensgebühr (§§ 2 Abs. 2, 13 Abs. 1 RVG), Nr. 3100 VV RVG	€	1.414,20
1,2 Terminsgebühr (§§ 2 Abs. 2, 13 Abs. 1 RVG), Nr. 3104 VV RVG	€	1.305,60
PT-Pauschale, Nr. 7002 VV RVG	€	20,00
Zwischensumme	€	2.740,00
19 % Umsatzsteuer, Nr. 7008 VV RVG	€	520,60
Summe	**€**	**3.260,60**
Hinzu kommen die Gerichtskosten in Höhe von 3,0 Verfahrensgebühren nach Nr. 1210 KV GKG	€	1.533,00
Summe	**€**	**4.793,60**

b) Freistellungsanspruch gegen RSV

Die Rechtsschutzversicherung hat die Quote der Prozesskosten zu erstatten, die dem Anteil am Gesamtstreitwert entspricht, für den sie eintrittspflichtig ist, wenn der Rechtsstreit teils über versicherte, teils über nicht versicherte Ansprüche geführt wird.[6] Damit ergibt sich für die Rechtsschutzversicherung folgender zu zahlender Vergütungsbetrag:

Die Gesamtkosten (ohne Gerichtskosten) betragen: 3.260,60 €
3.260,60 € : 45.000 € × 30.000 € = 2.173,73 €

> **Achtung!** Es wäre falsch, von der Versicherung die Kosten aus dem Wert von 30.000 € zu verlangen. Dabei würde sich zwar für den Anwalt ein höherer Betrag ergeben (2.591,23 € [2,5 Gebühren + PT-Pauschale + 19 % Umsatzsteuer aus 30.000 € = 2.591,23 €]). Aufgrund der Entscheidung des BGH muss die Rechtsschutzversicherung dies nicht bezahlen.

Lösungsvorschlag 28 *(SJ)*

a) Vergütungsrechnung RA Schumacher

> **Hinweis:** Es werden zwei Berechnungsmethoden unterschieden. Welche anzuwenden ist, ist strittig.

---

6 *BGH* Urt. v. 4.5.2005, Az. IV ZR 135/04, JurBüro 2005, S. 653 = RVG Professionell 2005, S. 163.

Berechnungsmethode 1[7]

Die Verfahrensgebühr wird aus dem addierten Wert berechnet, somit 20.000 €, die Erhöhung jedoch nur aus dem Betrag von 15.000,00 €.

1,3 Verfahrensgebühr aus 20.000 € (§§ 2 Abs. 2, 13 Abs. 1 RVG), Nr. 3100 VV RVG	€	964,60
0,3 Erhöhung aus 15.000,00 € (§§ 2 Abs. 2, 13 Abs. 1 RVG), Nr. 1008 VV RVG	€	195,00
1,2 Terminsgebühr aus 20.000 € (§§ 2 Abs. 2, 13 Abs. 1 RVG), Nr. 3104 VV RVG	€	890,40
PT-Pauschale, Nr. 7002 VV RVG	€	20,00
Zwischensumme	€	2.070,00
19 % Umsatzsteuer, Nr. 7008 VV RVG	€	393,30
Summe	**€**	**2.463,30**

Berechnungsmethode 2[8]

Es wird vorausgesetzt, dass die Erhöhung keine eigenständige Gebühr darstellt. Damit wird zunächst die erhöhte Verfahrensgebühr aus dem Betrag der gemeinschaftlichen Beteiligung berechnet. Sodann wird eine nicht erhöhte Verfahrensgebühr aus dem Wert berechnet, der nur der einen Partei zugerechnet wird (keine gemeinschaftliche Beteiligung). In der Folge muss ein Abgleich nach § 15 Abs. 3 RVG erfolgen.

Gegenstandswert: 15.000 €

1,6 erhöhte Verfahrensgebühr aus 15.000 € (§§ 2 Abs. 2, 13 Abs. 1 RVG), Nrn. 3100, 1008 VV RVG	€	1.040,00		
1,3 Verfahrensgebühr aus 5.000 € (§§ 2 Abs. 2, 13 Abs. 1 RVG), Nr. 3100 VV RVG	€	393,90		
Zwischensumme	€	1.433,90		
§ 15 Abs. 3 RVG höchstens: 1,6 Verfahrensgebühr aus 20.000 €			€	1.187,20
1,2 Terminsgebühr aus 20.000 € (§§ 2 Abs. 2, 13 Abs. 1 RVG), Nr. 3104 VV RVG			€	890,40
Zwischensumme			€	2.077,60

---

7 *Gerold/Schmidt/von Eicken/Madert/Müller-Rabe* 21. Aufl., VV 1008, Rn. 228; *Mayer/Kroiß* RVG, Nr. 1008 VV Rn. 7; *Riedel/Sußbauer* BRAGO, 8. Aufl., § 6 Rn. 38; *Göttlich/Mümmler/Rehberg/Xanke* RVG, „Mehrere Auftraggeber", 2.

8 So rechnen auch: *LG Saarbrücken* AGS 2012, 56 = DAR 2012, 177 = NJW-Spezial 2012, 27; *AG Augsburg*, Beschl. v. 23.7.2008, Az. 25 C 6176/06, Beck RS 2008, 19944; *Jungbauer* Rechtsanwaltsvergütung, 6. Aufl. 2015, Kap. 4, Rn. 78 m.v.w.N.

Übertrag	€	2.077,60
PT-Pauschale, Nr. 7002 VV RVG	€	20,00
Zwischensumme	€	2.097,60
19 % Umsatzsteuer, Nr. 7008 VV RVG	€	398,54
Summe	**€**	**2.496,14**

> **Prüfungstipp:** Erkundigen Sie sich bei Ihrem Dozenten nach den Gepflogenheiten bei der Prüfung in Ihrem Kammerbezirk betreffend strittiger Themen.

b) Anspruch des RA Schumacher gegen die Auftraggeber einzeln

Nach § 7 Abs. 1 S. 1 RVG kann der Rechtsanwalt von jedem Auftraggeber diejenigen Gebühren verlangen, die entstanden wären, wenn jeder Auftraggeber den Rechtsanwalt allein beauftragt hätte. Nach § 7 Abs. 2 S. 1 RVG haftet somit jeder Auftraggeber nur nach seinem jeweiligen Auftragswert. Dies bedeutet für den Auftraggeber Köhler:

1,3 Verfahrensgebühr aus 15.000 €		
(§§ 2 Abs. 2, 13 Abs. 1 RVG), Nr. 3100 VV RVG	€	845,00
1,2 Terminsgebühr aus 15.000 €		
(§§ 2 Abs. 2, 13 Abs. 1 RVG), Nr. 3104 VV RVG	€	780,00
PT-Pauschale, Nr. 7002 VV RVG	€	20,00
Zwischensumme	€	1.645,00
19 % Umsatzsteuer, Nr. 7008 VV RVG	€	312,55
Summe	**€**	**1.957,55**

Auftraggeber Hilgers haftet für:

1,3 Verfahrensgebühr aus 20.000 €		
(§§ 2 Abs. 2, 13 Abs. 1 RVG), Nr. 3100 VV RVG	€	964,60
1,2 Terminsgebühr aus 20.000 €		
(§§ 2 Abs. 2, 13 Abs. 1 RVG), Nr. 3104 VV RVG	€	890,40
PT-Pauschale, Nr. 7002 VV RVG	€	20,00
Zwischensumme	€	1.875,00
19 % Umsatzsteuer, Nr. 7008 VV RVG	€	356,25
Summe	**€**	**2.231,25**

Selbstverständlich darf der Rechtsanwalt dennoch insgesamt nicht mehr verlangen als die gesamten für das Verfahren entstandenen Gebühren.

Lösungsvorschlag 29 *(HRE/SJ)*

Gegenstandswert: 13.000 €

1,3 Verfahrensgebühr				
(§§ 2 Abs. 2, 13 Abs. 1 RVG), Nr. 3100 VV RVG			€	785,20
1,2 Terminsgebühr aus 6.000 €				
(§§ 2 Abs. 2, 13 Abs. 1 RVG), Nr. 3104 VV RVG	€	424,80		
0,5 Terminsgebühr aus 7.000 €				
(§§ 2 Abs. 2, 13 Abs. 1 RVG), Nr. 3105 VV RVG	€	202,50		
Summe der beiden Terminsgebühren			€	627,30
Zwischensumme (Übertrag)			€	1.412,50

Zwischensumme/Übertrag	€	1.412,50
Gem. § 15 Abs. 3 RVG max. 1,2 Terminsgebühr aus		
13.000 € = € 724,80; hier keine Kürzung.		
PT-Pauschale, Nr. 7002 VV RVG	€	20,00
Zwischensumme	€	1.432,50
19 % Umsatzsteuer, Nr. 7008 VV RVG	€	272,18
Summe	**€**	**1.704,68**

> **TIPP:** Da wegen eines Teilbetrages in Höhe von 6.000 € der Klägervertreter die Rechtslage mit dem Gericht erörtert hat, hat er insoweit mehr getan, als nur den Antrag auf Erlass eines Versäumnisurteils gestellt. Daher entsteht nach einem Gegenstandswert von 6.000 € eine 1,2 Terminsgebühr (vgl.: *BGH* Beschl. v. 24.1.2007 Az. IV ZB 21/06 = JurBüro 2007, S. 304 = RVGreport 2007, S. 187).

Lösungsvorschlag 30 *(SJ)*

a) Abrechnung des Verfahrens

1. Vertretung in I. Instanz

Gegenstandswert: 4.500 €, § 2 Abs. 1 RVG

1,6 erhöhte Verfahrensgebühr		
(§§ 2 Abs. 2, 13 Abs. 1 RVG), Nrn. 3100, 1008 VV RVG	€	484,80
1,2 Terminsgebühr		
(§§ 2 Abs. 2, 13 Abs. 1 RVG), Nr. 3104 VV RVG	€	363,60
PT-Pauschale, Nr. 7002 VV RVG	€	20,00
Zwischensumme	€	868,40
19 % Umsatzsteuer, Nr. 7008 VV RVG	€	165,00
Summe	**€**	**1.033,40**

2. Vertretung in II. Instanz

Gegenstandswert: 4.500 €, §§ 23 Abs. 1 S. 1 RVG, 47 Abs. 1 GKG

1,4 erhöhte Verfahrensgebühr		
(§§ 2 Abs. 2, 13 Abs. 1 RVG), Nrn. 3201 Nr. 1, 1008 VV RVG	€	424,20
PT-Pauschale, Nr. 7002 VV RVG	€	20,00
Zwischensumme	€	444,20
19 % Umsatzsteuer, Nr. 7008 VV RVG	€	84,40
Summe	**€**	**528,60**

3. Summe aus Ziff. 1 + Ziff. 2

1.033,40 € + 528,60 €	**€**	**1.562,00**

b) Haftung der Auftraggeber

Nach § 7 Abs. 2 RVG schuldet jeder Auftraggeber die Gebühren und Auslagen, die er schulden würde, wenn der Rechtsanwalt nur in seinem Auftrag tätig geworden wäre. Damit schuldet jeder Auftraggeber folgende Vergütung:

1. Vertretung in I. Instanz

Gegenstandswert: 4.500 €, § 2 Abs. 1 RVG

1,3 Verfahrensgebühr		
(§§ 2 Abs. 2, 13 Abs. 1 RVG), Nr. 3100 VV RVG	€	393,90
1,2 Terminsgebühr		
(§§ 2 Abs. 2, 13 Abs. 1 RVG), Nr. 3104 VV RVG	€	363,60
PT-Pauschale, Nr. 7002 VV RVG	€	20,00
Zwischensumme	€	777,50
19 % Umsatzsteuer, Nr. 7008 VV RVG	€	147,73
Summe	**€**	**925,23**

2. Vertretung in II. Instanz

Gegenstandswert: 4.500 €, §§ 23 Abs. 1 S. 1 RVG, 47 Abs. 1 GKG

1,1 Verfahrensgebühr		
(§§ 2 Abs. 2, 13 Abs. 1 RVG), Nr. 3201 Nr. 1 VV RVG	€	333,30
PT-Pauschale, Nr. 7002 VV RVG	€	20,00
Zwischensumme	€	353,30
19 % Umsatzsteuer, Nr. 7008 VV RVG	€	67,13
Summe	**€**	**420,43**

3. Summe aus Ziff. 1 + Ziff. 2

925,33 € + 420,43 €	**€**	**1.345,66**

Zu beachten ist jedoch, dass zwar Rechtsanwältin Schneider von jedem ihrer Mandanten den Betrag in Höhe von bis zu 1.345,66 € fordern kann, **insgesamt** jedoch nicht mehr als den Betrag der Gesamtkosten in Höhe von 1.562,00 €.

c) Erstattungsfähigkeit der Vergütung

1. Vertretung in I. Instanz

Gegenstandswert: 4.500 €, § 2 Abs. 1 RVG

1,6 erhöhte Verfahrensgebühr		
(§§ 2 Abs. 2, 13 Abs. 1 RVG), Nrn. 3100 1008 VV RVG	€	484,80
1,2 Terminsgebühr		
(§§ 2 Abs. 2, 13 Abs. 1 RVG), Nr. 3104 VV RVG	€	363,60
PT-Pauschale, Nr. 7002 VV RVG	€	20,00
Zwischensumme	€	868,40
19 % Umsatzsteuer, Nr. 7008 VV RVG	€	165,00
Summe	**€**	**1.033,40**

2. Vertretung in II. Instanz

Gegenstandswert: 4.500 €, §§ 23 Abs. 1 S. 1 RVG, 47 Abs. 1 GKG

1,4 erhöhte Verfahrensgebühr		
(§§ 2 Abs. 2, 13 Abs. 1 RVG), Nrn. 3201 Nr. 1, 1008 VV RVG	€	424,20
Zwischensumme	€	424,20

Übertrag	€	424,20
PT-Pauschale, Nr. 7002 VV RVG	€	20,00
Zwischensumme	€	444,20
19 % Umsatzsteuer, Nr. 7008 VV RVG	€	84,40
Summe	**€**	**528,60**

3. Summe aus Ziff. 1 + Ziff. 2

1.033,40 € + 528,60 €	**€**	**1.562,00**

Erläuterung: Rechtsanwältin Schneider hat keinen Antrag auf Zurückweisung der Berufung gestellt (siehe Aufgabe), sodass sich die Frage, ob eine 1,1 oder aber 1,6 Verfahrensgebühr erstattungsfähig wäre, hier gar nicht stellt. Allerdings wäre nach herrschender Rechtsprechung des BGH auch dann nur eine 1,1 Verfahrensgebühr erstattungsfähig, wenn der Antrag auf kostenpflichtige Zurückweisung der Berufung bereits gestellt worden wäre, da nach Ansicht des BGH Beschl. v. 3.7.2007, Az. VI ZB 21/06 ein solcher Antrag vor Begründung der Berufung noch nicht erforderlich ist, sodass sich auch deshalb keine Erstattungsfähigkeit einer 1,6 Verfahrensgebühr ergeben würde.

Lösungsvorschlag 31 *(HRE/SJ)*

a) Vergütung RAin B

Mahnverfahren

Gegenstandswert: 25.000 €

1,3 erhöhte Verfahrensgebühr (§§ 2 Abs. 2, 13 Abs. 1 RVG), Nrn. 3305, 1008 VV RVG	€	1.024,40
1,2 Terminsgebühr (§§ 2 Abs. 2, 13 Abs. 1 RVG), Nr. 3104 i.V.m. Vorbem. 3 Abs. 3 S. 2 u. Vorbem. 3.3.2 VV RVG)	€	945,60
0,5 Verfahrensgebühr (§§ 2 Abs. 2, 13 Abs. 1 RVG), Nr. 3308 VV RVG	€	394,00
PT-Pauschale, Nr. 7002 VV RVG	€	20,00
Zwischensumme	€	2.384,00
19 % Umsatzsteuer, Nr. 7008 VV RVG	€	452,96
Summe	**€**	**2.836,96**

Streitiges Verfahren

1,6 erhöhte Verfahrensgebühr aus 10.000 € (§§ 2 Abs. 2, 13 Abs. 1 RVG), Nrn. 3100, 1008 VV RVG	€	892,80
./. Anrechnung 1,3 Verfahrensgebühr gem. Anmerkung zu Nr. 3305 VV RVG aus 10.000 €	./. €	725,40
Rest Verfahrensgebühr (Übertrag)	€	167,40

Übertrag			€	167,40
0,5 Terminsgebühr aus 10.000 €				
(§§ 2 Abs. 2, 13 Abs. 1 RVG),				
Nr. 3105 VV RVG	€	279,00		
./. Anrechnung 0,5 Terminsgebühr				
aus 10.000 € gem. Abs. 4 der				
Anmerkung zu Nr. 3104 VV RVG	./. €	279,00		
verbleibt von der Terminsgebühr			€	0,00
PT-Pauschale, Nr. 7002 VV RVG			€	20,00
Zwischensumme			€	187,40
19 % Umsatzsteuer, Nr. 7008 VV RVG			€	35,61
Summe			**€**	**223,01**

b) Festzusetzende Vergütung nach Beendigung des streitigen Verfahrens

Die im Mahnverfahren entstandene Vergütung ist bereits in dem Vollstreckungsbescheid festgesetzt worden. Unterstellt wird, dass Rechtsanwältin B im Antrag auf Erlass des Vollstreckungsbescheides auch die im Mahnverfahren entstandene Terminsgebühr mit zur Festsetzung beantragt hat und das Mahngericht diesem Antrag auch entsprochen hat, mit der Folge, dass auch die Terminsgebühr, die im Mahnverfahren entstanden ist, mit im Vollstreckungsbescheid festgesetzt worden ist.

Dann können nach Beendigung des streitigen Verfahrens durch das zweite Versäumnisurteil nur noch die im streitigen Verfahren entstandenen Gebührendifferenzen zur Festsetzung angemeldet werden. Wegen der Berechnung der nach Durchführung des streitigen Verfahrens in der Kostenfestsetzung anzumeldenden Vergütung wird auf die vorstehend dargestellte Berechnung unter „streitiges Verfahren" verwiesen.

Erläuterung:　In dem gerichtlichen Mahnverfahren ist nach der Vorbemerkung 3.3.2 VV RVG eine Terminsgebühr entstanden, weil Rechtsanwältin B mit dem Antragsgegner eine auf die Erledigung des gerichtlichen Mahnverfahrens zielende Besprechung im Sinne der Vorbemerkung 3 Abs. 3 S. 3 Nr. 2 VV RVG geführt hat. Nach Abs. 4 der Anmerkung zu Nr. 3104 VV RVG ist diese Terminsgebühr auf eine im nachfolgenden streitigen Verfahren entstehende Terminsgebühr anzurechnen. Im nachfolgenden streitigen Verfahren entsteht nur eine 0,5 Terminsgebühr. Zwar handelt es sich hier um ein 2tes Versäumnisurteil, weil der Vollstreckungsbescheid einem Versäumnisurteil gleichgestellt ist, § 700 Abs. 1 ZPO. Jedoch erhält ein Rechtsanwalt für den VB-Antrag eine 0,5 Verfahrensgebühr und nicht, wie im streitigen Verfahren für ein erstes Versäumnisurteil (im Termin oder im schriftlichen Verfahren) eine 0,5 Terminsgebühr. Darüber hinaus ist die 0,5 Verfahrensgebühr für den VB auch nicht anzurechnen. Aus diesem Grund ist diese Art von 2tem Versäumnisurteil (zuerst VB, dann gleich darauf VU) gebührenrechtlich anders zu behandeln, als der Fall von einem (ersten) Versäumnisurteil, das zunächst im schriftlichen Verfahren oder im Termin ergeht und dann anschließend mit einer weiteren Säumnis das 2te Versäumnisurteil (in letzterem Fall würde nämlich eine 1,2 Terminsgebühr entstehen). Die im Mahnverfahren entstandene Terminsgebühr ist auf die im streitigen Verfahren entstandene Terminsgebühr nur insoweit anzurechnen, als der Gegenstand des Mahnverfahrens und des streitigen Verfahrens identisch ist. Anzurechnen ist natürlich auch höchstens mit dem Gebührensatz, der im streitigen Verfahren für die Terminsgebühr anzusetzen ist.

Lösungsvorschlag 32 *(HRE/SJ)*

Rechtsanwältin Krass kann für ihre Tätigkeit folgende Vergütung berechnen:

Mahnverfahren

Gegenstandswert: 20.000 €

1,0 Verfahrensgebühr (§§ 2 Abs. 2, 13 Abs. 1 RVG), Nr. 3305 VV RVG	€	742,00
1,2 Terminsgebühr (§§ 2 Abs. 2, 13 Abs. 1 RVG), Nr. 3104 i.V.m. Vorbem. 3 Abs. 3 S. 3 Nr. 2 und Vorbem. 3.3.2 VV RVG	€	890,40
1,0 Einigungsgebühr (§§ 2 Abs. 2, 13 Abs. 1 RVG), Nr. 1003 VV RVG	€	742,00
0,5 Verfahrensgebühr (§§ 2 Abs. 2, 13 Abs. 1 RVG), Nr. 3308 VV RVG	€	371,00
PT-Pauschale, Nr. 7002 VV RVG	€	20,00
Zwischensumme	€	2.765,40
19 % Umsatzsteuer, Nr. 7008 VV RVG	€	525,43
Summe	**€**	**3.290,83**

Streitiges Verfahren

Gegenstandswert: 20.000 €

1,3 Verfahrensgebühr (§§ 2 Abs. 2, 13 Abs. 1 RVG), Nr. 3100 VV RVG			€	964,60
./. Anrechnung 1,0 Verfahrensgebühr gem. Anmerkung zu Nr. 3305 VV RVG			./. €	742,00
Rest Verfahrensgebühr			€	222,60
1,2 Terminsgebühr (§§ 2 Abs. 2, 13 Abs. 1 RVG), Nr. 3104 VV RVG	€	890,40		
./. Anrechnung 1,2 Terminsgebühr gem. Abs. 4 der Anmerkung zu Nr. 3104 VV RVG – entstanden im Mahnverfahren –	./. €	890,40		
Zwischensumme			€	0,00
1,0 Einigungsgebühr (§§ 2 Abs. 2, 13 Abs. 1 RVG), Nr. 1003 VV RVG			€	742,00
PT-Pauschale, Nr. 7002 VV RVG			€	20,00
Zwischensumme			€	984,60
19 % Umsatzsteuer, Nr. 7008 VV RVG			€	187,07
Summe			**€**	**1.171,67**

Zwangsvollstreckung

0,3 Verfahrensgebühr aus 2.000 € (§ 25 Abs. 1 Nr. 4 RVG) (§§ 2 Abs. 2, 13 Abs. 1 RVG), Nr. 3309 VV RVG	€	45,00
1,0 Einigungsgebühr aus 3.440 € (20 % von 17.200 €, § 31b RVG, § 25 Abs. 1 Nr. 1 RVG) (§§ 2 Abs. 2, 13 Abs. 1 RVG), Nr. 1003 VV RVG	€	252,00
Zwischensumme	€	297,00

Übertrag	€	297,00
PT-Pauschale, Nr. 7002 VV RVG	€	20,00
Zwischensumme	€	317,00
19 % Umsatzsteuer, Nr. 7008 VV RVG	€	60,23
Summe	**€**	**377,23**

Erläuterung: Da in jeder gebührenrechtlichen Angelegenheit der Tatbestand der Einigungsgebühr nach Nr. 1003 VV RVG erfüllt wurde, kann Rechtsanwältin Krass drei Einigungsgebühren berechnen. Eine Anrechnungsvorschrift für die Einigungsgebühren existiert nicht.

Nach § 31b RVG entsteht hier in der Angelegenheit „Zwangsvollstreckung" die Einigungsgebühr nur nach 20 % der zu vollstreckenden Forderung (Hauptforderung + Kosten), denn der (Teilzahlungs)Vergleich enthielt außer den Zahlungsmodalitäten keine weiteren Regelungen.

Lösungsvorschlag 33 *(HRE/SJ)*

Außergerichtliche Tätigkeit

Gegenstandswert: 20.000 €

1,8 Geschäftsgebühr		
(§§ 2 Abs. 2, 13 Abs. 1, 14 Abs. 1 RVG), Nr. 2300 VV RVG	€	1.335,60
PT-Pauschale, Nr. 7002 VV RVG	€	20,00
Zwischensumme	€	1.355,60
19 % Umsatzsteuer, Nr. 7008 VV RVG	€	257,56
Summe	**€**	**1.613,16**

Mahnverfahren

Gegenstandswert: 20.000 €

1,0 Verfahrensgebühr		
(§§ 2 Abs. 2, 13 Abs. 1 RVG), Nr. 3305 VV RVG	€	742,00
./. Anrechnung 0,75 Geschäftsgebühr		
gem. Vorbem. 3 Abs. 4 VV RVG aus 20.000 €	./. €	556,50
Rest Mahnverfahren	€	185,50
PT-Pauschale, Nr. 7002 VV RVG	€	20,00
Zwischensumme	€	205,50
19 % Umsatzsteuer, Nr. 7008 VV RVG	€	39,05
Summe	**€**	**244,55**

Streitiges Verfahren

1,3 Verfahrensgebühr aus 42.000 € (§ 15 Abs. 5 RVG)		
(§§ 2 Abs. 2, 13 Abs. 1 RVG), Nr. 3100 VV RVG	€	1.414,40
./. Anrechnung 1,0 Verfahrensgebühr		
gem. Anm. zu Nr. 3305 VV RVG aus 20.000 €	./. €	742,00
Zwischensumme	€	672,40

Übertrag	€	672,40
1,2 Terminsgebühr aus 42.000 €		
(§§ 2 Abs. 2, 13 Abs. 1 RVG), Nr. 3104 VV RVG	€	1.305,60
PT-Pauschale, Nr. 7002 VV RVG	€	20,00
Zwischensumme	€	1.998,00
19 % Umsatzsteuer, Nr. 7008 VV RVG	€	379,62
Summe	**€**	**2.377,62**

Erläuterung: Nach der Entscheidung des BGH (Beschl. v. 28.10.2010, Az. VII ZB 116/09, JurBüro 2011, S. 80) ist die im Mahnverfahren entstandene Verfahrensgebühr in vollem Umfange auf die im streitigen Verfahren entstandene Verfahrensgebühr anzurechnen und nicht nur die Teile der Verfahrensgebühr, die nach Berücksichtigung der Anrechnung der Geschäftsgebühr auf die Verfahrensgebühr im Mahnverfahren verbleiben.

Lösungsvorschlag 34 *(HRE/SJ)*

1. Alternative – Versäumnisurteil

Die Mandantin könnte Versäumnisurteil gegen sich ergehen lassen. Wenn das Gericht das schriftliche Vorverfahren gem. § 276 Abs. 1 ZPO angeordnet hat, soll Frau Schluderig keine Verteidigungsabsicht anzeigen und keine Klageerwiderung einreichen. Wenn das Gericht bereits Termin zur mündlichen Verhandlung bestimmt hatte, soll Frau Schluderig diesen nicht wahrnehmen.

Ergeht ein Versäumnisurteil, würden **für den Klägervertreter folgende Kosten entstehen:**

Gegenstandswert: 3.846 €

1,3 Verfahrensgebühr		
(§§ 2 Abs. 2, 13 Abs. 1 RVG), Nr. 3100 VV RVG	€	327,60
0,5 Terminsgebühr		
(§§ 2 Abs. 2, 13 Abs. 1 RVG), Nr. 3105 VV RVG	€	126,00
PT-Pauschale, Nr. 7002 VV RVG	€	20,00
Zwischensumme	€	473,60

Bei der Klägerin handelt es sich um eine GmbH. In der Regel wird diese die Umsatzsteuer auf die Anwaltsvergütung als Vorsteuer geltend machen können. Daher wird Frau Schluderig die Umsatzsteuer auf die Anwaltsvergütung nicht zu erstatten haben.

Im Falle des Versäumnisurteils kämen noch folgende **Gerichtskosten** hinzu:

3,0 Gerichtskosten Nr. 1210 KV GKG	€	381,00
Summe Anwalts- und Gerichtskosten	**€**	**854,60**

2. Alternative – Anerkenntnis

Frau Schluderig müsste dem Gericht selbst schriftlich mitteilen, dass sie die Klageforderung und die Kosten anerkenne. Dies ist beim Amtsgericht möglich, da hier kein Anwaltszwang besteht. Hat das Gericht bereits Termin zur mündlichen Verhandlung bestimmt, könnte Frau Schluderig auch selbst in den Termin gehen und dort das Anerkenntnis aussprechen.

Ergeht ein Anerkenntnisurteil, würden **für den Klägervertreter folgende Kosten entstehen:**

Gegenstandswert: 3.846 €

1,3 Verfahrensgebühr (§§ 2 Abs. 2, 13 Abs. 1 RVG), Nr. 3100 VV RVG	€	327,60
1,2 Terminsgebühr (§§ 2 Abs. 2, 13 Abs. 1 RVG), Nr. 3104 VV RVG	€	302,40
PT-Pauschale, Nr. 7002 VV RVG	€	20,00
Zwischensumme	€	650,00

Bei der Klägerin handelt es sich um eine GmbH. In der Regel wird diese die Umsatzsteuer auf die Anwaltsvergütung als Vorsteuer geltend machen können. Daher wird Frau Schluderig die Umsatzsteuer auf die Anwaltsvergütung nicht zu erstatten haben.

Im Falle des Anerkenntnisses kämen noch folgende **Gerichtskosten** hinzu:

1,0 Gerichtskosten Nr. 1210 i.V.m. 1211 Nr. 2 KV GKG	€	127,00
Summe Anwalts- und Gerichtskosten	**€**	**777,00**

3. Alternative – Hauptsacheerledigung und Kostenübernahme

Frau Schluderig überweist die Klageforderung (ggf. nebst Zinsen) und teilt dem Gericht selbst schriftlich mit, dass sie die Klageforderung ausgeglichen hat und bereit ist, die Kosten des Verfahrens zu übernehmen. Da die Klage bereits zugestellt ist, kann der Kläger nun die Hauptsache für erledigt erklären, § 91a ZPO. Dieser Erledigungserklärung schließt sich Frau Schludrig an. Das Gericht erlässt nun einen Kostenbeschluss, der der Kostenübernahmeerklärung der Frau Schludrig folgt. Die Erledigungserklärung kann durch Schriftsatz erfolgen und löst daher keine Terminsgebühr aus.

Bei Hauptsacheerledigung würden für den Klägervertreter folgende Kosten entstehen:

Gegenstandswert: 3.846 €

1,3 Verfahrensgebühr (§§ 2 Abs. 2, 13 Abs. 1 RVG), Nr. 3100 VV RVG	€	327,60
PT-Pauschale, Nr. 7002 VV RVG	€	20,00
Zwischensumme	€	347,60

Bei der Klägerin handelt es sich um eine GmbH. In der Regel wird diese die Umsatzsteuer auf die Anwaltsvergütung als Vorsteuer geltend machen können. Daher wird Frau Schluderig die Umsatzsteuer auf die Anwaltsvergütung nicht zu erstatten haben.

Im Falle des Anerkenntnisses kämen noch folgende Gerichtskosten hinzu:

1,0 Gerichtskosten Nr. 1210 i.V.m. 1211 Nr. 4 KV GKG	€	127,00
Summe Anwalts- und Gerichtskosten	**€**	**474,60**

Vorstehende Berechnungen zeigen, dass die 3. Alternative die kostengünstigste wäre. Denn im Fall des Anerkenntnisses würden unter Berücksichtigung der Kosten des Klägervertreters und der Gerichtskosten insgesamt 777 € entstehen, im Falle des Versäumnisurteils beim Klägervertreter und an Gerichtskosten 854,60 €; im Fall der Erledigungserklärung nur 474,60 €. Hinweis: Sobald sich Rechtsanwalt Dr. Einfach bei Gericht bestellt oder die Forderung über 5.000 € beträgt und das Verfahren vor dem

Landgericht anhängig ist und Rechtsanwalt Dr. Einfach sich bestellen MUSS, sieht die Berechnung wieder völlig anders aus. Derartige Berechnungen sind daher immer daran zu orientieren,

- ob das Verfahren beim Amts- oder Landgericht anhängig ist bzw. ob Anwaltszwang besteht
- welche Kosten bereits auf der Gegenseite angefallen sind und weiter anfallen werden
- ob der Mandant überhaupt in der Lage ist, die Forderung auszugleichen. Ist dies nicht der Fall, muss ohnehin über einen Vergleich (Ratenzahlungsvereinbarung) nachgedacht werden.

Erläuterung: Bei Rechtsanwalt Dr. Einfach entstehen, unabhängig davon, ob die Mandantin letztlich die erste, zweite oder dritte Alternative beschreitet, folgende Gebühren und Auslagen:

Gegenstandswert: 3.846 €

0,8 Verfahrensgebühr (§§ 2 Abs. 2, 13 Abs. 1 RVG), Nr. 3101 Nr. 1 VV RVG	€	201,60
PT-Pauschale, Nr. 7002 VV RVG	€	20,00
Zwischensumme	€	221,60
19 % Umsatzsteuer, Nr. 7008 VV RVG	€	42,10
Summe	**€**	**263,70**

Da diese Kosten gleich hoch sind, unabhängig davon, welchen der drei oben genannten Wege Frau Schluderig einschlägt, müssen diese Kosten in die Vergleichsberechnungen nicht mit eingestellt werden. Bei Zahlung über den Klägervertreter muss sie damit rechnen, dass noch zusätzlich die Hebegebühr Nr. 1009 VV RVG anfällt.

Lösungsvorschlag zu Variante Fall 34 *(HRE/SJ)*

Vergütung Klägervertreter nebst Gerichtskosten

Gegenstandswert: 3.846 €		
1,3 Verfahrensgebühr (§§ 2 Abs. 2, 13 Abs. 1 RVG), Nr. 3100 VV RVG	€	327,60
1,2 Terminsgebühr (§§ 2 Abs. 2, 13 Abs. 1 RVG), Nr. 3104 VV RVG	€	302,40
1,0 Einigungsgebühr (§§ 2 Abs. 2, 13 Abs. 1 RVG), Nr. 1003 VV RVG	€	252,00
PT-Pauschale, Nr. 7002 VV RVG	€	20,00
Anwaltskosten Klägervertreter insgesamt	€	902,00
Hinzu kämen die Gerichtskosten:		
1,0 Gerichtskosten Nr. 1210 i.V.m. 1211 Nr. 3 KV GKG	€	171,38
Kosten insgesamt	**€**	**1.073,38**

Praxistipp: Der Fall, dass ein Mandant eine Klage zugestellt erhält, die begründet ist, kommt in der Praxis gar nicht so selten vor. Es ist in diesen Fällen immer wichtig, mit dem Mandanten zu klären, ob er zur Zahlung der Forderung in der Lage ist. Denn es

---

macht ja keinen Sinn, wenn man ein Anerkenntnis- oder gar Versäumnisurteil gegen den Mandanten ergehen lässt (was zunächst einmal günstiger wäre), aus diesen dann aber ohne Sicherheitsleistung vorläufig vollstreckt werden kann, siehe dazu § 708 ZPO.

Lösungsvorschlag 35 *(HRE/SJ)*

1,3 Verfahrensgebühr aus 10.000 €		
(§§ 2 Abs. 2, 13 Abs. 1 RVG), Nr. 3100 VV RVG	€	725,40
0,5 Terminsgebühr aus 4.000 €		
(§§ 2 Abs. 2, 13 Abs. 1 RVG), Nr. 3105 VV RVG	€	126,00
1,2 Terminsgebühr aus 6.000 €		
(§§ 2 Abs. 2, 13 Abs. 1 RVG), Nr. 3104 VV RVG	€	424,80
Summe der Terminsgebühren	**€**	**550,80**
höchstens 1,2 Terminsgebühren gem. § 15 Abs. 3 RVG		
aus 10.000 € = € 669,60; hier keine Kürzung		
Zwischensumme	€	1.276,20
1,0 Einigungsgebühr aus 10.000 €		
(§§ 2 Abs. 2, 13 Abs. 1 RVG), Nr. 1003 VV RVG	€	558,00
PT-Pauschale, Nr. 7002 VV RVG	€	20,00
Zwischensumme	€	1.854,20
19 % Umsatzsteuer, Nr. 7008 VV RVG	€	352,30
Summe	**€**	**2.206,50**

Erläuterung: Das im schriftlichen Verfahren ergangene Versäumnisurteil hat zwar zunächst eine 0,5 Terminsgebühr nach 10.000 € ausgelöst. Wegen des Teil-Einspruchs über 6.000 € und der anschließenden Vertretung in dem Termin ist aus der 0,5 Gebühr insoweit, also wegen der 6.000 €, eine 1,2 Terminsgebühr geworden. Wegen der 4.000 € bleibt es bei einer 0,5 Terminsgebühr. Es wäre nach dem vollen Wert von 10.000 € eine 1,2 Terminsgebühr z.B. dann entstanden, wenn in dem Termin auch über die 4.000 € eine auf die Erledigung des Verfahrens gerichtete Besprechung geführt worden wäre. Dies ist aber ausweislich des Sachverhaltes nicht der Fall gewesen. Die Einigungsgebühr entsteht nach einem Gegenstandswert von 10.000 €, da durch den Vergleich die gesamten Ansprüche geregelt wurden.

Lösungsvorschlag 36 *(HRE/SJ)*

Gegenstandswert: 125.000 €

2,3 Verfahrensgebühr		
(§§ 2 Abs. 2, 13 Abs. 1 RVG), Nr. 3208 VV RVG	€	3.652,40
0,8 Terminsgebühr		
(§§ 2 Abs. 2, 13 Abs. 1 RVG), Nr. 3211 VV RVG	€	1.270,40
PT-Pauschale, Nr. 7002 VV RVG	€	20,00
Zwischensumme	€	4.942,80
19 % Umsatzsteuer, Nr. 7008 VV RVG	€	939,13
Summe	**€**	**5.881,93**

Lösungsvorschlag 37 *(HRE/SJ)*

1,3 Verfahrensgebühr aus 10.000 € (§§ 2 Abs. 2, 13 Abs. 1 RVG), Nr. 3100 VV RVG	€	725,40
0,8 Differenzverfahrensgebühr aus 7.500 € (§§ 2 Abs. 2, 13 Abs. 1 RVG), Nr. 3101 Nr. 2 VV RVG	€	364,80
Summe der Verfahrensgebühren	€	**1.090,20**
höchstens gem. § 15 Abs. 3 RVG **1,3 Verfahrensgebühr aus 17.500 €**	€	**904,80**
1,2 Terminsgebühr aus 17.500 € (§§ 2 Abs. 2, 13 Abs. 1 RVG), Nr. 3104 VV RVG	€	835,20
0,3 Zusatzgebühr für besonders umfangreiche Beweisaufnahmen aus 10.000 € (§§ 2 Abs. 2, 13 Abs. 1 RVG), Nr. 1010 VV RVG	€	167,40
Zwischensumme	€	1.907,40
1,0 Einigungsgebühr aus 10.000 € (§§ 2 Abs. 2, 13 Abs. 1 RVG), Nr. 1003 VV RVG	€	558,00
1,5 Einigungsgebühr aus 7.500 € (§§ 2 Abs. 2, 13 Abs. 1 RVG), Nr. 1000 VV RVG	€	684,00
Summe der Einigungsgebühren	€	1.242,00
höchstens gem. § 15 Abs. 3 RVG: **1,5 Einigungsgebühr aus 17.500 €**	€	**1.044,00**
PT-Pauschale, Nr. 7002 VV RVG	€	20,00
Zwischensumme	€	2.971,40
19 % Umsatzsteuer, Nr. 7008 VV RVG	€	564,57
Summe	€	**3.535,97**

Lösungsvorschlag 38 *(HRE/SJ)*

2,5 Verfahrensgebühr aus 10.000 € (§§ 2 Abs. 2, 13 Abs. 1 RVG), Nrn. 3100, 1008 VV RVG	€	1.395,00
2,0 Differenzverfahrensgebühr aus 20.000 € (§§ 2 Abs. 2, 13 Abs. 1 RVG), Nrn. 3101 Nr. 2, 1008 VV RVG	€	1.484,00
Summe der Verfahrensgebühren	€	2.879,00
höchstens gem. § 15 Abs. 3 RVG **2,5 Verfahrensgebühr aus 30.000 €**	€	**2.157,50**
1,2 Terminsgebühr aus 30.000 € (§ 15 Abs. 5 RVG) (§§ 2 Abs. 2, 13 Abs. 1 RVG), Nr. 3104 VV RVG	€	1.035,60
1,5 Einigungsgebühr aus 20.000 € (§§ 2 Abs. 2, 13 Abs. 1 RVG), Nr. 1000 VV RVG	€	1.113,00
PT-Pauschale, Nr. 7002 VV RVG	€	20,00
Zwischensumme	€	4.326,10
19 % Umsatzsteuer, Nr. 7008 VV RVG	€	821,96
Summe	€	**5.148,06**

Erläuterung: Vorliegend ermäßigt sich der Wert für die Einigungsgebühr nicht nach § 31b RVG auf 20 % des Anspruchs, da vorliegend kein Vergleich i.S.d. Nr. 2 (Zahlungsvereinbarung) des Abs. 1 der Anmerkung zu Nr. 1000 VV RVG geschlossen wurde, sondern ein Vergleich i.S.d. Nr. 1 des Abs. 1 der Anmerkung zu Nr. 1000 VV RVG.

Die 0,8 Differenzverfahrensgebühr entsteht hier nach Nr. 3101 Nr. 2 VV RVG, da Verhandlungen vor Gericht über diese Ansprüche erfolgt sind. Auch die Terminsgebühr ist hier aus dem addierten Wert der beiden Ansprüche entstanden, weil über die nicht rechtshängigen Ansprüche ebenfalls im Termin verhandelt wurde, vgl. dazu auch Abs. 2 der Anm. zu Nr. 3104 VV RVG.

Lösungsvorschlag 39 *(HRE/SJ)*

a) Verfahren vor dem Amtsgericht Düsseldorf

1,3 Verfahrensgebühr aus 4.800 €		
(§§ 2 Abs. 2, 13 Abs. 1 RVG), Nr. 3100 VV RVG	€	393,90
0,8 Differenzverfahrensgebühr aus 14.000 €		
(§§ 2 Abs. 2, 13 Abs. 1 RVG), Nr. 3101 Nr. 2 VV RVG	€	520,00
Summe der Verfahrensgebühren	€	913,90
höchstens gem. § 15 Abs. 3 RVG		
1,3 Verfahrensgebühr aus 18.800 €	**€**	**904,80**
1,2 Terminsgebühr aus 18.800 €		
(§§ 2 Abs. 2, 13 Abs. 1 RVG), Nr. 3104 VV RVG	€	835,20
1,0 Einigungsgebühr aus 4.800 €		
(§§ 2 Abs. 2, 13 Abs. 1 RVG), Nr. 1003 VV RVG	€	303,00
1,3 Einigungsgebühr aus 14.000 €		
(§§ 2 Abs. 2, 13 Abs. 1 RVG), Nr. 1004 VV RVG	€	845,00
Summe der Einigungsgebühren	€	1.148,00
höchstens gem. § 15 Abs. 3 RVG		
1,3 Einigungsgebühr aus 18.800 €	**€**	**904,80**
PT-Pauschale, Nr. 7002 VV RVG	€	20,00
Zwischensumme	€	2.664,80
19 % Umsatzsteuer, Nr. 7008 VV RVG	€	506,31
Summe	**€**	**3.171,11**

b) Berufungsverfahren vor dem LG Düsseldorf

Gegenstandswert: 14.000 €		
1,6 Verfahrensgebühr		
(§§ 2 Abs. 2, 13 Abs. 1 RVG), Nr. 3200 VV RVG	€	1.040,00
./. Anrechnung anteilige Differenzterminsgebühr		
gem. Abs. 2 der Anm. zu Nr. 3101 VV RVG	./. €	510,90
Zwischensumme	€	529,10

Übertrag	€	529,10
1,2 Terminsgebühr		
(§§ 2 Abs. 2, 13 Abs. 1 RVG), Nr. 3202 VV RVG	€	780,00
./. Anrechnung anteilige Differenzterminsgebühr		
gem. Abs. 2 der Anm. zu Nr. 3104 VV RVG	./. €	471,60
verbleiben von der Terminsgebühr	€	308,40
PT-Pauschale, Nr. 7002 VV RVG	€	20,00
Zwischensumme	€	857,50
19 % Umsatzsteuer, Nr. 7008 VV RVG	€	162,93
Summe	**€**	**1.020,43**

Erläuterung: Dadurch, dass Rechtsanwältin Samuel in dem beim AG Düsseldorf anhängigen Verfahren beantragt hat, eine Einigung über dort nicht anhängige Ansprüche (14.000 €) zu protokollieren, entsteht nach diesem Wert eine 0,8 Verfahrensgebühr Nr. 3101 Nr. 2 VV RVG. Da wegen dieser Ansprüche aber schon im Berufungsverfahren eine Verfahrensgebühr entstanden ist, ist die im Verfahren beim Amtsgericht Düsseldorf entstandene Differenzverfahrensgebühr nach Absatz 1 der Anmerkung zu Nr. 3101 VV RVG anzurechnen auf die im Berufungsverfahren vor dem Landgericht Düsseldorf entstandene Verfahrensgebühr. Anzurechnen ist allerdings nur insoweit, als die Differenzverfahrensgebühr nach der vorzunehmenden Anrechnung nach § 15 Abs. 3 RVG tatsächlich erhalten bleibt: In dem Verfahren beim Amtsgericht Düsseldorf dürfte insgesamt unter Berücksichtigung der Abgleichung nach § 15 Abs. 3 RVG eine Verfahrensgebühr in Höhe von　　　　　　　　　　€　　904,80 berechnet werden. Hiervon in Abzug zu bringen ist die in dem Verfahren bei dem Amtsgericht Düsseldorf entstandene 1,3 Verfahrensgebühr nach dem Wert der dort anhängigen Ansprüche (4.800 €), somit　　　　　　　　　　　　€　　393,90. Es verbleibt also eine gekürzte Differenzverfahrensgebühr in dem beim Amtsgericht Düsseldorf anhängigen Verfahren in Höhe von　　€　　510,90.

Dieser Betrag ist nach Abs. 1 der Anmerkung zu Nr. 3101 VV RVG auf die dem beim Landgericht Düsseldorf entstandene Verfahrensgebühr anzurechnen. Diese Anrechnungsvorschrift wird damit auch dem gebührenrechtlichen Grundsatz gerecht, dass aus dem selben Wert die Verfahrensgebühr nur einmal gefordert werden darf. Verdient der Anwalt daher – während eines laufenden Verfahrens – eine weitere Differenzverfahrensgebühr, weil im Parallelverfahren auch über diesen Anspruch ein Vergleich geschlossen wird, würde er praktisch aus demselben Wert zwei Verfahrensgebühren erhalten. Die Anrechnungsvorschrift gleicht das wieder aus.

Die Differenzverfahrensgebühr entsteht vorliegend nur in Höhe von 0,8, da der Gebührentatbestand (Antrag die Einigung der Parteien zu Protokoll zu nehmen) in den im ersten Rechtszug beim Amtsgericht Düsseldorf anhängigen Verfahren erfüllt worden ist. Für die Höhe der Differenzverfahrensgebühr kommt es also darauf an, wo der Vergleich geschlossen wird bzw. wo die Ansprüche verhandelt werden. Bei der Einigungsgebühr ist dies genau umgekehrt. Die Höhe der Einigungsgebühr richtet sich nicht danach, wo der Vergleich geschlossen wird, sondern ob und ggf. in welcher Instanz die Ansprüche rechtshängig sind. Da über den mit verglichenen Anspruch in Höhe von 14.000 € ein Berufungsverfahren anhängig ist, entsteht insoweit daher nach der Nr. 1004 VV RVG eine 1,3 Einigungsgebühr.

Dadurch, dass in dem Verfahren beim Amtsgericht Düsseldorf auch eine Besprechung zur Erledigung des Berufungsverfahrens geführt wurde, entsteht in dem beim Amtsgericht Düsseldorf anhängigen Verfahren die 1,2 Terminsgebühr Nr. 3104 VV RVG nach dem Gesamtwert von 18.800 €. Da aber bereits in dem beim Landgericht Düsseldorf anhängigen Berufungsverfahren ebenfalls eine 1,2 Terminsgebühr Nr. 3202 VV RVG nach dem Wert der in diesem Verfahren anhängigen Ansprüche (14.000 €) entstanden ist, ist nach Abs. 2 der Anmerkung zu Nr. 3104 VV RVG der Teil der Terminsgebühr anzurechnen, der höher ist als eine Terminsgebühr nach dem Wert der Ansprüche, die in dem Verfahren beim Amtsgericht Düsseldorf rechtshängig waren. Ohne Einbeziehung der bei dem Landgericht Düsseldorf in der Berufung anhängigen Ansprüche wären entstanden:

1,2 Terminsgebühr aus 4.800 €	€	363,60.

Angefallen ist in dem Verfahren beim Amtsgericht Düsseldorf

aber eine 1,2 Terminsgebühr aus 18.800 €	€	835,20.
Die Differenz beträgt	€	471,60.

Diese Differenz ist gem. Abs. 2 der Anmerkung zu Nr. 3104 VV RVG anzurechnen auf die in dem Berufungsverfahren beim Landgericht Düsseldorf entstandene Terminsgebühr.

Lösungsvorschlag 40 *(HRE/SJ)*

Prüfung der Erfolgsaussichten eines Rechtsmittels

Gegenstandswert: 17.000 €

1,35 Gebühr für Prüfung der Erfolgsaussicht eines Rechtsmittels (§§ 2 Abs. 2, 13 Abs. 1, 14 RVG), Nrn. 2100, 1008 VV RVG	€	939,60
PT-Pauschale, Nr. 7002 VV RVG	€	20,00
Zwischensumme	€	959,60
19 % Umsatzsteuer, Nr. 7008 VV RVG	€	182,32
Summe	**€**	**1.141,92**

Berufung

Gegenstandswert: 5.394 €

2,2 Verfahrensgebühr (§§ 2 Abs. 2, 13 Abs. 1 RVG), Nrn. 3200, 1008 VV RVG anzurechnen gem. der Anmerkung zu Nr. 2100 VV RVG hierauf:	€	778,80
./. Anrechnung 1,35 Gebühr für Prüfung der Erfolgsaussichten eines Rechtsmittels aus 5.394 €	€	477,90
Rest Verfahrensgebühr	€	300,90
PT-Pauschale, Nr. 7002 VV RVG	€	20,00
Zwischensumme	€	320,90
19 % Umsatzsteuer, Nr. 7008 VV RVG	€	60,97
Summe	**€**	**381,87**

Erläuterung: Es ist nach wie vor strittig, ob sich auch die Gebühr für die Prüfung der Erfolgsaussicht eines Rechtsmittels (Nr. 2100 VV RVG) nach Nr. 1008 VV RVG erhöht, wenn der Rechtsanwalt in derselben Angelegenheit und wegen desselben Gegenstandes mehrere Auftraggeber vertritt. Hier hat der Rechtsanwalt drei Auftraggeber, so dass sich die Gebühr der Nr. 2100 VV RVG von einer 0,75 Mittelgebühr (Rahmen 0,5 bis 1,0) um 0,6 (Nr. 1008 VV RVG) auf 1,35 erhöht. Zwar sollen sich nach Nr. 1008 VV RVG nur Geschäfts- und Verfahrensgebühren erhöhen. Die Gebühr für die Prüfung der Erfolgsaussicht eines Rechtsmittels nach Nr. 2100 VV RVG ist aber eine ähnliche Betriebsgebühr, wie eine Geschäfts- oder Verfahrensgebühr.

Anzurechnen ist die Gebühr Nr. 2100 VV RVG natürlich nur insoweit, als der Gegenstand der Prüfung des Rechtsmittels auch tatsächlich in das Rechtsmittelverfahren übergegangen ist. (hier: Prüfung wegen 17.000 €, Berufung eingelegt nur wegen 5.394 €).

In Abschlussprüfungen werden in der Regel alle Lösungswege (mit Erhöhung oder auch ohne Erhöhung) geduldet und mit voller Punktzahl versehen, da strittige Rechtsprechung nicht zu Lasten der Prüfungsteilnehmer gewertet werden sollte. Erkundigen Sie sich hier bitte bei Ihren Dozenten bzw. der zuständigen Kammer, wie solche strittigen Rechtsfragen behandelt werden. Nicht immer lassen sich in Prüfungen sämtliche strittigen Rechtsfragen umgehen. Geht man davon aus, dass hier die Gebühr für die Prüfung der Erfolgsaussichten eines Rechtsmittels ohne Erhöhung zu berechnen ist, könnte der Mehraufwand, wenn er dazu führt, dass die Bearbeitung z.B. umfangreicher war, weil alle drei Mandanten zu informieren waren, durch Ansatz der Höchstgebühr berücksichtigt werden. Ohne Erhöhung würde sich dann bei Ansatz der Höchstgebühr folgende Berechnung ergeben:

Prüfung der Erfolgsaussichten eines Rechtsmittels

Gegenstandswert: 17.000 €		
1,0 Gebühr für die Prüfung der Erfolgsaussichten		
(§§ 2 Abs. 2, 13 Abs. 1, 14 Abs. 1 RVG), Nr. 2100 VV RVG	€	696,00
PT-Pauschale, Nr. 7002 VV RVG	€	20,00
Zwischensumme	€	716,00
19 % Umsatzsteuer, Nr. 7008 VV RVG	€	136,04
Summe	**€**	**852,04**

Berufung

Gegenstandswert: 5.394 €		
2,2 Verfahrensgebühr		
(§§ 2 Abs. 2, 13 Abs. 1 RVG), Nrn. 3200, 1008 VV RVG	€	778,80
./. Anrechnung 1,0 Gebühr für Prüfung		
der Erfolgsaussichten eines Rechtsmittels aus 5.394 €	./. €	354,00
Rest Verfahrensgebühr	€	424,80
PT-Pauschale, Nr. 7002 VV RVG	€	20,00
Zwischensumme	€	444,80
19 % Umsatzsteuer, Nr. 7008 VV RVG	€	84,51
Summe	**€**	**529,31**

Lösungsvorschlag 41 *(HRE/SJ)*

1,4 Differenzverfahrensgebühr aus 3.200 € (§§ 2 Abs. 2, 13 Abs. 1 RVG), Nrn. 3201 Nr. 1, 1008 VV RVG	€	352,80
1,9 Verfahrensgebühr aus 5.500 € (§§ 2 Abs. 2, 13 Abs. 1 RVG), Nrn. 3200, 1008 VV RVG	€	672,60
1,4 Differenzverfahrensgebühr aus 7.000 € (§§ 2 Abs. 2, 13 Abs. 1 RVG), Nrn. 3201 Nr. 2, 1008 VV RVG	€	567,00
Summe der Verfahrensgebühren	€	1.592,40
höchstens gem. § 15 Abs. 3 RVG 1,9 Verfahrensgebühr aus 15.700 €	**€**	**1.235,00**
1,2 Terminsgebühr aus 12.500 € (§§ 2 Abs. 2, 13 Abs. 1 RVG), Nr. 3202 VV RVG	€	724,80
PT-Pauschale, Nr. 7002 VV RVG	€	20,00
Zwischensumme	€	1.979,80
19 % Umsatzsteuer, Nr. 7008 VV RVG	€	376,16
Summe	**€**	**2.355,96**

Lösungsvorschlag 42 *(HRE/SJ)*

LG Köln – Verfahren vor Zurückverweisung –

Gegenstandswert: 12.000 €

1,3 Verfahrensgebühr (§§ 2 Abs. 2, 13 Abs. 1 RVG), Nr. 3100 VV RVG	€	785,20
1,2 Terminsgebühr (§§ 2 Abs. 2, 13 Abs. 1 RVG), Nr. 3104 VV RVG	€	724,80
PT-Pauschale, Nr. 7002 VV RVG	€	20,00
Zwischensumme	€	1.530,00
19 % Umsatzsteuer, Nr. 7008 VV RVG	€	290,70
Summe	**€**	**1.820,70**

OLG Köln – Berufungsverfahren –

Gegenstandswert: 12.000 €, § 23 Abs. 1 S. 1 RVG, § 47 Abs. 1 GKG

1,6 Verfahrensgebühr (§§ 2 Abs. 2, 13 Abs. 1 RVG), Nr. 3200 VV RVG	€	966,40
1,2 Terminsgebühr (§§ 2 Abs. 2, 13 Abs. 1 RVG), Nr. 3104 VV RVG	€	724,80
PT-Pauschale, Nr. 7002 VV RVG	€	20,00
Zwischensumme	€	1.711,20
19 % Umsatzsteuer, Nr. 7008 VV RVG	€	325,13
Summe	**€**	**2.036,33**

LG Köln – Verfahren nach Zurückverweisung, § 21 RVG

1,3 Verfahrensgebühr aus 27.000 €		
(§§ 2 Abs. 2, 13 Abs. 1 RVG), Nr. 3100 VV RVG	€	1.121,90
./. Anrechnung 1,3 Verfahrensgebühr aus 12.000 €		
gem. Vorbem. 3 Abs. 6 VV RVG	./. €	785,20
Zwischensumme	€	336,70
1,2 Terminsgebühr aus 24.600 €		
(§§ 2 Abs. 2, 13 Abs. 1 RVG), Nr. 3104 VV RVG	€	945,60
0,3 Zusatzgebühr für eine besonders umfangreiche		
Beweisaufnahme aus 9.600 €		
(§§ 2 Abs. 2, 13 Abs. 1 RVG), Nr. 1010 VV RVG	€	167,40
1,0 Einigungsgebühr aus 24.600 €		
(§§ 2 Abs. 2, 13 Abs. 1 RVG), Nr. 1003 VV RVG	€	788,00
PT-Pauschale, Nr. 7002 VV RVG	€	20,00
Zwischensumme	€	2.257,70
19 % Umsatzsteuer, Nr. 7008 VV RVG	€	428,96
Summe	**€**	**2.686,66**

Erläuterung: Die Klagerücknahme im Verfahren nach Zurückverweisung in Höhe von 2.400 € hat auf die bereits entstandene Verfahrensgebühr keine Auswirkungen, siehe dazu auch § 15 Abs. 4 RVG. Der Betrag der Klageerweiterung wird daher für die Verfahrensgebühr addiert, § 15 Abs. 5 RVG. Termins- und Einigungsgebühr sind jedoch nach Klagerücknahme eingetreten, so dass der Wert in Höhe von 2.400 € hier unberücksichtigt bleibt. Da die Zusatzgebühr für eine besonders umfangreiche Beweisaufnahme nach Klagerücknahme aber vor Klageerweiterung erfolgt ist, entsteht diese Gebühr nur aus dem zu diesem Zeitpunkt rechtshängigen Wert mit 9.600 €.

Lösungsvorschlag 43 *(SJ)*

Mit dieser Vereinbarung wird möglicherweise gegen das Gebührenunterschreitungsverbot des § 49b Abs. 1 BRAO verstoßen. Da es sich um eine Tätigkeit in einem gerichtlichen Verfahren handelt, dürfen die gesetzlichen Gebühren nicht unterschritten werden. Sofern kein Hinweis in der Vereinbarung enthalten ist, dass mindestens die gesetzliche Vergütung geschuldet wird, kann sich am Ende des Verfahrens der Verstoß gegen § 49b BRAO herausstellen.

a) Der Erstattungsanspruch der obsiegenden Partei ist auf die ihr erwachsenen Kosten beschränkt, § 91 Abs. 1 ZPO; es kommt also darauf an, ob die vereinbarte Vergütung am Ende des Verfahrens höher oder niedriger als die gesetzliche Vergütung ist; ist sie höher, gibt es max. die gesetzliche erstattet; ist sie niedriger, dann nur die niedrigere vereinbarte.

b) Die Vereinbarung darf nicht in der Vollmacht enthalten sein und muss als Vergütungsvereinbarung oder ähnlich bezeichnet sein; das ist hier beides nicht gegeben. Damit läge eine fehlerhafte Vereinbarung im Sinne des §§ 3a Abs. 1 S. 1, 4b RVG vor. Der Auftraggeber würde die vereinbarte Vergütung jedoch nur maximal bis zur Höhe der gesetzliche Vergütung schulden. Ist die vereinbarte Vergütung niedriger als die gesetzliche Vergütung, muss der Auftraggeber nur die vereinbarte Vergütung bezahlen.

Hinweis: § 21 BORA war hier nicht einschlägig, er regelt das Verhältnis zu Dritten.

Lösungsvorschlag 44 *(HRE/SJ)*

a) **Rechtsanwältin Peters, Berlin kann als Prozessbevollmächtigte (auch Hauptbevollmächtigte genannt) folgende Vergütung berechnen:**

1,3 Verfahrensgebühr aus 22.000 €		
(§§ 2 Abs. 2, 13 Abs. 1 RVG), Nr. 3100 VV RVG	€	964,60
0,8 Differenzverfahrensgebühr aus 17.000 €		
(§§ 2 Abs. 2, 13 Abs. 1 RVG), Nr. 3101 Nr. 1 VV RVG	€	556,80
Summe der Verfahrensgebühren	€	**1.521,40**
höchstens gem. § 15 Abs. 3 RVG		
1,3 Verfahrensgebühr aus 39.000 €	€	**1.316,90**
1,0 Einigungsgebühr aus 22.000 €		
(§§ 2 Abs. 2, 13 Abs. 1 RVG), Nr. 1003 VV RVG	€	742,00
1,5 Einigungsgebühr aus 17.000 €		
(§§ 2 Abs. 2, 13 Abs. 1 RVG), Nr. 1000 VV RVG	€	1.044,00
Summe der Einigungsgebühren	€	**1.786,00**
höchstens gem. nach § 15 Abs. 3 RVG		
1,5 Einigungsgebühr aus 39.000 €	€	**1.519,50**
PT-Pauschale, Nr. 7002 VV RVG	€	20,00
Zwischensumme	€	2.856,40
19 % Umsatzsteuer, Nr. 7008 VV RVG	€	542,72
Summe	€	**3.399,12**

b) **Rechtsanwalt Kammlaus, München ist als Unterbevollmächtigter tätig geworden. Er kann folgende Vergütung berechnen:**

0,65 Verfahrensgebühr aus 22.000 €		
(§§ 2 Abs. 2, 13 Abs. 1 RVG), Nr. 3401 VV RVG	€	482,30
0,8 Differenzverfahrensgebühr aus 17.000 €		
(§§ 2 Abs. 2, 13 Abs. 1 RVG), Nr. 3101 Nr. 2 VV RVG	€	556,80
Summe der Verfahrensgebühren	€	**1.039,10**
höchstens gem. § 15 Abs. 3 RVG		
0,8 Verfahrensgebühr aus 39.000 €	€	**810,40**
1,2 Terminsgebühr aus 39.000 €		
(§§ 2 Abs. 2, 13 Abs. 1 RVG), Nr. 3104 VV RVG	€	1.215,60
1,0 Einigungsgebühr aus 22.000 €		
(§§ 2 Abs. 2, 13 Abs. 1 RVG), Nr. 1003 VV RVG	€	742,00
1,5 Einigungsgebühr aus 17.000 €		
(§§ 2 Abs. 2, 13 Abs. 1 RVG), Nr. 1000 VV RVG	€	1.044,00
Summe der Einigungsgebühren	€	**1.786,00**
höchstens gem. § 15 Abs. 3 RVG		
1,5 Einigungsgebühr aus 39.000 €	€	**1.519,50**
PT-Pauschale, Nr. 7002 VV RVG	€	20,00
Zwischensumme	€	3.565,50
19 % Umsatzsteuer, Nr. 7008 VV RVG	€	677,45
Summe	€	**4.242,95**

Erläuterung: Bei der Prozessbevollmächtigten entsteht die Differenzverfahrensgebühr nach Nr. 3101 Nr. 1 VV RVG. Für sie handelt es sich um eine vorzeitige Erledigung des Klageauftrages wegen der 17.000 €.

Bei dem Terminsvertreter fällt die Differenzverfahrensgebühr in Höhe von 0,8 an. Denn er selbst hat den Tatbestand der Nr. 3101 Nr. 2 VV RVG erfüllt. Er hat bei Gericht den Antrag gestellt, eine Einigung über in diesem Verfahren nicht rechtshängige Ansprüche zu Protokoll zu nehmen.[9]

Vorliegend ermäßigt sich der Wert für die Einigungsgebühr nicht nach § 31b RVG auf 20 % des Anspruchs, da vorliegend kein Vergleich i.S.d. Nr. 2 (Zahlungsvereinbarung) des Abs. 1 der Anmerkung zu Nr. 1000 VV RVG geschlossen wurde, sondern ein Vergleich i.S.d. Nr. 1 des Abs. 1 der Anmerkung zu Nr. 1000 VV RVG.

Da beide Anwälte am Zustandekommen der Einigung mitgewirkt haben, entsteht bei beiden auch die Einigungsgebühr (vgl. dazu auch: *BGH*, Beschl. v. 26.2.2014, Az. XII ZB 499/11).

Lösungsvorschlag 45 *(SJ)*

Urkundenverfahren bis zum Vorbehaltsurteil

1,6 Verfahrensgebühr aus 100.000 €		
(§§ 2 Abs. 2, 13 Abs. 1 RVG), Nrn. 3100, 1008 VV RVG	€	2.404,80
1,2 Terminsgebühr aus 100.000 €		
(§§ 2 Abs. 2, 13 Abs. 1 RVG), Nr. 3104 VV RVG	€	1.803,60
PT-Pauschale, Nr. 7002 VV RVG	€	20,00
Zwischensumme	€	4.228,40
19 % Umsatzsteuer, Nr. 7008 VV RVG	€	803,40
Summe	**€**	**5.031,80**

Nachverfahren nach dem Vorbehaltsurteil

1,6 Verfahrensgebühr aus 100.000 €		
(§§ 2 Abs. 2, 13 Abs. 1 RVG), Nrn. 3100, 1008 VV RVG	€	2.404,80
1,3 Verfahrensgebühr aus 20.000 €		
(§§ 2 Abs. 2, 13 Abs. 1 RVG), Nr. 3100 VV RVG	€	964,60
./. Anrechnung gem. Abs. 2 der Anm. zu Nr. 3100 VV RVG		
1,6 Verfahrensgebühr aus 100.000 €	€	2.404,80
Zwischensumme	€	964,60

höchstens gem. § 15 Abs. 3 RVG:		
1,6 Verfahrensgebühr aus 120.000 € = € 2.540,80;		
hier keine Kürzung		
1,2 Terminsgebühr aus 120.000 €		
(§§ 2 Abs. 2, 13 Abs. 1 RVG), Nr. 3104 VV RVG	€	1.905,60
Zwischensumme	€	1.905,60

---

9 **Anderer Meinung:** Nur 0,4 Differenzverfahrensgebühr für Terminsvertreter: *Gerold/ Schmidt* RVG, 22. Aufl., VV 3401 Rn. 45 bis 49; *Schneider/Wolf* RVG, 7. Aufl., VV 3401–3402 Rn. 79.

Übertrag	€	1.905,60
1,0 Einigungsgebühr aus 100.000 €		
(§§ 2 Abs. 2, 13 Abs. 1 RVG), Nr. 1003 VV RVG	€	1.503,00
PT-Pauschale, Nr. 7002 VV RVG	€	20,00
Zwischensumme	€	4.393,20
19 % Umsatzsteuer, Nr. 7008 VV RVG	€	834,71
Summe	**€**	**5.227,91**

Erläuterung: Das Urkundenverfahren und das Nachverfahren (auch ordentliches Verfahren genannt), stellen nach § 17 Nr. 5 RVG verschiedene Angelegenheiten dar. Die Verfahrensgebühr des Urkundenverfahrens ist dabei auf die Verfahrensgebühr des ordentlichen Verfahrens anzurechnen, vgl. dazu Abs. 2 der Anmerkung zu Nr. 3100 VV RVG.

Bei der Abrechnung des Nachverfahrens ist zunächst die Anrechnung der Verfahrensgebühr gem. Abs. 2 der Anm. zu Nr. 3100 VV RVG vorzunehmen. Sodann wird erst geprüft, ob die Obergrenze des § 15 Abs. 2 RVG greift. Diese Vorgehensweise (erst Anrechnung, dann Abgleich nach § 15 Abs. 3 RVG) wird in Bezug auf die Geschäftsgebühr und Vorbem. 3 Abs. 4 VV RVG von der herrschenden Rechtsprechung anerkannt.[10]

Lösungsvorschlag 46 *(HRE/SJ)*

Außergerichtliche Vertretung wegen 10.000 €

Gegenstandswert: 10.000 €

1,5 Geschäftsgebühr		
(§§ 2 Abs. 2, 13 Abs. 1, 14 Abs. 1 RVG), Nr. 2300 VV RVG	€	837,00
PT-Pauschale, Nr. 7002 VV RVG	€	20,00
Zwischensumme	€	857,00
19 % Umsatzsteuer, Nr. 7008 VV RVG	€	162,83
Summe	**€**	**1.019,83**

Tätigkeit als Prozessbevollmächtigte in dem Rechtsstreit wegen 20.000 €

1,3 Verfahrensgebühr aus 20.000 €		
(§§ 2 Abs. 2, 13 Abs. 1 RVG), Nr. 3100 VV RVG	€	964,60
0,8 Verfahrensgebühr aus 10.000 €		
(§§ 2 Abs. 2, 13 Abs. 1 RVG), Nr. 3101 Nr. 2 VV RVG	€	446,40
./. Anrechnung 0,75 Geschäftsgebühr aus 10.000 €		
gem. Vorbem. 3 Abs. 4 VV RVG	./. €	418,50
Rest Verfahrensgebühren (Übertrag)	€	992,50

---

10 Vgl. *OLG Stuttgart* JurBüro 2009, S. 246; *OLG München* JurBüro 2012, S. 355; *OLG Karlsruhe* JurBüro 2012, S. 357; Anderer Meinung: *LG Bonn* AGS 2008, S. 484 mit abl. Anmerkung von *N. Schneider*. Die Entscheidungen betreffen einen ähnlichen Sachverhalt, nämlich den, dass die Anrechnungsvorschrift der Vorbemerkung 3 Abs. 4 VV RVG und die Abgleichung nach § 15 Abs. 3 RVG zusammentreffen.

Übertrag		€	992,50
höchstens gem. § 15 Abs. 3 RVG:			
1,3 Verfahrensgebühr aus 30.000 € =			
1.121,90 €; hier keine Kürzung			
1,2 Terminsgebühr aus 20.000 €			
(§§ 2 Abs. 2, 13 Abs. 1 RVG),			
Nr. 3104 VV RVG		€	890,40
1,0 Einigungsgebühr aus 20.000 €			
(§§ 2 Abs. 2, 13 Abs. 1 RVG),			
Nr. 1003 VV RVG	€	742,00	
1,5 Einigungsgebühr aus 10.000 €			
(§§ 2 Abs. 2, 13 Abs. 1 RVG),			
Nr. 1000 VV RVG	€	837,00	
Summe der beiden Einigungsgebühren	€	1.579,00	

höchstens gem. § 15 Abs. 3 RVG			
1,5 Einigungsgebühr aus 30.000 €		**€**	**1.294,50**
PT-Pauschale, Nr. 7002 VV RVG		€	20,00
Zwischensumme		€	3.197,40
19 % Umsatzsteuer, Nr. 7008 VV RVG		€	607,51
Summe		**€**	**3.804,91**

Erläuterung: Vorliegend treffen die Anrechnungsvorschrift der Vorbemerkung 3 Abs. 4 VV RVG und die Vorschrift des § 15 Abs. 3 RVG zusammen. Zuerst ist die Anrechnung der Geschäftsgebühr nach der Vorbemerkung 3 Abs. 4 VV RVG vorzunehmen und erst dann die Prüfung nach § 15 Abs. 3 RVG.[11]

Die Terminsgebühr entsteht nur nach einem Gegenstandswert von 20.000 €. Nach dem Wert der nicht anhängigen Ansprüche entsteht die Terminsgebühr nicht. Es gilt Abs. 3 der Anmerkung zu Nr. 3104 VV RVG. Rechtsanwältin Sabine Sorglos hat wegen der nicht anhängigen Ansprüche lediglich den Antrag gestellt, die Einigung zu Protokoll zu nehmen bzw. festzustellen. Die außergerichtliche Besprechung über die nicht anhängigen Ansprüche in Höhe von 10.000 € konnte die Terminsgebühr noch nicht auslösen, da Rechtsanwältin Sabine Sorglos zum Zeitpunkt der Besprechung insoweit noch keinen Klageauftrag hatte.

Frau Rechtsanwältin Sabine Sorglos hat dadurch an dem Zustandekommen des Vergleiches mitgewirkt, dass sie den Antrag gestellt hat, die Einigung nach § 278 Abs. 6 ZPO festzustellen. Dies ist meines Erachtens ausreichend für eine Mitwirkung des Rechtsanwalts bei der Einigung. Denn unbestritten dürfte sein, dass der Abschluss des Vergleichs in dem Termin durch den Rechtsanwalt eine Mitwirkung im Sinne von Absatz 1 der Anmerkung zu Nr. 1000 VV RVG ist, auch dann, wenn es sich um einen Vergleich handelt, den die Parteien schon selbst untereinander ausgehandelt hatten.

---

11 So auch *N. Schneider* Fälle und Lösungen zum RVG, 4. Aufl. § 8, Beispiel 30, S. 203; *N. Schneider* RVG-Beratungspraxis 2005, S. 11 (13 – Kapitel 4); *Enders* RVG – Probleme und Chancen – Festschrift für Wolfgang Madert, S. 84; *OLG Stuttgart* JurBüro 2009, S. 246. *OLG München* JurBüro 2012, S. 355; *OLG Karlsruhe* JurBüro 2012, S. 367; Anderer Meinung: *LG Bonn* AGS 2008, S. 484 mit ablehnender Anmerkung von *N. Schneider.*

Lösungsvorschlag 47 *(HRE/SJ)*

Außergerichtliche Vertretung

Gegenstandswert: 35.000 €

1,8 Geschäftsgebühr		
(§§ 2 Abs. 2, 13 Abs. 1, 14 RVG), Nrn. 2300, 1008 VV RVG	€	1.688,40
PT-Pauschale, Nr. 7002 VV RVG	€	20,00
Zwischensumme	€	1.708,40
19 % Umsatzsteuer, Nr. 7008 VV RVG	€	324,60
Summe	**€**	**2.033,00**

Vertretung im gerichtlichen Verfahren

1,6 Verfahrensgebühr aus 20.000 €		
(§§ 2 Abs. 2, 13 Abs. 1 RVG), Nrn. 3100, 1008 VV RVG	€	1.187,20
1,1 Verfahrensgebühr aus 15.000 €		
(§§ 2 Abs. 2, 13 Abs. 1 RVG), Nrn. 3101 Nr. 2, 1008 VV RVG	€	715,00
Summe Verfahrensgebühren	€	1.902,20
./. Anrechnung 0,75 Geschäftsgebühr aus 35.000 €		
gem. Vorbem. 3 Abs. 4 VV RVG	./. €	703,50
Rest Verfahrensgebühren	€	1.198,70
höchstens gem. § 15 Abs. 3 RVG		
1,6 Verfahrensgebühr aus 35.000 € = 1.500,80 €;		
hier keine Kürzung		
1,2 Terminsgebühr aus 35.000 €		
(§§ 2 Abs. 2, 13 Abs. 1 RVG), Nr. 3104 VV RVG	€	1.125,60
1,0 Einigungsgebühr aus 20.000 €		
(§§ 2 Abs. 2, 13 Abs. 1 RVG), Nr. 1003 VV RVG	€	742,00
1,5 Einigungsgebühr aus 15.000 €		
(§§ 2 Abs. 2, 13 Abs. 1 RVG), Nr. 1000 VV RVG	€	975,00
Summe der beiden Einigungsgebühren	€	1.717,00
höchstens gem. § 15 Abs. 3 RVG		
1,5 Einigungsgebühr aus 35.000 €	**€**	**1.407,00**
PT-Pauschale, Nr. 7002 VV RVG	€	20,00
Zwischensumme	€	3.751,30
19 % Umsatzsteuer, Nr. 7008 VV RVG	€	712,75
Summe	**€**	**4.464,05**

Zwangsvollstreckung und Zahlungsvereinbarung

0,6 Verfahrensgebühr aus 31.800 €		
(§§ 2 Abs. 2, 13 Abs. 1 RVG), Nrn. 3309, 1008 VV RVG	€	562,80
1,0 Einigungsgebühr aus 6.360 €		
(§§ 2 Abs. 2, 13 Abs. 1 RVG), Nr. 1003 VV RVG	€	405,00
PT-Pauschale, Nr. 7002 VV RVG	€	20,00
Zwischensumme	€	987,80
19 % Umsatzsteuer, Nr. 7008 VV RVG	€	187,68

Erläuterung: Summe€1.175,48

Erläuterung: Vergleiche die Erläuterungen zu Lösungsvorschlag 46.

Der Zwangsvollstreckungsauftrag auf gütliche Erledigung und der Auftrag auf Pfändung und Verwertung körperlicher Sachen sind dieselbe gebührenrechtliche Angelegenheit (§ 18 Abs. 1 Nr. 1 RVG). Die 0,3 Verfahrensgebühr Nr. 3309 VV RVG bestimmt sich nach Hauptforderung, Zinsen und Kosten, wegen welcher vollstreckt wird (§ 25 Abs. 1 Nr. 1 RVG). Der Gegenstandswert für die Einigungsgebühr, die hier durch die Ratenzahlungsvereinbarung ausgelöst wird (Abs. 1 Nr. 2 der Anmerkung zu Nr. 1000 VV RVG) beträgt 20 % des Anspruchs (§ 31b RVG), also 20 % von 31.800 €.

Lösungsvorschlag 48 *(HRE/SJ)*

Außergerichtliche Vertretung

Gegenstandswert: 50.000 €

2,1 Geschäftsgebühr (§§ 2 Abs. 2, 13 Abs. 1, 14 Abs. 1 RVG), Nrn. 2300, 1008 VV RVG	€	2.442,30
PT-Pauschale, Nr. 7002 VV RVG	€	20,00
Zwischensumme	€	2.462,30
19 % Umsatzsteuer, Nr. 7008 VV RVG	€	467,84
Summe	**€**	**2.930,14**

Beweisverfahren

Gegenstandswert: 50.000 €

1,6 Verfahrensgebühr (§§ 2 Abs. 2, 13 Abs. 1 RVG), Nrn. 3100, 1008 VV RVG	€	1.860,80
./. 0,75 Geschäftsgebühr aus 50.000 €	€	872,25
gem. Vorbem. 3 Abs. 4 VV RVG Rest Verfahrensgebühr	€	988,55
1,2 Terminsgebühr (§§ 2 Abs. 2, 13 Abs. 1 RVG), Nr. 3104 VV RVG	€	1.395,60
PT-Pauschale, Nr. 7002 VV RVG	€	20,00
Zwischensumme	€	2.404,15
19 % Umsatzsteuer, Nr. 7008 VV RVG	€	456,79
Summe	**€**	**2.860,94**

Klage Hauptsache

Gegenstandswert: 200.000 €

1,6 Verfahrensgebühr (§§ 2 Abs. 2, 13 Abs. 1 RVG), Nrn. 3100, 1008 VV RVG	€	3.220,80
./. Anrechnung 1,6 Verfahrensgebühr aus Beweisverfahren gem. Vorbem. 3 Abs. 5 VV RVG aus 50.000 €	./. €	1.860,80
Rest Verfahrensgebühr (Übertrag)	€	1.360,00

Rest Verfahrensgebühr/Übertrag	€	1.360,00
1,2 Terminsgebühr		
(§§ 2 Abs. 2, 13 Abs. 1 RVG), Nr. 3104 VV RVG	€	2.415,60
PT-Pauschale, Nr. 7002 VV RVG	€	20,00
Zwischensumme	€	3.795,60
19 % Umsatzsteuer, Nr. 7008 VV RVG	€	721,16
Summe	**€**	**4.516,76**

TIPP: § 15a Abs. 1 RVG erlaubt dem Anwalt in Ergänzung zu den jeweiligen Anrechnungsvorschriften (z.B. Vorbem. 3 Abs. 4), die Reihenfolge der Anrechnung einer Gebühr zu bestimmen.

Mit dem 2. KostRMoG wurde zum 1.8.2013 klargestellt, dass die erhöhte Geschäftsgebühr ebenfalls maximal bis zu 0,75 anzurechnen ist. Ab einem Gebührensatz von 1,5 allein für die Geschäftsgebühr verbleibt die Erhöhung dem Anwalt dann anrechnungsfrei, da bei 1,5 schon der höchste Anrechnungssatz der Geschäftsgebühr erreicht ist. Diese Besonderheit gilt jedoch nur bei der Geschäftsgebühr. Sofern eine Gebühr in voller Höhe (wie hier die Verfahrensgebühr des selbstständigen Beweisverfahrens auf die Verfahrensgebühr des gerichtlichen Verfahrens) anzurechnen ist, wird die erhöhte Gebühr voll angerechnet. Die Erhöhung geht damit „verloren".

Lösungsvorschlag 49 *(HRE/SJ)*

Anwaltskosten Klägerin

Gegenstandswert: 25.000 €

1,3 Verfahrensgebühr		
(§§ 2 Abs. 2, 13 Abs. 1 RVG), Nr. 3100 VV RVG	€	1.024,40
1,2 Terminsgebühr		
(§§ 2 Abs. 2, 13 Abs. 1 RVG), Nr. 3104 VV RVG	€	945,60
1,0 Einigungsgebühr		
(§§ 2 Abs. 2, 13 Abs. 1 RVG), Nr. 1003 VV RVG	€	788,00
PT-Pauschale, Nr. 7002 VV RVG	€	20,00
Summe	**€**	**2.778,00**

Anwaltskosten Beklagte

Gegenstandswert: 25.000 €

1,6 Verfahrensgebühr		
(§§ 2 Abs. 2, 13 Abs. 1 RVG), Nrn. 3100, 1008 VV RVG	€	1.260,80
1,2 Terminsgebühr		
(§§ 2 Abs. 2, 13 Abs. 1 RVG), Nr. 3104 VV RVG	€	945,60
1,0 Einigungsgebühr		
(§§ 2 Abs. 2, 13 Abs. 1 RVG), Nr. 1003 VV RVG	€	788,00
PT-Pauschale, Nr. 7002 VV RVG	€	20,00
Zwischensumme	€	3.014,40
19 % Umsatzsteuer, Nr. 7008 VV RVG	€	572,74
Summe	**€**	**3.587,14**

Gerichtskosten

3,0 Gerichtskostengebühr eingezahlt bei Klage-einreichung	€	1.113,00
Erstattet würden im Falle des Vergleiches aus der Staatskasse gem. Nr. 1211 Nr. 3 KV GKG		
2,0 (Gerichts-)Verfahrensgebühr	€	742,00
so dass an Gerichtskosten verbleiben würden	**€**	**371,00**

Ermittlung der Kostenquote

Eingeklagt sind 25.000 €. 15.000 € sollen im Wege des Vergleiches gezahlt werden. Dies entspricht dem Verhältnis: 40 zu 60. Bei einer Kostenverteilung im Verhältnis des Obsiegens/Unterliegens müsste die Klägerin also 40 % der Kosten tragen, die Beklagten als Gesamtschuldner 60 %. Von dieser Kostenquote ist bei der weiteren Berechnung auszugehen.

Kostenausgleichung

Gerichtskosten

Es entstehen	€	371,00
davon hat die Klägerin zu tragen 40 %	€	148,40
Die Klägerin hat getragen	€	371,00
Der Klägerin sind daher an Gerichtskosten von den Beklagten zu erstatten	**€**	**222,60**

Anwaltskosten

Der Klägerin sind entstanden	€	2.778,00
Den Beklagten sind entstanden	€	3.587,14
Anwaltskosten insgesamt	€	6.365,14
davon hat die Klägerin 40 % zu tragen	€	2.546,06
Die eigenen Kosten der Klägerin betragen	./. €	2.778,00
Der Klägerin sind daher von den Beklagten zu erstatten	**€**	**231,94**

Die Klägerin erhält von den Beklagten als Gesamtschuldner erstattet:		
Gerichtskosten	€	222,60
Anwaltskosten	€	231,94
insgesamt also	**€**	**454,54**

Die Kostenlast der Klägerin beträgt

Gerichtskosten	€	371,00
Eigene Anwaltskosten – netto –	€	2.788,00
Zwischensumme	€	3.149,00
Abzüglich Erstattung durch die Beklagte	€	454,54
Folglich Kostenlast für die Klägerin im Falle des Abschluss des Vergleiches	**€**	**2.694,46**

Erläuterung: Vorliegend war eine Kostenausgleichung durchzuführen so wie der Rechtspfleger sie auch vorgenommen hätte. Die Umsatzsteuer auf die Anwaltskosten der Klägerin musste nicht berücksichtigt werden, da die Klägerin als GmbH vorsteuerabzugsberechtigt sein dürfte mit der Folge, dass sie die an ihre Anwältin gezahlte Umsatzsteuer wieder als Vorsteuer geltend machen kann und sie diese letztlich nicht als Kostenlast trifft.

Lösungsvorschlag 50 *(HRE/SJ)*

Vor Verbindung sind entstanden:

AG Köln, Az. 153 C 2081/18

Gegenstandswert: 3.800 €

1,3 Verfahrensgebühr (§§ 2 Abs. 2, 13 Abs. 1 RVG), Nr. 3100 VV RVG	€	327,60
1,2 Terminsgebühr (§§ 2 Abs. 2, 13 Abs. 1 RVG), Nr. 3104 VV RVG	€	302,40
PT-Pauschale, Nr. 7002 VV RVG	€	20,00
Zwischensumme	€	650,00
19 % Umsatzsteuer, Nr. 7008 VV RVG	€	123,50
Summe	**€**	**773,50**

AG Köln, Az. 153 C 2193/18

Gegenstandswert: 1.100 €

1,3 Verfahrensgebühr (§§ 2 Abs. 2, 13 Abs. 1 RVG), Nr. 3100 VV RVG	€	149,50
1,2 Terminsgebühr (§§ 2 Abs. 2, 13 Abs. 1 RVG),Nr. 3104 VV RVG	€	138,00
PT-Pauschale, Nr. 7002 VV RVG	€	20,00
Zwischensumme	€	307,50
19 % Umsatzsteuer, Nr. 7008 VV RVG	€	58,43
Summe	**€**	**365,93**
Summe der Vergütung aus den beiden Verfahren vor Verbindung	**€**	**1.139,43**

Nach Verbindung sind entstanden:

Gegenstandswert: 4.900 €

1,3 Verfahrensgebühr (§§ 2 Abs. 2, 13 Abs. 1 RVG), Nr. 3100 VV RVG	€	393,90
1,2 Terminsgebühr (§§ 2 Abs. 2, 13 Abs. 1 RVG), Nr. 3104 VV RVG	€	363,60
PT-Pauschale, Nr. 7002 VV RVG	€	20,00
Zwischensumme	€	777,50
19 % Umsatzsteuer, Nr. 7008 VV RVG	€	147,73
Summe	**€**	**925,23**

Rechtsanwalt Dr. Knut Billig wird die vor Verbindung der beiden Einzelverfahren entstandene Vergütung mit dem Mandanten abrechnen. Denn die vor Verbindung der beiden Einzelverfahren entstandene Vergütung ist mit 1.139,43 € höher, als die nach Verbindung entstandene Vergütung (925,23 €).

Erläuterung: Bei Verbindung von Verfahren kann der Rechtsanwalt wählen, ob er vor Verbindung aus den Einzelwerten der Verfahren entstandenen Vergütung oder die nach Verbindung aus dem Gesamtwert der verbundenen Verfahren entstandene Vergütung berechnet. Dieses Wahlrecht des Rechtsanwaltes hat der BGH bestätigt (BGH, Beschl. v. 14.4.2010, Az. IV ZB 6/09, JurBüro 2010, S. 414). Da in dem vorliegenden Fall die vor Verbindung entstandene Vergütung höher ist, wird der Rechtsanwalt diese dem Mandanten in Rechnung stellen.

Lösungsvorschlag 51 *(HRE/SJ)*

Vor Verbindung sind entstanden:

LG Frankfurt/Main, Az. 14 O 145/18

Gegenstandswert: 20.000 €

1,3 Verfahrensgebühr (§§ 2 Abs. 2, 13 Abs. 1 RVG), Nr. 3100 VV RVG	€	964,60
1,2 Terminsgebühr (§§ 2 Abs. 2, 13 Abs. 1 RVG), Nr. 3104 VV RVG	€	890,40
PT-Pauschale, Nr. 7002 VV RVG	€	20,00
Zwischensumme	€	1.875,00
19 % Umsatzsteuer, Nr. 7008 VV RVG	€	356,25
Summe	**€**	**2.231,25**

LG Frankfurt/Main, Az. 14 O 172/18

Gegenstandswert: 30.000 €

1,3 Verfahrensgebühr (§§ 2 Abs. 2, 13 Abs. 1 RVG), Nr. 3100 VV RVG	€	1.121,90
PT-Pauschale, Nr. 7002 VV RVG	€	20,00
Zwischensumme	€	1.141,90
19 % Umsatzsteuer, Nr. 7008 VV RVG	€	216,96
Summe	**€**	**1.358,86**

Summe der Vergütungen aus den beiden Verfahren vor Verbindung	**€**	**3.590,11**

Nach Verbindung sind entstanden:

Gegenstandswert: 50.000 €

1,3 Verfahrensgebühr (§§ 2 Abs. 2, 13 Abs. 1 RVG), Nr. 3100 VV RVG	€	1.511,90
1,2 Terminsgebühr (§§ 2 Abs. 2, 13 Abs. 1 RVG), Nr. 3104 VV RVG	€	1.395,60
1,0 Einigungsgebühr (§§ 2 Abs. 2, 13 Abs. 1 RVG), Nr. 1000, 1003 VV RVG	€	1.163,00
PT-Pauschale, Nr. 7002 VV RVG	€	20,00
Zwischensumme	€	4.090,50
19 % Umsatzsteuer, Nr. 7008 VV RVG	€	777,20
Summe	**€**	**4.867,70**

Da der Rechtsanwältin ein Wahlrecht zusteht, ob sie die vor oder nach Verbindung entstandenen Gebühren mit dem Mandanten abrechnet und ihr dieses Wahlrecht bezüglich jeder einzelnen Gebühr (Verfahrensgebühr, Terminsgebühr und Einigungsgebühr) zusteht (BGH, Beschl. v. 14.4.2010, Az. IV ZB 6/09, JurBüro 2010, S. 414), kann die Rechtsanwältin wie folgt mit dem Mandanten abrechnen:

1,3 Verfahrensgebühr aus 20.000 € LG Frankfurt/Main, Az. 14 O 145/18 vor Verbindung (§§ 2 Abs. 2, 13 Abs. 1 RVG), Nr. 3100 VV RVG	€	964,60
1,3 Verfahrensgebühr aus 30.000 € LG Frankfurt/Main, Az. 14 O 172/18 vor Verbindung (§§ 2 Abs. 2, 13 Abs. 1 RVG), Nr. 3100 VV RVG	€	1.121,90
1,2 Terminsgebühr aus 50.000 € LG Frankfurt/Main, Az. 14 O 145/18 nach Verbindung (§§ 2 Abs. 2, 13 Abs. 1 RVG), Nr. 3104 VV RVG	€	1.395,60
1,0 Einigungsgebühr aus 50.000 € LG Frankfurt/Main, Az. 14 O 145/18 nach Verbindung (§§ 2 Abs. 2, 13 Abs. 1 RVG), Nr. 1000, 1003 VV RVG	€	1.163,00
PT-Pauschale, Nr. 7002 VV RVG – LG Frankfurt/Main, Az. 14 O 145/18 vor Verbindung	€	20,00
PT-Pauschale, Nr. 7002 VV RVG – LG Frankfurt/Main, Az. 14 O 172/18 vor Verbindung	€	20,00
Zwischensumme	€	4.685,10
19 % Umsatzsteuer, Nr. 7008 VV RVG	€	890,17
Summe	**€**	**5.575,27**

Diese Abrechnung ist die für Rechtsanwältin Schnell höchstmögliche Abrechnung. Rechnet Rechtsanwältin Schnell diese Vergütung mit dem Mandanten ab, kann sie auch diese Vergütung zur Kostenausgleichung anmelden.

Lösungsvorschlag 52 *(HRE/SJ)*

Vor Trennung in zwei Verfahren sind entstanden:

LG Hamburg, Az. 14 O 179/18

Gegenstandswert: 40.000 € (15.000 € + 25.000 €)

1,3 Verfahrensgebühr (§§ 2 Abs. 2, 13 Abs. 1 RVG), Nr. 3100 VV RVG	€	1.316,90
1,2 Terminsgebühr (§§ 2 Abs. 2, 13 Abs. 1 RVG), Nr. 3104 VV RVG	€	1.215,60
PT-Pauschale, Nr. 7002 VV RVG	€	20,00
Zwischensumme	€	2.552,50
19 % Umsatzsteuer, Nr. 7008 VV RVG	€	484,98
Summe	**€**	**3.037,48**

Nach der Trennung in zwei Verfahren sind entstanden:

LG Hamburg, Az. 14 O 179/18

Gegenstandswert: 15.000 €

1,3 Verfahrensgebühr (§§ 2 Abs. 2, 13 Abs. 1 RVG), Nr. 3100 VV RVG	€	845,00
1,2 Terminsgebühr (§§ 2 Abs. 2, 13 Abs. 1 RVG), Nr. 3104 VV RVG	€	780,00
PT-Pauschale, Nr. 7002 VV RVG	€	20,00
Zwischensumme	€	1.645,00
19 % Umsatzsteuer, Nr. 7008 VV RVG	€	312,55
Summe	**€**	**1.957,55**

Landgericht Hamburg, Az. 14 O 281/18

Gegenstandswert: 25.000 €

1,3 Verfahrensgebühr (§§ 2 Abs. 2, 13 Abs. 1 RVG), Nr. 3100 VV RVG	€	1.024,40
1,2 Terminsgebühr (§§ 2 Abs. 2, 13 Abs. 1 RVG), Nr. 3104 VV RVG	€	945,60
PT-Pauschale, Nr. 7002 VV RVG	€	20,00
Zwischensumme	€	1.990,00
19 % Umsatzsteuer, Nr. 7008 VV RVG	€	378,10
Summe	**€**	**2.368,10**

Summe der nach der Trennung in den beiden Rechtsstreiten *LG Hamburg* Az. 14 O 179/18 und *LG Hamburg* Az. 14 O 281/18 entstandenen Vergütung beträgt (1.957,55 € + 2.368,10 € =) 4.325,65 €.
Rechtsanwältin Michaela Kunst wird ihrer Mandantin Henriette Boss den Betrag in Höhe von 4.325,65 € in Rechnung stellen.

Erläuterung: Ähnlich wie bei Verbindungen von bürgerlichen Rechtsstreitigkeiten kann der Rechtsanwalt bei Trennung von Verfahren dem Mandanten entweder die vor Trennung entstandene Vergütung oder die nach Trennung entstandene Vergütung in Rechnung stellen. In dem hier zu lösenden Fall ergibt sich eine höhere Vergütung, wenn Rechtsanwältin Michaela Kunst ihrer Mandantin die nach Trennung entstandene Vergütung in Rechnung stellt.

Das Wahlrecht der Rechtsanwältin, entweder die vor oder die nach Trennung entstandene Vergütung mit der Mandantin abzurechnen, bezieht sich auch bei Trennung von Verfahren auf jede einzelne Gebühr.

Lösungsvorschlag 53 *(HRE/SJ)*

Rechtsanwältin Schönau kann folgende Vergütung abrechnen:

Außergerichtliche Tätigkeit

Gegenstandswert: € 50.000

1,3 Geschäftsgebühr (§§ 2 Abs. 2, 13 Abs. 1, 14 Abs. 1 RVG), Nr. 2300 VV RVG	€	1.511,90
PT-Pauschale, Nr. 7002 VV RVG	€	20,00
Zwischensumme	€	1.531,90
19 % Umsatzsteuer, Nr. 7008 VV RVG	€	291,06
Summe	**€**	**1.822,96**

Gerichtliche Tätigkeit LG Dortmund

Gegenstandswert: € 50.000

1,3 Verfahrensgebühr (§§ 2 Abs. 2, 13 Abs. 1 RVG), Nr. 3100 VV RVG	€	1.511,90		
./. Anrechnung 0,65 Geschäftsgebühr Nr. 2300 VV RVG gem. Vorbem. 3 Abs. 4 VV RVG = € 755,95 – hiervon 1/2 =	./. €	377,97		
Rest Verfahrensgebühr			€	1.133,93
1,2 Terminsgebühr (§§ 2 Abs. 2, 13 Abs. 1 RVG), Nr. 3104 VV RVG			€	1.395,60
PT-Pauschale, Nr. 7002 VV RVG			€	20,00
Zwischensumme			€	2.549,53
19 % Umsatzsteuer, Nr. 7008 VV RVG			€	484,41
Summe			**€**	**3.033,94**

Gerichtliche Tätigkeit LG Stade

Gegenstandswert: € 50.000

1,3 Verfahrensgebühr (§§ 2 Abs. 2, 13 Abs. 1 RVG), Nr. 3100 VV RVG	€	1.511,90		
./. Anrechnung 0,65 Geschäftsgebühr Nr. 2300 VV RVG = gem. Vorbemerkung 3 Abs. 4 VV RVG € 755,95 – hiervon 1/2 =	./. €	377,98		
Rest Verfahrensgebühr			€	1.133,92
1,2 Terminsgebühr (§§ 2 Abs. 2, 13 Abs. 1 RVG), Nr. 3104 VV RVG			€	1.395,60
PT-Pauschale, Nr. 7002 VV RVG			€	20,00
Zwischensumme			€	2.549,52
19 % Umsatzsteuer, Nr. 7008 VV RVG			€	484,41
Summe			**€**	**3.033,93**

Erläuterung: Nach BGH (Beschl. v. 24.9.2014 – IV ZR 422/13 JurBüro 2015, S. 71) ist hier der anrechenbare Betrag aus der Geschäftsgebühr nicht zweimal abzuziehen, einmal von der Verfahrensgebühr, die in dem Rechtsstreit bei dem LG Dortmund entstanden ist und ein weiteres Mal von der Verfahrensgebühr, die in dem Rechtsstreit bei dem LG Stade entstanden ist. Es ist nur eine Geschäftsgebühr entstanden und diese ist auch nur einmal anzurechnen. Der Rechtsanwalt hat allerdings nach § 15a RVG die Wahl, wo er den anrechenbaren Betrag in Abzug bringt. Hier wurde der anrechenbare Betrag jeweils zur Hälfte von der in dem Rechtsstreit bei dem Landgericht Dortmund entstandenen Verfahrensgebühr in Abzug gebracht und zur Hälfte von der in dem Rechtsstreit bei dem Landgericht Stade entstandenen Verfahrensgebühr.

Enders befasst sich in einem RVG-Tipp in JurBüro 2015, S. 113 damit, wie anzurechnen wäre, wenn die beiden Verfahren nicht wegen Parteienhäufung getrennt worden wären, sondern wegen Anspruchshäufung.

Bei Trennung von Verfahren kann der Rechtsanwalt wählen, ob er die vor oder die nach Trennung entstandenen Gebühren mit seinem Auftraggeber abrechnet. Hier ist es vorteilhafter, wenn Rechtsanwältin Schönau die nach Trennung entstandenen Gebühren mit ihrem Auftraggeber abrechnet.

Lösungsvorschlag 54 *(HRE/SJ)*

Rechtsanwalt Rader wird folgende Vergütung berechnen können:

1,3 Verfahrensgebühr aus 50.000 € (§§ 2 Abs. 2, 13 Abs. 1 RVG), Nr. 3100 VV RVG	€	1.511,90
0,8 Differenzverfahrensgebühr aus 240.000 € (§§ 2 Abs. 2, 13 Abs. 1 RVG), Nr. 3101 Nr. 2 VV RVG	€	1.802,40
Summe der Verfahrensgebühren	€	3.314,30

höchstens gem. § 15 Abs. 3 1,3 Verfahrensgebühr aus 290.000 €	€	**3.084,90**
1,2 Terminsgebühr aus 290.000 € (§§ 2 Abs. 2, 13 Abs. 1 RVG), Nr. 3104 VV RVG	€	2.847,60
Zwischensumme	€	5.932,50
1,5 Einigungsgebühr aus 240.000 € (§§ 2 Abs. 2, 13 Abs. 1 RVG), Nr. 1003 VV RVG	€	3.379,50
PT-Pauschale, Nr. 7002 VV RVG	€	20,00
Zwischensumme	€	9.332,00
19 % Umsatzsteuer, Nr. 7008 VV RVG	€	1.773,08
Summe	€	**11.105,08**

Erläuterung: Anhängig war keine Stufenklage, sondern nur eine Klage auf Auskunft. Sowohl die Klägerin Lisa Amaretto als auch der Kläger Giovanni Uso haben einen eigenen Auskunftsanspruch. Jeder dieser beiden Auskunftsansprüche wurde hier mit 25.000 € bewertet. Folglich beläuft sich der Gegenstandswert für das Verfahren auf 50.000 €.

Da Rechtsanwalt Rader die Mandanten nicht wegen desselben Gegenstandes vertritt, kommt hier Nr. 1008 VV RVG nicht zur Anwendung, sondern die eigenen Ansprüche der Mandanten sind gesondert zu bewerten und die Werte sind – wie vorstehend ausgeführt – zu addieren.

Die Zahlungsansprüche waren in dem Rechtsstreit über die Auskunft nicht anhängig. Sie werden in dem Rechtsstreit aber mitverglichen. Insoweit handelt es sich um einen Mehrvergleich.

Die Einigungsgebühr entsteht hier nur nach dem Gegenstandswert des Mehrvergleichs, da der Auskunftsanspruch nicht mitverglichen wurde.

Lösungsvorschlag 55a *(SJ)*

Gegenstandswerte:
Ehesache: 44.000 €, §§ 23 Abs. 1 RVG, 43 FamGKG
Versorgungsausgleich: 3.000 €, §§ 23 Abs. 1 RVG, 50 FamGKG
Unterhalt Frau: 9.060 €, §§ 23 Abs. 1 S. 1 RVG, 51 Abs. 1 S. 1 FamGKG
Unterhalt Kinder: 8.568 €, §§ 23 Abs. 1 S. 1 RVG, 51 Abs. 1 S. 1 FamGKG
Zugewinnausgleich: 35.000 €, §§ 23 Abs. 1 RVG, 35 FamGKG
Gegenstandswert: 47.000 €/52.628,00 €, § 22 Abs. 1 RVG

1,3 Verfahrensgebühr aus 47.000 € (§§ 2 Abs. 2, 13 Abs. 1 RVG) Nr. 3100 VV RVG	€ 1.511,90	
0,8 Verfahrensgebühr aus 52.628 € (§§ 2 Abs. 2, 13 Abs. 1 RVG) Nr. 3101 Nr. 2 VV RVG	€ 998,40	
Gesamt	€ 2.510,30	
höchstens gem. § 15 Abs. 3 RVG 1,3 Verfahrensgebühr aus 99.628 € = (Kürzung erforderlich)		€ 1.953,90
1,2 Terminsgebühr aus 99.628 € (§§ 2 Abs. 2, 13 Abs. 1 RVG) Nr. 3104 VV RVG (Vorbem. 3 Abs. 3 VV RVG)		€ 1.803,60
1,5 Einigungsgebühr aus 52.628 € (§§ 2 Abs. 2, 13 Abs. 1 RVG) Nr. 1000 VV RVG		€ 1.872,00
PT-Pauschale, Nr. 7002 VV RVG		€ 20,00
Zwischensumme		€ 5.649,50
19 % Umsatzsteuer, Nr. 7008 VV RVG		€ 1.073,41
Summe		**€ 6.722,91**

> **Hinweis:** Sofern die Scheidungsvereinbarung notariell beurkundet werden soll (z.B. in Fällen, in denen wegen mangelndem Ablauf des Trennungsjahres noch kein Scheidungsantrag gestellt werden kann), erhält der Rechtsanwalt eine Geschäftsgebühr nach Nr. 2300 VV RVG sowie 1,5 Einigungsgebühr nach Nr. 1000 VV RVG. Die Besprechung mit der Gegenseite z.B. beim Notar löst keine Terminsgebühr aus! Hierzu bedarf es eines unbedingten Prozessauftrags, siehe Vorbem. 3 As. 1 VV RVG.

Lösungsvorschlag 55b *(SJ)*

Ehesache: 44.000 €, §§ 23 Abs. 1 RVG, 43 FamGKG
Versorgungsausgleich: 3.000 €, §§ 23 Abs. 1 RVG, 50 FamGKG
Unterhalt Frau: 9.060 €, §§ 23 Abs. 1 S. 1 RVG, 51 Abs. 1 S. 1 FamGKG
Unterhalt Kinder: 8.568 €, §§ 23 Abs. 1 S. 1 RVG, 51 Abs. 1 S. 1 FamGKG
Zugewinnausgleich: 35.000 €, §§ 23 Abs. 1 RVG, 35 FamGKG
Gegenstandswert: 47.000 €/52.628,00 €, § 22 Abs. 1 RVG

1,3 Verfahrensgebühr aus 47.000 €			
(§§ 2 Abs. 2, 13 Abs. 1 RVG)			
Nr. 3100 VV RVG	€ 1.511,90		
0,8 Verfahrensgebühr aus 52.628 €			
(§§ 2 Abs. 2, 13 Abs. 1 RVG)			
Nr. 3101 Nr. 2 VV RVG	€ 998,40		
Gesamt	€ 2.510,30		
höchstens gem. § 15 Abs. 3 RVG:			
1,3 Verfahrensgebühr aus 99.628 € =		€	1.953,90
(Kürzung erforderlich)			
1,2 Terminsgebühr aus 99.628 ?		€	1.803,60
(§§ 2 Abs. 2, 13 Abs. 1 RVG)			
Nr. 3104 VV RVG (Vorbem. 3 Abs. 3 VV RVG)			
1,0 Einigungsgebühr aus 3.000 €			
(§§ 2 Abs. 2, 13 Abs. 1 RVG)			
Nr. 1003 VV RVG	€ 201,00		
1,5 Einigungsgebühr aus 52.628 €			
(§§ 2 Abs. 2, 13 Abs. 1 RVG)			
Nr. 1000 VV RVG	€ 1.872,00		
Gesamt	€ 2.073,00		
höchstens gem. § 15 Abs. 3 RVG:			
1,5 Einigungsgebühr aus 55.628 € =		€	1.872,00
PT-Pauschale, Nr. 7002 VV RVG		€	20,00
Zwischensumme		€	5.649,50
19 % Umsatzsteuer, Nr. 7008 VV RVG		€	1.073,41
Summe		**€**	**6.722,91**

Erläuterung: Eine Differenzverfahrensgebühr entsteht aus dem Wert des Versorgungsausgleichs nicht, da dieser rechtshängig war und in der 1,3 Verfahrensgebühr beinhaltet ist. Zwar kann der Anwalt hier auch aus dem Wert des VA eine Einigungsgebühr abrechnen; wegen § 15 Abs. 3 RVG geht er trotzdem „leer" aus. Da aber auch ein Ausschluss des VA ein durchaus haftungsträchtiges Thema ist, sollte man rechtzeitig überschlägig die Gebühren ermitteln und im Bedarfsfall über eine Zusatzvereinbarung nachdenken. Dies kann z.B. ein Pauschalbetrag sein.

> **Hinweis:** Die Anrechnung kann vor dem Abgleich nach § 15 Abs. 3 RVG vorgenommen werden.[12]

Lösungsvorschlag 55c *(SJ)*

Ehesache: 44.000 €, §§ 23 Abs. 1 RVG, 43 FamGKG
Versorgungsausgleich: 3.000 €, §§ 23 Abs. 1 RVG, 50 FamGKG
Unterhalt Frau: 9.060 €, §§ 23 Abs. 1 S. 1 RVG, 51 Abs. 1 S. 1 FamGKG
Unterhalt Kinder: 8.568 €, §§ 23 Abs. 1 S. 1 RVG, 51 Abs. 1 S. 1 FamGKG
Zugewinnausgleich: 35.000 €, §§ 23 Abs. 1 RVG, 35 FamGKG
Gegenstandswert: 47.000 €/52.628,00 €, § 22 Abs. 1 RVG

1. Außergerichtliche Tätigkeit

Zugewinnausgleich, Gegenstandswert: 35.000 €

1,3 Geschäftsgebühr (§§ 2 Abs. 2, 13 Abs. 1, 14 Abs. 1 RVG) Nr. 2300 VV RVG	€	1.219,40
PT-Pauschale, Nr. 7002 VV RVG	€	20,00
Zwischensumme	€	1.239,40
19 % Umsatzsteuer, Nr. 7008 VV RVG	€	235,49
Summe	**€**	**1.474,89**

2. Außergerichtliche Tätigkeit

Unterhalt, Gegenstandswert: 17.628 €

1,3 Geschäftsgebühr (§§ 2 Abs. 2, 13 Abs. 1, 14 Abs. 1 RVG) Nr. 2300 VV RVG	€	904,80
PT-Pauschale, Nr. 7002 VV RVG	€	20,00
Zwischensumme	€	924,80
19 % Umsatzsteuer, Nr. 7008 VV RVG	€	175,71
Summe	**€**	**1.100,51**

3. Tätigkeit im gerichtlichen Verfahren

1,3 Verfahrensgebühr aus 47.000 € (§§ 2 Abs. 2, 13 Abs. 1 RVG) Nr. 3100 VV RVG	€	1.511,90
0,8 Verfahrensgebühr aus 52.628 € (§§ 2 Abs. 2, 13 Abs. 1 RVG) Nr. 3101 Nr. 2 VV RVG	€	998,40
Gesamt (Übertrag)	€	2.510,30

---

12 *OLG München*, Beschl. v. 7.3.2012 – 11 WF 360/12 = NJW-RR 2012, 767 = BeckRS 2012, 05995; mit Anm. in NJW-Spezial 2012, 219 sowie von *Mayer*, FD-RVG 2012, 330385; *OLG Stuttgart* NJOZ 2009, 1257 = JurBüro 2009, 246; *OLG Karlsruhe* FamRZ 2011, 1682 = BeckRS 2011, 04248); vgl. auch *Enders*, RVG für Anfänger, Rn. 612; *N. Schneider*, Fälle und Lösungen zum RVG, § 7, Beispiel 22, S. 134 u. 135; *N. Schneider*, Gebührenanrechnung: Erst anrechnen dann kürzen oder erst kürzen und dann anrechnen?, RVG-Berater 2005, 11.

Gesamt/Übertrag		€	2.510,30	
./. Anrechnung 0,65 Geschäftsgebühr, Vorbem. 3 Abs. 4 VV RVG aus 35.000 €	./. €	609,70		
./. Anrechnung 0,65 Geschäftsgebühr, Vorbem. 3 Abs. 4 VV RVG aus 17.628 €, jedoch max. Gesamt 998,40 €, daher anteilig	./. €	388,70		
Restbetrag Verfahrensgebühren			€	1.511,90

§ 15 Abs. 3 RVG: höchstens
1,3 aus 99.628 € = € 1.953,90
(Kürzung nicht erforderlich).

1,2 Terminsgebühr aus 99.628 € (§§ 2 Abs. 2, 13 Abs. 1 RVG) Nr. 3104 VV RVG (Vorbem. 3 Abs. 3 VV RVG)			€	1.803,60
1,0 Einigungsgebühr aus 3.000 € (§§ 2 Abs. 2, 13 Abs. 1 RVG) Nr. 1003 VV RVG	€	201,00		
1,5 Einigungsgebühr aus 52.628 € (§§ 2 Abs. 2, 13 Abs. 1 RVG) Nr. 1000 VV RVG	€	1.872,00		
Gesamt	€	2.073,00		

gem. § 15 Abs. 3 RVG: höchstens 1,5 aus 55.628 € =	€	1.872,00
PT-Pauschale, Nr. 7002 VV RVG	€	20,00
Zwischensumme	€	5.207,50
19 % Umsatzsteuer, Nr. 7008 VV RVG	€	989,43
Summe	**€**	**6.196,93**

Hinweis: Der BGH hat im Februar 2017 die Frage, wie die Anrechnung vorzunehmen ist, wenn außergerichtlich zwei Geschäftsgebühren angefallen sind, entschieden:

„Fällt die Geschäftsgebühr für die vorgerichtliche Tätigkeit des Rechtsanwalts mehrfach an und werden die vorgerichtlich geltend gemachten Ansprüche im Wege objektiver Klagehäufung in einem einzigen gerichtlichen Verfahren verfolgt, so dass die Verfahrensgebühr nur einmal anfällt, sind alle entstandenen Geschäftsgebühren in der tatsächlichen Höhe anteilig auf die Verfahrensgebühr anzurechnen."[13] Aus den Entscheidungsgründen ergibt sich jedoch, dass man nicht „ins Minus gehen" muss. D.h. sind – wie hier, die einzeln berechneten Anrechnungsbeträge der Geschäftsgebühr höher als die aus dem Gesamtwert erhaltene Differenzverfahrensgebühr, erfolgt die Anrechnung maximal bis zu der Höhe dieser Differenzverfahrensgebühr.

---

13 *BGH*, Beschl. v. 28.2.2017, Az. I ZB 55/16, BeckRS 2017, 104642.

Lösungsvorschlag 56 *(SJ)*

a) Vergütungsrechnung RA Brand

1. Außergerichtliche Tätigkeit

1,5 Geschäftsgebühr

(§§ 2 Abs. 2, 13 Abs. 1 RVG)		
Nr. 2300 VV RVG aus 24.000 €.	€	1.182,00
PT-Pauschale, Nr. 7002 VV RVG	€	20,00
Zwischensumme	€	1.202,00
19 % Umsatzsteuer, Nr. 7008 VV RVG	€	228,38
Summe	**€**	**1.430,38**

2. Verfahren vor dem Landgericht vor Zurückverweisung

Gegenstandswert: 10.000 €

1,3 Verfahrensgebühr		
(§§ 2 Abs. 2, 13 Abs. 1 RVG)		
Nr. 3100 VV RVG	€	725,40
./. 0,75 Geschäftsgebühr,		
(§§ 2 Abs. 2, 13 Abs. 1 RVG)		
Nr. 2300 VV, Vorbem. 3 Abs. 4 VV RVG		
aus 10.000 €	./. €	418,50
Zwischensumme	€	306,90
1,2 Terminsgebühr		
(§§ 2 Abs. 2, 13 Abs. 1 RVG)		
Nr. 3104 VV RVG	€	669,60
Zwischensumme	€	976,50
PT-Pauschale, Nr. 7002 VV RVG	€	20,00
Zwischensumme	€	996,50
19 % Umsatzsteuer, Nr. 7008 VV RVG	€	189,34
Summe	**€**	**1.185,84**

3. Berufungsverfahren vor dem Oberlandesgericht

Gegenstandswert: 10.000 €

§§ 23 Abs. 1 S. 1 RVG, 47 Abs. 1 GKG		
1,6 Verfahrensgebühr		
(§§ 2 Abs. 2, 13 Abs. 1 RVG)		
Nr. 3200 VV RVG	€	892,80
1,2 Terminsgebühr		
(§§ 2 Abs. 2, 13 Abs. 1 RVG)		
Nr. 3202 VV RVG	€	669,60
PT-Pauschale, Nr. 7002 VV RVG	€	20,00
Zwischensumme	€	1.582,40
19 % Umsatzsteuer, Nr. 7008 VV RVG	€	300,66
Summe	**€**	**1.883,06**

4. Verfahren vor dem Landgericht nach Zurückverweisung

§ 21 Abs. 1 RVG			
1,3 Verfahrensgebühr			
(§§ 2 Abs. 2, 13 Abs. 1 RVG)			
Nr. 3100 VV RVG aus 10.000 €		€	725,40
./. 1,3 Verfahrensgebühr			
(§§ 2 Abs. 2, 13 Abs. 1 RVG)			
Nr. 3100 VV RVG aus 10.000 €			
gem. Vorbem. 3 Abs. 6 VV RVG	./	€	725,40
Zwischensumme		€	0,00
1,2 Terminsgebühr			
(§§ 2 Abs. 2, 13 Abs. 1 RVG)			
Nr. 3104 VV RVG		€	669,60
PT-Pauschale, Nr. 7002 VV RVG		€	20,00
Zwischensumme		€	689,60
19 % Umsatzsteuer, Nr. 7008 VV RVG		€	131,02
Summe		**€**	**820,06**

5. Berufungsverfahren vor dem Oberlandesgericht

Gegenstandswert: 10.000 €

§§ 23 Abs. 1 S. 1 RVG, 47 Abs. 1 GKG					
1,6 Verfahrensgebühr					
(§§ 2 Abs. 2, 13 Abs. 1 RVG)					
Nr. 3200 VV RVG	€	892,80			
1,1 Verfahrensgebühr					
(§§ 2 Abs. 2, 13 Abs. 1 RVG)					
(§§ 2 Abs. 2, 13 Abs. 1 RVG)					
Nr. 3201 Nr. 1 VV RVG					
aus 4.000 €	€	277,20			
Zwischensumme	€	1.170,00			
§ 15 Abs. 3 RVG max: 1,6 Verfahrensgebühr					
(§§ 2 Abs. 2, 13 Abs. 1 RVG)					
Nr. 3200 VV RVG aus 14.000 €			€	1.040,00	
1,2 Terminsgebühr					
(§§ 2 Abs. 2, 13 Abs. 1 RVG)					
Nr. 3202 VV RVG					
aus 14.000 €			€	780,00	
1,3 Einigungsgebühr					
(§§ 2 Abs. 2, 13 Abs. 1 RVG)					
Nr. 1004 VV RVG					
aus 10.000 €	€	725,40			
1,0 Einigungsgebühr					
(§§ 2 Abs. 2, 13 Abs. 1 RVG)					
Nr. 1003 VV RVG					
aus 4.000 €	€	252,00			
Zwischensumme	€	977,40			
Zwischensumme			€	1820,00	

Übertrag	€	1820,00
§ 15 Abs. 3 RVG max: 1,3 Einigungsgebühr		
aus 14.000 €	€	845,00
PT-Pauschale, Nr. 7002 VV RVG	€	20,00
Zwischensumme	€	2.685,00
19 % Umsatzsteuer, Nr. 7008 VV RVG	€	510,15
Summe	**€**	**3.195,15**

b) Abrechnung des parallel rechtshängigen Verfahrens

Gegenstandswert: 4.000 €

1,3 Verfahrensgebühr		
(§§ 2 Abs. 2, 13 Abs. 1 RVG)		
Nr. 3100 VV RVG	€	327,60
./. gekürzte Verfahrensgebühr		
(§§ 2 Abs. 2, 13 Abs. 1 RVG)		
Nr. 3201 Nr. 1 VV RVG	./. €	147,20
gem. Abs. 1 S. 2 der Anm. zu Nr. 3201		
Zwischensumme	€	180,40
1,2 Terminsgebühr		
(§§ 2 Abs. 2, 13 Abs. 1 RVG)		
Nr. 3104 VV RVG	€	302,40
Zwischensumme	€	482,80
./. Differenzterminsgebühr		
(§§ 2 Abs. 2, 13 Abs. 1 RVG)		
Nr. 3202 VV RVG		
gem. Abs. 1 zu Nr. 3202 i.V.m.		
Abs. 2 der Anm. zu Nr. 3104 VV RVG	./. €	110,40
Zwischensumme	€	372,40
PT-Pauschale, Nr. 7002 VV RVG	€	20,00
Zwischensumme	€	392,40
19 % Umsatzsteuer, Nr. 7008 VV RVG	€	74,56
Summe	**€**	**466,96**

V. Prozess- und Verfahrenskostenhilfe

Lösungsvorschlag 57 *(SJ)*

a) Klage nur über bewilligten Betrag

Abrechnung gegenüber der Staatskasse

Gegenstandswert: 32.000,00 €

1,3 Verfahrensgebühr (§§ 2 Abs. 2, 49 RVG), Nr. 3100 VV RVG	€	581,10
1,2 Terminsgebühr (§§ 2 Abs. 2, 49 RVG), Nr. 3104 VV RVG	€	536,40
PT-Pauschale, Nr. 7002 VV RVG	€	20,00
Zwischensumme	€	1.137,50
19 % Umsatzsteuer, Nr. 7008 VV RVG	€	216,13
Summe	**€**	**1.353,63**

Abrechnung gegenüber Mandant

Gegenstandswert: 78.000 €/32.000 €

1,0 Verfahrensgebühr aus 78.000 € (§§ 2 Abs. 2, 13 Abs. 1 RVG), Nr. 3335 VV RVG	€	1.333,00		
abzüglich 1,0 Verfahrensgebühr aus 32.000 € (§ 13 Abs. 1 RVG)	./. €	938,00		
Zwischensumme			€	395,00
PT-Pauschale, Nr. 7002 VV RVG			€	20,00
Zwischensumme			€	415,00
19 % Umsatzsteuer, Nr. 7008 VV RVG			€	78,85
Summe			**€**	**493,85**

Erläuterung: Das Verfahren über die Prozesskostenhilfe und das Hauptsacheverfahren stellen nach § 16 Nr. 2 RVG dieselbe Angelegenheit dar. In derselben Angelegenheit darf der Rechtsanwalt die Gebühren nur einmal berechnen, § 15 Abs. 2 RVG. Soweit die Prozesskostenhilfe bewilligt worden ist, greift § 122 Abs. 1 Nr. 3 ZPO, d.h. der Rechtsanwalt darf aus dem Wert, über den die PKH bewilligt worden ist, keine Differenzvergütungsansprüche gegenüber seinem Mandanten geltend machen. Vorliegend erfolgte jedoch eine Tätigkeit im PKH-Prüfungsverfahren über einen höheren Wert als im Hauptsacheverfahren, für das PKH bewilligt worden war. Es verbleiben damit aus dem PKH-Prüfungsverfahren Gebührendifferenzen, die gegenüber dem Mandanten abgerechnet werden dürfen. Zwar hat Rechtsanwalt Kurz aus dem Wert von 32.000 € lediglich die PKH-Gebühren nach der Tabelle zu § 49 RVG erhalten, er muss sich jedoch so behandeln lassen, als habe er diese nach der Tabelle zu § 13 RVG erhalten, da die Sperrwirkung des § 122 Abs. 1 Nr. 3 ZPO aus dem PKH-Wert greift.

Hinweis: Nach Abs. 2 der Anmerkung zu Nr. 3335 VV RVG werden die Werte von PKH- und Hauptsacheverfahren nicht addiert. Diese Regelung verhindert die Addition in der (falschen) Annahme, dass es sich um 2 Gegenstände handeln könnte.

Prüfungstipp: Sie sollten in Ihrer Prüfung in solchen Fällen auch immer die §§ 15 Abs. 2 und 16 Nr. 2 RVG mit angeben. Bringen Sie im Gesetz einen entsprechenden Verweis auf die jeweiligen Paragraphen an, sofern Paragraphenverweise in Ihrer Prüfung zulässig sind.

---

b) Klage über den gesamten Betrag

Abrechnung gegenüber der Staatskasse

Gegenstandswert: 32.000 €		
1,3 Verfahrensgebühr		
(§§ 2 Abs. 2, 49 RVG), Nr. 3100 VV RVG	€	581,10
1,2 Terminsgebühr		
(§§ 2 Abs. 2, 49 RVG), Nr. 3104 VV RVG	€	536,40
PT-Pauschale, Nr. 7002 VV RVG	€	20,00
Zwischensumme	€	1.137,50
19 % Umsatzsteuer, Nr. 7008 VV RVG	€	216,13
Summe	**€**	**1.353,63**

Abrechnung gegenüber Mandant

Gegenstandswert: 78.000 €				
1,3 Verfahrensgebühr aus 78.000 €				
(§§ 2 Abs. 2, 13 Abs. 1 RVG),				
Nr. 3100 VV RVG	€	1.732,90		
abzüglich 1,3 Verfahrensgebühr				
aus 32.000,00 € (§ 13 RVG)	./. €	1.219,40		
Zwischensumme Verfahrensgebühr			€	513,50
1,2 Terminsgebühr aus 78.000 €				
(§§ 2 Abs. 2, 13 Abs. 1 RVG),				
Nr. 3104 VV RVG	€	1.599,60		
abzüglich 1,2 Terminsgebühr				
aus 32.000 € (§ 13 RVG)	./. €	1.125,60		
Zwischensumme Terminsgebühr			€	474,00
Zwischensumme addiert			€	987,50
19 % Umsatzsteuer, Nr. 7008 VV RVG			€	187,63
Summe			**€**	**1.175,13**

Erläuterung: Gebühren für das Prozesskostenhilfe**bewilligungs**verfahren kann Rechtsanwalt Kurz im vorliegenden Fall nicht mehr abrechnen, da das Prozesskostenhilfeverfahren und das Verfahren, für das die Prozesskostenhilfe bewilligt worden ist, nach § 16 Nr. 2 RVG dieselbe Angelegenheit darstellen. Da die Klage hier über den vollen Betrag (d.h. = derselbe Betrag wie im PKH-Prüfungsverfahren) eingereicht worden ist, verbleiben somit keine Gebührenansprüche mehr aus dem Bewilligungsverfahren.

Die Prozesskostenhilfe wurde jedoch nur teilweise bewilligt, so dass die Abrechnung gegenüber der Staatskasse auch nur aus dem Teilbetrag erfolgen kann. Gegenüber dem Mandanten hat der Rechtsanwalt nach § 122 Abs. 1 Nr. 3 ZPO die Sperrwirkung zu beachten (vgl. dazu bereits die Ausführungen unter a)). Er darf Differenzvergütungsansprüche aus dem Wert, für den Prozesskostenhilfe bewilligt worden ist, nicht geltend machen. Aus diesem Grund ist Rechtsanwalt Kurz hier so zu behandeln, als habe er die Gebühren nach § 13 RVG und nicht nach § 49 RVG erhalten.

> **Merksatz:**   In Abrechnungen gegenüber dem Mandanten ist immer die Tabelle zu § 13 RVG zu Grunde zu legen. Das gilt selbst dann, wenn Gebührenbeträge wieder abzuziehen sind. Die PT-Pauschale kann nur 1x (Staatskasse) gefordert werden.

c) Beschwerdeverfahren

aa) Vergütungsanspruch

Gegenstandswert: 46.000 €, § 23a Abs. 1 RVG

0,5 Verfahrensgebühr (§§ 2 Abs. 2, 13 Abs. 1 RVG), Nr. 3500 VV RVG	€	581,50
PT-Pauschale, Nr. 7002 VV RVG	€	20,00
Zwischensumme	€	601,50
19 % Umsatzsteuer, Nr. 7008 VV RVG	€	114,29
Summe	**€**	**715,79**

> **TIPP:**   Die Gebühr für das Beschwerdeverfahren entsteht gesondert. Es handelt sich nicht um einen Fall des § 16 Nr. 3 RVG („mehrere Verfahren über die Prozesskostenhilfe in demselben Rechtszug stellen dieselbe Angelegenheit dar"), da hier durch die Beschwerde ein neuer Rechtszug eröffnet wird.

bb) Kostentragungspflicht

Die Kosten für das Beschwerdeverfahren muss der Mandant selbst tragen, da Prozesskostenhilfe für das Prozesskostenhilfeverfahren grundsätzlich nicht möglich ist. Lediglich für einen Vergleichsabschluss im Prozesskostenhilfeverfahren sieht der Gesetzgeber eine Übernahme der Kosten (teilweise) durch die Staatskasse vor. Da in der Praxis Prozesskostenhilfe-Mandanten oft nicht über ausreichende finanzielle Mittel verfügen, sollte der Rechtsanwalt seinen Mandanten auf diese Kostentragungspflicht hinweisen, da eine Kostenerstattung durch die Staatskasse auch dann nicht erfolgt, wenn die PKH zu Unrecht abgelehnt worden ist. Zu dieser Frage sind im Übrigen Verfassungsbeschwerden beim Bundesverfassungsgericht anhängig. Der Leser wird gebeten, die Rechtsprechung zu verfolgen.

Lösungsvorschlag 58 *(SJ)*

Abrechnung gegenüber der Staatskasse

Gegenstandswert: 90.000 €		
1,3 Verfahrensgebühr		
(§§ 2 Abs. 2, 49 RVG), Nr. 3100 VV RVG	€	581,10
1,2 Terminsgebühr		
(§§ 2 Abs. 2, 49 RVG), Nr. 3104 VV RVG	€	536,40
PT-Pauschale, Nr. 7002 VV RVG	€	20,00
Zwischensumme	€	1.137,50
19 % Umsatzsteuer, Nr. 7008 VV RVG	€	216,13
Summe	**€**	**1.353,63**

Kosten des Klägers nach Tabelle zu § 13 RVG

Gegenstandswert: 90.000 €		
1,3 Verfahrensgebühr		
(§§ 2 Abs. 2, 13 Abs. 1 RVG), Nr. 3100 VV RVG	€	1.843,40
1,2 Terminsgebühr		
(§§ 2 Abs. 2, 13 Abs. 1 RVG), Nr. 3104 VV RVG	€	1.701,60
PT-Pauschale, Nr. 7002 VV RVG	€	20,00
Zwischensumme	€	3.565,00
19 % Umsatzsteuer, Nr. 7008 VV RVG	€	677,35
Summe	**€**	**4.242,35**

Kosten des Beklagten

Gegenstandswert: 90.000 €		
1,3 Verfahrensgebühr		
(§§ 2 Abs. 2, 13 Abs. 1 RVG), Nr. 3100 VV RVG	€	1.843,40
1,2 Terminsgebühr		
(§§ 2 Abs. 2, 13 Abs. 1 RVG), Nr. 3104 VV RVG	€	1.701,60
PT-Pauschale, Nr. 7002 VV RVG	€	20,00
Summe	**€**	**3.565,00**

Kosten des Klägers (§ 13 RVG):	€	4.242,35
Kosten des Beklagten (§ 13 RVG):	€	3.565,00
Rechtsanwaltskosten insgesamt:	€	7.807,35
hiervon hat der Beklagte zu tragen 2/3	€	5.204,90
seine eigenen Kosten haben betragen	./. €	3.565,00
so dass er an den Kläger zu erstatten hat	€	1.639,90

(Gegenprobe:		
Gesamt-RA Kosten	*€*	*7.807,35*
hiervon hat der Kläger zu tragen 1/3	*€*	*2.602,45*
seine eigenen Kosten haben betragen	*€*	*4.242,35*
so dass der Beklagte an ihn zu erstatten hat:	*€*	*1.639,90)*

Die Kosten des Klägers gem. § 13 RVG haben betragen	€	4.242,35
aus der Staatskasse hat er bereits erhalten	./. €	1.353,63
der Beklagte hat an ihn zu erstatten	./. €	1.639,90
Offene Differenz	€	1.248,82

Ein Übergang auf die Staatskasse findet nicht statt, da die aus der Staatskasse erhaltenen und vom Gegner zu erstattenden Kosten die Regelvergütung des Klägers nicht übersteigt, § 59 Abs. 1 RVG.

Erläuterung: Im Kostenausgleichsverfahren ist grundsätzlich im Verhältnis zum Gegner nicht zu berücksichtigen, dass einer Partei Prozesskostenhilfe bewilligt worden ist, denn die Bewilligung von Prozesskostenhilfe bezieht sich immer nur auf den Rechtsanwalt, der auch beigeordnet worden ist und gilt nicht im Verhältnis zu einem erstattungspflichtigen Dritten, § 123 ZPO.

Aus diesem Grund wird in solchen Fällen die Kostenausgleichung mit den „normalen" Gebühren nach der Tabelle zu § 13 RVG berechnet. Erst am Ende der Kostenausgleichung wird sodann geprüft, ob die Staatskasse bereits Zahlung geleistet hat und ob der Erstattungsbetrag aus der Staatskasse und der gegen den Beklagten festsetzende Betrag die Regelvergütung (§ 13 Abs. 1 RVG) des Klägers übersteigen. Ist dies der Fall, erfolgt ein Übergang der Differenz auf die Staatskasse, d.h. der Beklagte hätte diese Differenz an die Staatskasse zu erstatten, nicht an den Kläger. Denn selbstverständlich darf der Kläger über die Konstellation PKH/Kostenverurteilung des Gegners niemals mehr an Gebühren erhalten, als er erhalten hätte, wenn er seine gesamte Vergütung nach der Tabelle zu § 13 RVG berechnet. An der Prozesskostenhilfe kann er also nicht „verdienen". Dies bedeutet, dass in den Fällen, in denen der Erstattungsbetrag des Beklagten und der Erstattungsbetrag aus der Staatskasse die Regelvergütung nach der Tabelle zu § 13 RVG übersteigt, in Höhe des übersteigenden Betrags ein Übergang auf die Staatskasse nach § 59 Abs. 1 S. 1 RVG erfolgt.

Prüfungstipp: Viele Prüflinge haben in der Praxis selten mit PKH zu tun, so dass ihnen derartige Aufgaben immer wieder große Schwierigkeiten bereiten. Sie sollten sich nicht von der vermeintlichen Schwierigkeit einer solchen Abrechnung verwirren lassen, sondern zunächst die Kostenausgleichung mit den Regelgebühren wie gewohnt durchführen. Wie bereits oben dargelegt, ist lediglich am Ende zu prüfen, ob ein Übergang auf die Staatskasse erfolgt. Sofern ein Übergang auf die Staatskasse nicht erfolgt, sollten Sie dies in Ihrer Prüfungsaufgabe mit Verweis auf § 59 Abs. 1 S. 1 RVG auch erwähnen, damit der Prüfer weiß, dass Ihnen § 59 RVG bekannt ist. Denken Sie immer daran, dass gerade auch im Gebührenrecht in der Abschlussprüfung viele Teilpunkte erzielt werden können. Sie sollten daher auch immer dann **versuchen**, den Fall zu lösen, wenn Sie meinen, derartige Fälle würden Ihr Wissen übersteigen. Dabei ist es jedoch sinnvoll zunächst die Fälle zu lösen, die Sie gut können, um sich nicht mit für Sie schwierigeren Fällen aufzuhalten.

Lösungsvorschlag 59 *(SJ)*

Rechtsanwalt Schuster ist berechtigt, den Vorschuss auf die Differenz zwischen den PKH-Anwaltsgebühren und den Regelgebühren nach § 58 Abs. 2 RVG zu verrechnen.

Gegenüber der **Staatskasse** kann Rechtsanwalt Schuster folgende Gebühren abrechnen:

Gegenstandswert: 12.300 €		
1,3 Verfahrensgebühr		
(§§ 2 Abs. 2, 49), Nr. 3100 VV RVG	€	417,30
1,2 Terminsgebühr		
(§§ 2 Abs. 2, 49), Nr. 3104 VV RVG	€	385,20
PT-Pauschale, Nr. 7002 VV RVG	€	20,00
Zwischensumme	€	822,50
19 % Umsatzsteuer, Nr. 7008 VV RVG	€	156,28
Summe	**€**	**978,78**

Die **Regelgebühren** betragen:

Gegenstandswert: 12.300 €		
1,3 Verfahrensgebühr		
(§§ 2 Abs. 2, 13 Abs. 1), Nr. 3100 VV RVG	€	785,20
1,2 Terminsgebühr		
(§§ 2 Abs. 2, 13 Abs. 1), Nr. 3104 VV RVG	€	724,80
PT-Pauschale, Nr. 7002 VV RVG	€	20,00
Zwischensumme	€	1.530,00
19 % Umsatzsteuer, Nr. 7008 VV RVG	€	290,70
Summe	**€**	**1.820,70**

Regelgebühren	€	1.820,70
abzüglich PKH-Anwaltsgebühren	./. €	978,78
Differenz	**€**	**841,92**

Der Vorschuss hat betragen:	€	250,00

Der Vorschuss kann damit vollständig einbehalten werden (§ 58 Abs. 2 RVG), da er weniger beträgt als die Differenz zwischen PKH- und Regelvergütung.

Erläuterung: Auch § 16 BORA steht dem Einbehalt des Vorschusses nicht entgegen, da der Vorschuss **vor** Bewilligung der Prozesskostenhilfe gefordert worden ist. In der Praxis empfiehlt sich jedoch ein Hinweis an den Mandanten, dass der zu leistende Vorschuss entsprechend § 58 Abs. 2 RVG verrechnet wird.

VI. Familiensachen

Lösungsvorschlag 60 *(SJ)*

Hauptsacheverfahren Sorgerecht und Umgangsrecht

Gegenstandswert: 3.000 € (Sorgerecht) + 3.000 € (Umgangsrecht) = 6.000 €,
§§ 22 Abs. 1, 23 Abs. 1 S. 1 RVG, 45 Abs. 1 Nr. 1 und 2 FamGKG

1,3 Verfahrensgebühr (§§ 2 Abs. 2, 13 Abs. 1 RVG), Nr. 3100 VV RVG	€	460,20
1,2 Terminsgebühr (§§ 2 Abs. 2, 13 Abs. 1 RVG), Nr. 3104 VV RVG	€	424,80
PT-Pauschale, Nr. 7002 VV RVG	€	20,00
Zwischensumme	€	905,00
19 % Umsatzsteuer, Nr. 7008 VV RVG	€	171,95
Summe	**€**	**1.076,95**

Einstweilige Anordnung Sorgerecht

Gegenstandswert: 1.500 €, §§ 23 Abs. 1 S. 1 RVG,
41 FamGKG i.V.m. § 45 Abs. 1 Nr. 1 FamGKG

1,3 Verfahrensgebühr (§§ 2 Abs. 2, 13 Abs. 1), Nr. 3100 VV RVG	€	149,50
PT-Pauschale, Nr. 7002 VV RVG	€	20,00
Zwischensumme	€	169,50
19 % Umsatzsteuer, Nr. 7008 VV RVG	€	32,21
Summe	**€**	**201,71**

Erläuterung: Die einstweilige Anordnung stellt eine besondere Angelegenheit dar, für die gesondert Gebühren entstehen, da nach dem FamFG eine einstweilige Anordnung auch ohne Hauptsacheverfahren beantragt werden kann. Da über die einstweilige Anordnung im Beschlusswege entschieden worden ist und es sich bei einstweiligen Anordnungen um Verfahren handelt, für die eine mündliche Verhandlung nicht vorgeschrieben ist, entsteht für die Entscheidung im Beschlusswege hier keine Terminsgebühr. Die Werte für das Hauptsacheverfahren Sorgerecht und Umgangsrecht sind zu addieren, da es sich um mehrere Gegenstände in derselben Angelegenheit handelt, § 22 Abs. 1 RVG. Die Gebühren sind hieraus einmal zu berechnen, § 15 Abs. 2 RVG. Auch § 33 Abs. 1 S. 1 FamGKG sieht eine Wertaddition bei mehreren Gegenständen vor. Da aber das RVG eine Spezialvorschrift für die Anwaltsgebühren enthält, ist § 22 Abs. 1 RVG anzugeben.

Lösungsvorschlag 61 *(SJ)*

Gegenstandswert: 17.000 €, §§ 23 Abs. 1 S. 1 RVG, 35 FamGKG

1. Außergerichtliche Vertretung

1,3 Geschäftsgebühr		
(§§ 2 Abs. 2, 13 Abs. 1, 14 Abs. 1 RVG), Nr. 2300 VV RVG	€	904,80
PT-Pauschale, Nr. 7002 VV RVG	€	20,00
Zwischensumme	€	924,80
19 % Umsatzsteuer, Nr. 7008 VV RVG	€	175,71
Summe	**€**	**1.100,51**

2. Tätigkeit nach Verfahrensauftrag

0,8 Verfahrensgebühr		
(§§ 2 Abs. 2, 13 Abs. 1 RVG),		
Nr. 3101 Nr. 1 VV RVG	€	556,80
abzüglich 0,65 Geschäftsgebühr		
Vorbem. 3 Abs. 4 VV RVG	./. €	452,40
Zwischensumme	€	104,40
1,5 Einigungsgebühr		
(§§ 2 Abs. 2, 13 Abs. 1 RVG), Nr. 1000 VV RVG	€	1.044,00
PT-Pauschale, Nr. 7002 VV RVG	€	20,00
Zwischensumme	€	1.168,40
19 % Umsatzsteuer, Nr. 7008 VV RVG	€	222,00
Summe	**€**	**1.390,40**

Erläuterung: Aufgrund der Mitwirkung von Rechtsanwalt Otto an den Vergleichsverhandlungen ist der Ansatz einer Einigungsgebühr gerechtfertigt, Abs. 2 der Anm. zu Nr. 1000 VV RVG. Die Geschäftsgebühr nach Vorbem. 3 Abs. 4 RVG ist auch auf eine 0,8 Verfahrensgebühr nach Nr. 3101 Nr. 1 VV RVG anzurechnen.[14]

> **Prüfungstipp:** In der Aufgabe ist von umfangreichen Berechnungen die Rede, so dass möglicherweise auch ein über der 1,3 Geschäftsgebühr liegender Gebührensatz gerechtfertigt wäre. Sie sollten unbedingt die Angabe in Ihrer Prüfungsaufgabe beachten. Teilweise wird in Prüfungen vorgegeben, dass bei der Geschäftsgebühr grundsätzlich von der so genannten Regelgebühr auszugehen ist (1,3); teilweise wird der Gebührensatz für die Geschäftsgebühr in der Aufgabenstellung vorgegeben.

---

14 *BGH* Beschl. v. 25.9.2008, Az. IX ZR 133/07 NJW 2008, S. 3641; JurBüro 2008, S. 642.

Lösungsvorschlag 62 *(SJ)*

a) Ermittlung der Gegenstandswerte

Ehesache (festgesetzt)	45.000 €	§§ 23 Abs. 1 S. 1 RVG, 43 Abs. 1 S. 1 und Abs. 2 FamGKG
Trennungsunterhalt Ehefrau	14.400 €	12 × 1.200 € = 14.400 € §§ 23 Abs. 1 S. 1 RVG, 51 Abs. 1 S. 1 FamGKG
nachehelicher Ehegattenunterhalt	12.000 €	12 × 1.000 € = 12.000 € §§ 23 Abs. 1 RVG, 51 Abs. 1 S. 1 FamGKG
Kindesunterhalt	19.200 €	12 × 1.600 € = 19.200 € §§ 22, 23 Abs. 1 S. 1 RVG, 51 Abs. 1 S. 1 FamGKG
Haushalt	2.000 €	§§ 23 Abs. 1 S. 1 RVG, 48 Abs. 2 FamGKG
Versorgungsausgleich	3.300 €	§§ 23 Abs. 1 S. 1 RVG, 50 FamGKG (10 % von 33.000 €)
Zugewinnausgleich	50.000 €	§§ 23 Abs. 1 S. 1 RVG, 35 FamGKG

Nach § 16 Nr. 4 RVG stellen eine Scheidungssache und die Folgesachen gebührenrechtlich dieselbe Angelegenheit dar mit der Folge, dass die Gebühren nur einmal abgerechnet werden können, § 15 Abs. 2 RVG. Mehrere Gegenstände in derselben Angelegenheit sind jedoch nach § 22 Abs. 1 RVG zu addieren.

b) Berechnung der Vergütung

Außergerichtliche Tätigkeit

Gegenstandswert: 142.600 €
(Ehesache 45.000 €, Trennungsunterhalt 14.400 €, Kindesunterhalt 19.200 €, Zugewinnausgleich 50.000 €, Haushalt 2.000 €, nachehelicher Unterhalt 12.000 €)

1,3 Geschäftsgebühr (§§ 2 Abs. 2, 13 Abs. 1, 14 Abs. 1 RVG), Nr. 2300 VV RVG	€	2.285,40
PT-Pauschale, Nr. 7002 VV RVG	€	20,00
Zwischensumme	€	2.305,40
19 % Umsatzsteuer, Nr. 7008 VV RVG	€	438,03
Summe	**€**	**2.743,43**

Erläuterung: Der Versorgungsausgleich wurde bei der außergerichtlichen Tätigkeit nicht berücksichtigt, da aus der Aufgabenstellung ersichtlich wird, dass Rechtsanwalt Zufall sofort den Auftrag erhalten hat, den Versorgungsausgleich im gerichtlichen Verfahren durchzuführen; eine außergerichtliche Tätigkeit hat er hierüber nicht erbracht.

Wegen der Ehesache hat Rechtsanwalt Zufall zwar zunächst „nur" beraten, diese Beratung hing jedoch zusammen mit den weiteren Gegenständen, außerdem hat Rechtsanwalt Zufall den Ehegatten wegen des Trennungsjahres und der beabsichtigten Scheidung angeschrieben, so dass § 34 Abs. 1 S. 1 RVG nicht zur Anwendung kommt. Der Wert der Ehesache kann also hier auch vorgerichtlich berücksichtigt werden.

Gerichtliches Verfahren

Gegenstandswert: 129.500 € (48.300 €/81.200 €)

(Ehesache 45.000 €, Versorgungsausgleich 3.300 €, nachehelicher Ehegattenunterhalt 12.000 €, Kindesunterhalt 19.200 €, Zugewinnausgleich 50.000 €)

1,3 Verfahrensgebühr aus 48.300 € (§§ 2 Abs. 2, 13 Abs. 1 RVG), Nr. 3100 VV RVG		€ 1.511,90		
0,8 Differenzverfahrensgebühr aus 81.200 € (§§ 2 Abs. 2, 13 Abs. 1 RVG), Nr. 3101 Nr. 2 VV RVG		€ 1.134,40		
Zwischensumme		€ 2.646,30		
abzüglich 0,65 Geschäftsgebühr aus 129.500 €, Vorbem. 3 Abs. 4 VV RVG	./. €	1.087,45		
Zwischensumme			€	1.558,85

§ 15 Abs. 3 höchstens:
1,3 aus 129.500 €, hier: keine Kürzung

1,2 Terminsgebühr aus 129.500 € (§ 15 Abs. 5 S. 1 RVG) (§§ 2 Abs. 2, 13 Abs. 1 RVG), Nr. 3104 VV RVG	€	2.007,60
1,5 Einigungsgebühr aus 81.200 € (§§ 2 Abs. 2, 13 Abs. 1 RVG), Nr. 1000 VV RVG	€	2.127,00
PT-Pauschale, Nr. 7002 VV RVG	€	20,00
Zwischensumme	€	5.713,45
19 % Umsatzsteuer, Nr. 7008 VV RVG	€	1.085,56
Summe	**€**	**6.799,01**

Erläuterung: Die Geschäftsgebühr ist aus einem Wert in Höhe von 142.600 € entstanden. Bitte beachten Sie, dass diese Geschäftsgebühr jedoch nicht aus dem kompletten Wert anzurechnen ist, da sowohl der Gegenstand Haushaltsgegenstände als auch Gegenstand Trennungsunterhalt nicht Gegenstand der Scheidungsvereinbarung waren.

Beim Gegenstandswert für den Zugewinn ist der geforderte Betrag maßgeblich und nicht der Betrag, der letztendlich zur Auszahlung gelangt. Etwas anderes könnte dann gelten, wenn der geringere Betrag auf einem Rechenfehler des Anwalts beruht. Dies war vorliegend nicht der Fall. Die Mandantin hat sich vielmehr statt mit den berechtigt geforderten 50.000 € mit einem Betrag in Höhe von 30.000 € zufrieden gegeben.

Im vorliegenden Fall fällt eine Erhöhung nach Nr. 1008 VV RVG nicht an (auch nicht für die Vertretung der beiden Kinder wegen des Kindesunterhalts), da Unterhaltsansprüche immer höchstpersönlich sind. Sie stellen verschiedene Gegenstände dar, deren Werte nach § 22 Abs. 1 RVG zu addieren sind.

Nach § 16 Nr. 4 RVG stellen eine Scheidungssache und die Folgesachen gebührenrechtlich dieselbe Angelegenheit dar mit der Folge, dass die Gebühren nur einmal abgerechnet werden können, § 15 Abs. 2 RVG. Mehrere Gegenstände in derselben Angelegenheit sind jedoch nach § 22 Abs. 1 RVG zu addieren.

Da über alle Gegenstände entweder am Ende ein gerichtliches Verfahren anhängig war oder aber Klageauftrag bestand, bzw. Auftrag erteilt wurde, später im gerichtlichen Verfahren den Vergleich zu protokollieren (nach erteiltem Prozessauftrag) entsteht die Terminsgebühr aus dem addierten Wert, vgl. dazu auch § 15 Abs. 5 S. 1 RVG. Teilweise wird die Ansicht vertreten, dass der Trennungsunterhalt eine besondere Angelegenheit darstellt und getrennt abgerechnet werden kann, da er gerichtlich nie Folgesache im Verbund sein kann. Diese Ansicht ist jedoch strittig.

Lösungsvorschlag 63 *(SJ)*

Abrechnung des Verbundverfahrens

Gegenstandswerte: Ehescheidung		
§§ 23 Abs. 1 S. 2 RVG, 43 Abs. 1 FamGKG	€	6.000,00
Versorgungsausgleich, Mindestwert		
§ 23 Abs. 1 S. 2 RVG, 50 Abs. 1 FamGKG	€	1.000,00
Umgangsrecht, 20 % des Wertes nach § 43 FamGKG		
§ 44 Abs. 2 S. 1 FamGKG, somit	€	1.200,00
Addition, § 22 Abs. 1 RVG	**€**	**8.200,00**
1,3 Verfahrensgebühr		
(§§ 2 Abs. 2, 13 Abs. 1 RVG), Nr. 3100 VV RVG	€	659,10
1,2 Terminsgebühr		
(§§ 2 Abs. 2, 13 Abs. 1 RVG), Nr. 3104, Vorbem. 3 Abs. 3, 3. Alternative VV RVG	€	608,40
1,0 Aussöhnungsgebühr		
(§§ 2 Abs. 2, 13 Abs. 1 RVG), Nr. 1001 VV RVG		
i.V.m. Nr. 1003 VV RVG aus 6.000 €	€	354,00
PT-Pauschale, Nr. 7002 VV RVG	€	20,00
Zwischensumme	€	1.641,50
19 % Umsatzsteuer, Nr. 7008 VV RVG	€	311,89
Summe	**€**	**1.953,39**

Abrechnung des als isoliertes Verfahren fortgeführte Folgesache Sorgerecht, §§ 137 Abs. 3 FamFG, 21 Abs. 3 RVG

Gegenstandswert: 3.000 €, §§ 23 Abs. 1 S. 2 RVG, 45 Abs. 1 Nr. 1 FamGKG		
1,3 Verfahrensgebühr		
(§§ 2 Abs. 2, 13 Abs. 1, RVG), Nr. 3100 VV RVG	€	261,30
1,2 Terminsgebühr		
(§§ 2 Abs. 2, 13 Abs. 1 RVG), Nr. 3104 VV RVG	€	241,20
PT-Pauschale, Nr. 7002 VV RVG	€	20,00
Zwischensumme	€	522,50
19 % Umsatzsteuer, Nr. 7008 VV RVG	€	99,28
Summe	**€**	**621,78**

Erläuterung: Bei der Addition der Gegenstände ist § 22 Abs. 1 RVG richtigerweise zu zitieren. Zwar regelt auch § 33 Abs. 1 S. 1 FamGKG, dass die Scheidungs- und Folgesachen zu addieren sind, da hier jedoch die Anwaltsvergütung berechnet werden soll und eine Spezialbestimmung im RVG vorgegeben ist, ist es hier richtiger, § 22 Abs. 1 RVG zu zitieren. Fragen Sie jedoch ggf. Ihren Referenten, welche Angaben in Ihrem Kammerbezirk in der Abschlussprüfung gefordert werden.

Nach § 21 Abs. 3 RVG bilden eine Folgesache, die als selbstständige Familiensache fortgeführt wird und das frühere Verfahren gebührenrechtlich dieselbe Angelegenheit. In derselben Angelegenheit darf nach § 15 Abs. 2 RVG der Rechtsanwalt der Gebühren nur einmal fordern. Der Wert des Sorgerechts hätte im Verbundverfahren 20 % des Wertes der Ehesache, damit 1.200 € betragen, §§ 23 Abs. 1 S. 2 RVG, 44 Abs. 1 FamGKG. Wird das Verfahren als selbstständiges Verfahren geführt, ist von einem Wert von 3.000 € gemäß §§ 23 Abs. 1 S. 2 RVG, 45 Abs. 1 Nr. 1 FamGKG auszugehen. Der Wert für das isolierte Verfahren und die getrennte Abrechnung führen zu einem höheren Vergütungsanspruch des Rechtsanwalts, weshalb sinnvollerweise hier die getrennte Abrechnung bevorzugt wird. Eine Anrechnung ist im Gesetz nicht vorgesehen. § 21 Abs. 3 RVG regelt vielmehr, dass gebührenrechtlich das Sorgerecht im Verbund und das isolierte Verfahren dieselbe Angelegenheit sind, sodass die Gebühren nur einmal gefordert werden dürfen. Nach meiner Auffassung ist daher sinnvollerweise, da die isolierte Abrechnung zu höheren Vergütungsansprüchen des Anwalts führt, das Sorgerecht bei der Abrechnung des Verbundverfahrens unberücksichtigt zu lassen und vielmehr das isolierte Verfahren getrennt abzurechnen.

Lösungsvorschlag 64 *(SJ)*

a) Es liegt eine gebührenrechtliche Angelegenheit vor, die Gebühren können nur einmal gefordert werden, § 15 Abs. 2 S. 1 RVG.

b) Es werden vier Gegenstände geltend gemacht. Laufender Unterhalt für die Antragstellerin zu 1); rückständiger Unterhalt für die Antragstellerin zu 1); laufender Unterhalt für den Antragsteller zu 2) sowie rückständiger Unterhalt für den Antragsteller zu 2).

c) Jahresbetrag des geforderten Unterhalts
    für die Antragstellerin zu 1) = 12 × 400,00 € =   €   4.800,00
    Jahresbetrag des geforderten Unterhalts
    für den Antragstellerin zu 2) = 12 ×x 655,00 € =   €   7.860,00
    § 51 Abs. 1 FamGKG
    zzgl. Rückstand Antragstellerin zu 1)   €   800,00
    zzgl. Rückstand Antragsteller zu 2)   €   1.310,00
    § 51 Abs. 2 FamGKG   €   14.770,00
    § 22 Abs. 1 RVG

d) Nein, RA Schmidt kann keine Erhöhung nach Nr. 1008 VV RVG geltend machen,
    da diese bei Wertgebühren nur berechnet werden kann, wenn derselbe Gegen-
    stand der anwaltlichen Tätigkeit ist; das ist vorliegend nicht der Fall, da Unterhalts-
    ansprüche immer höchstpersönlicher Natur sind.

VII. Besondere Gerichtsbarkeiten

Lösungsvorschlag 65 *(SJ)*

a) Kostenauferlegung und GK

In arbeitsgerichtlichen Streitigkeiten trägt jede Partei ihre außergerichtlichen Kosten (Anwaltskosten) selbst, vgl. dazu § 12a Abs. 1 ArbGG. Da das Verfahren in der Güteverhandlung durch Vergleich beendet worden ist, entfällt die Gerichtsgebühr in Höhe einer 2,0 Verfahrensgebühr nach Nr. 8210 KV GKG, so dass letztendlich keine Gerichtskosten für dieses Verfahren entstehen.

b) Entstandene Vergütung

Gegenstandswert:
1.780 € × 3 = 5.340 €/1.780 €
(§§ 23 Abs. 1 RVG, 42 Abs. 2 S. 1 GKG)

1,3 Verfahrensgebühr aus 5.340 € (§§ 2 Abs. 2, 13 Abs. 1 RVG), Nr. 3100 VV RVG	€	460,20		
0,8 Differenzverfahrensgebühr aus 1.780 € (§§ 2 Abs. 2, 13 Abs. 1 RVG), Nr. 3101 Nr. 2 VV RVG	€	120,00		
Zwischensumme			€	580,20

§ 15 Abs. 3 RVG höchstens:
1,3 Verfahrensgebühr aus 7.120 € = € 592,80, keine Kürzung

1,2 Terminsgebühr aus 7.120 € (§§ 2 Abs. 2, 13 Abs. 1 RVG), Nr. 3104 VV RVG, § 15 Abs. 5 S. 1 RVG			€	547,20
1,0 Einigungsgebühr aus 5.340 € (§§ 2 Abs. 2, 13 Abs. 1 RVG), Nr. 1003 VV RVG	€	354,00		
1,5 Einigungsgebühr aus 1.780 € (§§ 2 Abs. 2, 13 Abs. 1 RVG), Nr. 1000 VV RVG	€	225,00		
Zwischensumme			€	597,00

§ 15 Abs. 3 RVG höchstens:
1,5 Einigungsgebühr aus 7.120 € = 684,00 €
hier: keine Kürzung

PT-Pauschale, Nr. 7002 VV RVG	€	20,00
Zwischensumme	€	1.744,40
19 % Umsatzsteuer, Nr. 7008 VV RVG	€	331,44
Summe	**€**	**2.075,84**

Die herrschende Rechtsprechung bewertet die Erteilung des Zeugnisses mit dem einfachen Brutto-Entgelt. Da das Zeugnis nicht Gegenstand des Klageverfahrens war, jedoch in den Vergleich mit einbezogen worden ist, handelt es sich um einen nicht rechtshängigen Anspruch, der mit verglichen wurde.

Anspruch gegen RSV bei Selbstbeteiligung

Die Selbstbeteiligung wird dem Auftraggeber in Rechnung gestellt und von den Kosten, die die Rechtsschutzversicherung insgesamt zu tragen hat, in Abzug gebracht. In unserem Fall müsste die Rechtsschutzversicherung einen Betrag in Höhe von 2.075,84 € abzüglich 150 € = 1.925,84 € bezahlen.

Lösungsvorschlag 66 *(SJ)*

Außergerichtliche Tätigkeit vor dem Finanzamt

Gegenstandswert: 12.000 €

1,3 Geschäftsgebühr (§§ 2 Abs. 2, 13 Abs. 1, 14 Abs. 1 RVG), Nr. 2300 VV RVG	€	785,20
PT-Pauschale, Nr. 7002 VV RVG	€	20,00
Zwischensumme	€	805,20
19 % Umsatzsteuer, Nr. 7008 VV RVG	€	152,99
Summe	**€**	**958,19**

Gerichtliches Verfahren vor dem Finanzgericht

Gegenstandswert: 12.000 €

1,6 Verfahrensgebühr (§§ 2 Abs. 2, 13 Abs. 1 RVG), Nr. 3200 VV RVG	€	966,40		
abzüglich 0,65 Geschäftsgebühr Vorbem. 3 Abs. 4 Nr. 2300 VV RVG	./. €	392,60		
Zwischensumme			€	573,80
1,2 Terminsgebühr (§§ 2 Abs. 2, 13 Abs. 1 RVG), Nr. 3202 VV RVG			€	724,80
PT-Pauschale, Nr. 7002 VV RVG			€	20,00
Zwischensumme			€	1.318,60
19 % Umsatzsteuer, Nr. 7008 VV RVG			€	250,53
Summe			**€**	**1.569,13**

Erläuterung: Die Gebühren vor dem Finanzgericht bestimmen sich nach Vorbemerkung 3.2.1 Abs. 1 Nr. 1 VV RVG nach den Nrn. 3200 ff. VV RVG. Die Terminsgebühr nach Nr. 3202 VV RVG in Höhe von 1,2 kann nach Abs. 2 der Anmerkung zu Nr. 3202 VV RVG auch dann entstehen, wenn gemäß § 79a Abs. 2, § 90a oder § 94a FGO ohne mündliche Verhandlung durch Gerichtsbescheid entschieden wird.

Lösungsvorschlag 67 *(SJ)*

1. Verfahren vor dem Landgericht München I

Gegenstandswert: 8.000 €, § 2 Abs. 1 RVG

1,3 Verfahrensgebühr		
(§§ 2 Abs. 2, 13 Abs. 1 RVG), Nr. 3100 VV RVG	€	592,80
PT-Pauschale, Nr. 7002 VV RVG	€	20,00
Zwischensumme	€	612,80
19 % Umsatzsteuer, Nr. 7008 VV RVG	€	116,43
Summe	**€**	**729,23**

2. Verfahren vor dem Sozialgericht, § 20 S. 1 RVG nach Verweisung

Verfahrensgebühr		
(§§ 2 Abs. 2, 14 Abs. 1, 3 RVG), Nr. 3102 VV RVG		
Mittelgebühr = 300 €		
§§ 20 S. 1 RVG, 15 Abs. 2 RVG	€	00,00
Terminsgebühr		
(§§ 2 Abs. 2, 14 Abs. 1, 3 RVG), Nr. 3106 VV RVG		
Mittelgebühr	€	280,00
Zwischensumme	€	280,00
19 % Umsatzsteuer, Nr. 7008 VV RVG	€	53,20
Summe	**€**	**333,20**

3. Summe Ziff. 1 + Ziff. 2

729,23 € + 333,20 €	**€**	**1.062,43**

Erläuterung: Sofern eine Verweisung auf der gleichen instanzlichen Ebene erfolgt, wie hier, regelt § 20 S. 1 RVG, dass die Verfahren vor dem verweisenden oder abgebenden und vor dem übernehmenden Gericht einen (= denselben) Rechtszug darstellen. Nach § 15 Abs. 2 RVG dürfen die Gebühren in derselben Angelegenheit nur einmal gefordert werden. Da die Verfahrensgebühr aus dem vom Landgericht München I festgesetzten Streitwert mit 8.000 € höher ist als die Betragsrahmengebühr für das Verfahren vor dem Sozialgericht, wird hier nur die Verfahrensgebühr vor dem Landgericht München I berechnet. Die PT-Pauschale kann ebenfalls nur einmal entstehen, da dieselbe gebührenrechtliche Angelegenheit vorliegt.

Lösungsvorschlag 68 *(SJ)*

1. Vertretung im Widerspruchsverfahren, § 17 Nr. 1a) RVG

Geschäftsgebühr		
(§§ 2 Abs. 2, 3 14 Abs. 1 RVG), Nr. 2302 VV RVG		
Regelgebühr	€	300,00
PT-Pauschale, Nr. 7002 VV RVG	€	20,00
Zwischensumme	€	320,00
19 % Umsatzsteuer, Nr. 7008 VV RVG	€	60,80
Summe	**€**	**380,80**

2. Verfahren vor dem Sozialgericht

Verfahrensgebühr			
(§§ 2 Abs. 2, 3 14 Abs. 1 RVG), Nr. 3102 VV RVG			
Mittelgebühr		€	300,00
./. Anrechnung Geschäftsgebühr			
gem. Vorbem. 2.3. Abs. 4 VV RVG	./.	€	150,00
Zwischensumme		€	150,00
Terminsgebühr			
(§§ 2 Abs. 2, 14 Abs. 1 RVG), Nr. 3106 VV RVG			
Mittelgebühr		€	280,00
PT-Pauschale, Nr. 7002 VV RVG		€	20,00
Zwischensumme		€	450,00
19 % Umsatzsteuer, Nr. 7008 VV RVG		€	85,50
Summe		**€**	**535,50**

3. Summe Ziff. 1 + Ziff. 2

380,80 € + 535,50 €	**€**	**916,30**

Erläuterung: Nach einer Entscheidung des Bundessozialgerichts vom 27.10.2009 (Az. B 1 KR 12/09 R) sind sozialgerichtliche Angelegenheiten über die Umlagepflicht nach dem Aufwendungsausgleichsgesetz eines Arbeitgebers als „Versicherte" kostenprivilegiert. Damit sind diese mit Betragsrahmengebühren nach § 3 RVG abzurechnen (vgl. dazu auch § 183 SGG).

Lösungsvorschlag 69 *(SJ)*

1. Außergerichtliche Tätigkeit

Grundgebühr		
(§§ 2 Abs. 2, 14 Abs. 1 RVG), Nr. 6200 VV RVG		
Mittelgebühr	€	195,00
Verfahrensgebühr		
(§§ 2 Abs. 2, 14 Abs. 1 RVG), Nr. 6202 VV RVG		
Mittelgebühr	€	165,00
PT-Pauschale, Nr. 7002 VV RVG	€	20,00
Zwischensumme	€	380,00
19 % Umsatzsteuer, Nr. 7008 VV RVG	€	72,20
Summe	**€**	**452,20**

2. Verfahren vor dem Anwaltsgericht

Verfahrensgebühr		
(§§ 2 Abs. 2, 14 Abs. 1 RVG), Nr. 6203 VV RVG		
Mittelgebühr	€	185,00
Terminsgebühr		
(§§ 2 Abs. 2, 14 Abs. 1 RVG), Nr. 6204 VV RVG		
Mittelgebühr	€	320,00
PT-Pauschale, Nr. 7002 VV RVG	€	20,00
Zwischensumme	€	525,00
19 % Umsatzsteuer, Nr. 7008 VV RVG	€	99,75
Summe	**€**	**624,75**

3. Summe Ziff. 1 + Ziff. 2

452,20 € + 624,75 €   € 1.076,95

Lösungsvorschlag 70 *(SJ)*

Gegenstandswert: 822 €, § 2 Abs. 1 RVG
1,5 Geschäftsgebühr
(§§ 2 Abs. 2, 13 Abs. 1 RVG), Nr. 2303 Nr. 4 VV RVG   € 120,00
1,5 Einigungsgebühr
(§§ 2 Abs. 2, 13 Abs. 1 RVG), Nr. 1000 VV RVG   € 120,00
PT-Pauschale, Nr. 7002 VV RVG   € 20,00
Zwischensumme   € 260,00
19 % Umsatzsteuer, Nr. 7008 VV RVG   € 49,40
Summe   **€ 309,40**

VIII. Straf- und Bußgeldsachen

Lösungsvorschlag 71a *(SJ)*

Vergütung als Wahlverteidiger für Rechtsanwalt Nochmal

1. Ermittlungsverfahren

Grundgebühr (§§ 2 Abs. 2, 14 Abs. 1 RVG), Nr. 4100 VV RVG	€	200,00
Terminsgebühr (§§ 2 Abs. 2, 14 Abs. 1 RVG), Nr. 4102 Nr. 2 VV RVG	€	170,00
Verfahrensgebühr (§§ 2 Abs. 2, 14 Abs. 1 RVG), Nr. 4104 VV RVG	€	165,00
Dokumentenpauschale 42 Fotokopien à 0,50 €, Nr. 7000 Nr. 1a VV RVG	€	21,00
PT-Pauschale, Nr. 7002 VV RVG	€	20,00
Zwischensumme	€	576,00
19 % Umsatzsteuer, Nr. 7008 VV RVG	€	109,44
Summe	**€**	**685,44**

2. Gerichtliches Verfahren 1. Instanz

Verfahrensgebühr (§§ 2 Abs. 2, 14 Abs. 1 RVG), Nr. 4106 VV RVG	€	165,00
Terminsgebühr (§§ 2 Abs. 2, 14 Abs. 1 RVG), Nr. 4108 VV RVG	€	275,00
Terminsgebühr (§§ 2 Abs. 2, 14 Abs. 1 RVG), Nr. 4108 VV RVG	€	275,00
PT-Pauschale, Nr. 7002 VV RVG	€	20,00
Zwischensumme	€	735,00
19 % Umsatzsteuer, Nr. 7008 VV RVG	€	139,65
Summe	**€**	**874,65**

3. Wiederaufnahmeverfahren

Geschäftsgebühr (§§ 2 Abs. 2, 14 Abs. 1 RVG), Nr. 4136 i.V.m. Nr. 4106 RVG	€	165,00
Verfahrensgebühr (§§ 2 Abs. 2, 14 Abs. 1 RVG), Nr. 4137 i.V.m. Nr. 4106 VV RVG	€	165,00
Verfahrensgebühr (§§ 2 Abs. 2, 14 Abs. 1 RVG), Nr. 4138 i.V.m. Nr. 4106 VV RVG	€	165,00
PT-Pauschale, Nr. 7002 VV RVG	€	20,00
Zwischensumme	€	515,00
19 % Umsatzsteuer, Nr. 7008 VV RVG	€	97,85
Summe	**€**	**612,85**

4. Beschwerdeverfahren

Verfahrensgebühr		
(§§ 2 Abs. 2, 14 Abs. 1 RVG), Nr. 4139 i.V.m. Nr. 4106 VV RVG	€	165,00
PT-Pauschale, Nr. 7002 VV RVG	€	20,00
Zwischensumme	€	185,00
19 % Umsatzsteuer, Nr. 7008 VV RVG	€	35,15
Summe	**€**	**220,15**

5. Gesamtbetrag Wahlverteidigervergütung	**€**	**2.393,09**

Lösungsvorschlag 71b *(SJ)*

Vergütung als Pflichtverteidiger

1. Ermittlungsverfahren

Grundgebühr		
(§ 2 Abs. 2 RVG), Nr. 4100 VV RVG	€	160,00
Terminsgebühr		
(§ 2 Abs. 2 RVG), Nr. 4102 Nr. 2 VV RVG	€	136,00
Verfahrensgebühr		
(§ 2 Abs. 2 RVG), Nr. 4104 VV RVG	€	132,00
Dokumentenpauschale 42 Fotokopien à 0,50 €,		
Nr. 7000 Nr. 1a VV RVG	€	21,00
PT-Pauschale, Nr. 7002 VV RVG	€	20,00
Zwischensumme	€	469,00
19 % Umsatzsteuer, Nr. 7008 VV RVG	€	89,11
Summe	**€**	**558,11**

2. Gerichtliches Verfahren 1. Instanz

Verfahrensgebühr		
(§ 2 Abs. 2 RVG), Nr. 4106 VV RVG	€	132,00
Terminsgebühr		
(§ 2 Abs. 2 RVG), Nr. 4108 VV RVG	€	220,00
Terminsgebühr		
(§ 2 Abs. 2 RVG), Nr. 4108 VV RVG	€	220,00
PT-Pauschale, Nr. 7002 VV RVG	€	20,00
Zwischensumme	€	592,00
19 % Umsatzsteuer, Nr. 7008 VV RVG	€	112,48
Summe	**€**	**704,48**

3. Wiederaufnahmeverfahren

Geschäftsgebühr		
(§ 2 Abs. 2 RVG), Nr. 4136 VV i.V.m. Nr. 4106 RVG	€	132,00
Verfahrensgebühr		
(§ 2 Abs. 2 RVG), Nr. 4137 i.V.m. Nr. 4106 VV RVG	€	132,00
Verfahrensgebühr		
(§ 2 Abs. 2 RVG), Nr. 4138 i.V.m. Nr. 4106 VV RVG	€	132,00
PT-Pauschale, Nr. 7002 VV RVG	€	20,00
Zwischensumme (Übertrag)	€	416,00

Übertrag	€	416,00
19 % Umsatzsteuer, Nr. 7008 VV RVG	€	79,04
Summe	€	**495,04**

4. Beschwerdeverfahren

Verfahrensgebühr		
(§ 2 Abs. 2 RVG), Nr. 4139 i.V.m. Nr. 4106 VV RVG	€	132,00
PT-Pauschale, Nr. 7002 VV RVG	€	20,00
Zwischensumme	€	152,00
19 % Umsatzsteuer, Nr. 7008 VV RVG	€	28,88
Summe	€	**180,88**
5. Gesamtbetrag Pfichtverteidigervergütung	€	**1.938,51**

> **Prüfungstipp:** Sofern in der Aufgabenstellung keine Zeitangabe zum Hauptverhand-
> lungstermin erfolgt, sollten Sie davon ausgehen, dass die Sonderregelung (Längenzu-
> schlag) wie z.B. in Nrn. 4110 oder 4111 VV RVG geregelt, nicht zum Tragen kommt.

Erläuterung: Zum 1.8.2013 wurde durch das 2. KostRMoG in § 17 Nr. 1a RVG geregelt, dass das Vorverfahren und das gerichtliche Verfahren jeweils gesonderte Angelegenheiten darstellen und damit gesonderte PT-Pauschalen auslösen. Nach § 17
Nr. 12 RVG stellen das Wiederaufnahmeverfahren und das wiederaufgenommene
Verfahren, wenn sich die Gebühren nach Teil 4 oder 5 des Vergütungsverzeichnisses
richten, verschiedene Angelegenheiten dar und können somit gesondert abgerechnet
werden.

Lösungsvorschlag 71c *(SJ)*

Vorschuss

Was den Vorschuss in Höhe von 600 € betrifft, so ist dieser auf die von der Staatskasse
auf die Verfahrensabschnitte zu zahlenden Gebühren anzurechnen, § 58 Abs. 3 S. 1
RVG. Soweit der Rechtsanwalt die Zahlung empfangen hat, nachdem er Gebühren
aus der Staatskasse erhalten hat, ist er zur Rückzahlung an die Staatskasse verpflichtet,
§ 58 Abs. 3 S. 2 RVG. Die Anrechnung oder Rückzahlung erfolgt jedoch nur, soweit
der Rechtsanwalt durch die Zahlung insgesamt mehr als den doppelten Betrag, der
ihm ohne Berücksichtigung der nach § 51 RVG aus der Staatskasse zustehenden
Gebühren erhalten würde, § 58 Abs. 3 S. 3, S. 4 RVG.

Die Pflichtverteidigervergütung beträgt hier: (vgl. dazu Rechnung zu b)	€	1.938,51
Die Höchstgebühren des Wahlanwalts würden (vgl. dazu Rechnung zu a)	€	2.393,09

Da der Vorschuss in Höhe von 600 € sowohl die Pflichtverteidigergebühren, als auch
die Höchstgebühren des Wahlanwalts nicht übersteigt, darf der Rechtsanwalt den Vorschuss insgesamt behalten. Er hat jedoch den Vorschuss, unabhängig davon, ob dieser
anzurechnen ist oder nicht, in seiner Abrechnung gegenüber der Staatskasse anzugeben, § 55 Abs. 5 S. 2 RVG.

Lösungsvorschlag 72 *(SJ)*

1. Ermittlungsverfahren

Grundgebühr (§§ 2 Abs. 2, 14 Abs. 1 RVG), Nr. 4100 VV RVG	€	200,00
Terminsgebühr (§§ 2 Abs. 2, 14 Abs. 1 RVG), Nr. 4102 Nr. 2 VV RVG	€	170,00
Verfahrensgebühr (§§ 2 Abs. 2, 14 Abs. 1 RVG), Nr. 4104 VV RVG	€	165,00
Dokumentenpauschale 32 Fotokopien à 0,50 €, Nr. 7000 Nr. 1a VV RVG	€	16,00
PT-Pauschale, Nr. 7002 VV RVG	€	20,00
Zwischensumme	€	571,00
19 % Umsatzsteuer, Nr. 7008 VV RVG	€	108,49
Summe	**€**	**679,49**

2. Gerichtliches Verfahren 1. Instanz

Verfahrensgebühr (§§ 2 Abs. 2, 14 Abs. 1 RVG), Nr. 4106 VV RVG	€	165,00
Terminsgebühr (§§ 2 Abs. 2, 14 Abs. 1 RVG), Nr. 4108 VV RVG	€	275,00
26 Fotokopien à 0,50 €, Nr. 7000 Nr. 1a VV RVG	€	13,00
PT-Pauschale, Nr. 7002 VV RVG	€	20,00
Zwischensumme	€	473,00
19 % Umsatzsteuer, Nr. 7008 VV RVG	€	89,87
Summe	**€**	**562,87**

3. Summe Ziffer 1 u. 2	**€**	**1.242,36**

Erläuterung: Die Einlegung des Rechtsmittels gehört nach § 19 Abs. 1 S. 2 Nr. 10 RVG noch zum Rechtszug. Dies ist eine Besonderheit in Verfahren, in denen sich die Gebühren nach Teil 4 bis 6 VV RVG richten.

Lösungsvorschlag zu Variante Fall 72 *(SJ)*

Da die reine Einlegung des Rechtsmittels noch zum Rechtszug gehört und noch keine neuen Gebühren auslöst, der Anwalt aber darüber hinaus hier weiter tätig geworden ist, kann für ihn bereits die Verfahrensgebühr für das Berufungsverfahren nach Nr. 4124 VV RVG in Höhe von 80,00 € bis 560,00 € entstehen, zzgl. Dokumentenpauschale für die Akteneinsicht, PT-Pauschale und Umsatzsteuer.

Lösungsvorschlag 73 *(SJ)*

1. Vorbereitendes Verfahren

Grundgebühr (§§ 2 Abs. 2, 14 Abs. 1 RVG), Nr. 5100 VV RVG	€	100,00
Verfahrensgebühr (Verwaltungsbehörde) (§§ 2 Abs. 2, 14 Abs. 1 RVG), Nr. 5103 VV RVG	€	160,00
PT-Pauschale, Nr. 7002 VV RVG	€	20,00
Zwischensumme (Übertrag)	€	280,00

Zwischensumme/Übertrag	€	280,00
19 % Umsatzsteuer, Nr. 7008 VV RVG	€	53,20
Summe	€	**333,20**

2. Gerichtliches Verfahren 1. Instanz

Verfahrensgebühr (Amtsgericht) (§§ 2 Abs. 2, 14 Abs. 1 RVG), Nr. 5109 VV RVG	€	160,00
Verfahrensgebühr (Zusatzgebühr) (§§ 2 Abs. 2, 14 Abs. 1 RVG), Nr. 5115 i.V.m. 5109 VV RVG	€	160,00
Dokumentenpauschale 8 Fotokopien à 0,50 €, Nr. 7000 Nr. 1 a VV RVG	€	4,00
PT-Pauschale, Nr. 7002 VV RVG	€	20,00
Zwischensumme	€	344,00
19 % Umsatzsteuer, Nr. 7008 VV RVG	€	65,36
Summe	€	**409,36**
3. Summe Ziff. 1 u. 2	€	**742,56**

Lösungsvorschlag 74 *(SJ)*

1. Vorbereitendes Verfahren

Grundgebühr (§§ 2 Abs. 2), Nr. 4101 VV RVG	€	192,00
Terminsgebühr (§§ 2 Abs. 2 RVG), Nr. 4102 Nr. 3, 4103 VV RVG	€	166,00
Verfahrensgebühr (§§ 2 Abs. 2 RVG), Nr. 4105 VV RVG	€	161,00
PT-Pauschale, Nr. 7002 VV RVG	€	20,00
Zwischensumme	€	539,00
19 % Umsatzsteuer, Nr. 7008 VV RVG	€	102,41
Summe	€	**641,41**

2. Gerichtliches Verfahren 1. Instanz

Verfahrensgebühr (§§ 2 Abs. 2 RVG), Nr. 4112 VV RVG	€	148,00
Terminsgebühr (§§ 2 Abs. 2 RVG), Nr. 4114 VV RVG	€	256,00
Terminsgebühr-Längenzuschlag (§§ 2 Abs. 2 RVG), Nr. 4116 VV RVG	€	128,00
Terminsgebühr (§§ 2 Abs. 2 RVG), Nr. 4114 VV RVG	€	256,00
Terminsgebühr-Längenzuschlag (§§ 2 Abs. 2 RVG), Nr. 4116 VV RVG	€	128,00
Dokumentenpauschale Nr. 7000 Nr. 1a) VV RVG (50 × 0,50 € + 26 × 0,15 €)	€	28,90
PT-Pauschale, Nr. 7002 VV RVG	€	20,00
Zwischensumme (Übertrag)	€	964,90

Zwischensumme (Übertrag)	€	964,90
19 % Umsatzsteuer, Nr. 7008 VV RVG	€	183,33
Summe	**€**	**1.148,23**
3. Summe Ziff. 1 u. 2	**€**	**1.789,64**

Lösungsvorschlag 75a *(SJ)*

Kosten des Wahlverteidigers

1. Verfahren vor dem Landgericht (Strafkammer) vor Zurückverweisung
Grundgebühr
(§§ 2 Abs. 2, 14 Abs. 1 RVG), Nr. 4100 VV RVG

Mittelgebühr	€	200,00
Verfahrensgebühr		
(§§ 2 Abs. 2, 14 Abs. 1 RVG), Nr. 4112 VV RVG		
Mittelgebühr	€	185,00
Terminsgebühr		
(§§ 2 Abs. 2, 14 Abs. 1 RVG), Nr. 4114 VV RVG		
(1. Termin), Mittelgebühr	€	320,00
Terminsgebühr		
(§§ 2 Abs. 2, 14 Abs. 1 RVG), Nr. 4114 VV RVG		
(2. Termin), Mittelgebühr	€	320,00
Terminsgebühr		
(§§ 2 Abs. 2, 14 Abs. 1 RVG), Nr. 4114 VV RVG		
(3. Termin), Mittelgebühr	€	320,00
Terminsgebühr		
(§§ 2 Abs. 2, 14 Abs. 1 RVG), Nr. 4114 VV RVG		
(4. Termin), Mittelgebühr	€	320,00
Aktenversendungspauschale		
Nr. 9003 Nr. 1 KV GKG	€	12,00
Dokumentenpauschale		
Nr. 7000 Nr. 1 VV RVG (50 × 0,50 € + 214 × 0,15 €)	€	57,10
PT-Pauschale, Nr. 7002 VV RVG	€	20,00
Zwischensumme	€	1.754,10
19 % Umsatzsteuer, Nr. 7008 VV RVG	€	333,28
Summe	**€**	**2.087,38**

2. Verfahren vor dem BGH (Revision)
Verfahrensgebühr
(§§ 2 Abs. 2, 14 Abs. 1 RVG), Nr. 4130 VV RVG

Mittelgebühr	€	615,00
Terminsgebühr		
(§§ 2 Abs. 2, 14 Abs. 1 RVG), Nr. 4132 VV RVG		
Mittelgebühr	€	340,00
Aktenversendungspauschale		
Nr. 9003 Nr. 1 KV GKG	€	12,00
Dokumentenpauschale		
Nr. 7000 Nr. 1 VV RVG (25 × 0,50 €)	€	12,50
Zwischensumme (Übertrag)	€	979,50

Zwischensumme/Übertrag	€	979,50
PT-Pauschale, Nr. 7002 VV RVG	€	20,00
Zwischensumme	€	999,50
19 % Umsatzsteuer, Nr. 7008 VV RVG	€	189,91
Summe	**€**	**1.189,41**

3. Verfahren vor dem Landgericht (Strafkammer) nach Zurückverweisung

Verfahrensgebühr		
(§§ 2 Abs. 2, 14 Abs. 1 RVG), Nr. 4112 VV RVG		
Mittelgebühr	€	185,00
Terminsgebühr		
(§§ 2 Abs. 2, 14 Abs. 1 RVG), Nr. 4114 VV RVG		
(1. Termin), Mittelgebühr	€	320,00
Terminsgebühr		
(§§ 2 Abs. 2, 14 Abs. 1 RVG), Nr. 4114 VV RVG		
(2. Termin), Mittelgebühr	€	320,00
Aktenversendungspauschale		
Nr. 9003 Nr. 1 KV GKG	€	12,00
Dokumentenpauschale		
Nr. 7000 Nr. 1 VV RVG (36 × 0,50 €)	€	18,00
PT-Pauschale, Nr. 7002 VV RVG	€	20,00
Zwischensumme	€	875,00
19 % Umsatzsteuer, Nr. 7008 VV RVG	€	166,25
Summe	**€**	**1.041,25**
3. Summe Ziff. 1 u. 2	**€**	**4.318,04**

Lösungsvorschlag 75b *(SJ)*

Kosten des Pflichtverteidigers

1. Verfahren vor dem Landgericht (Strafkammer) vor Zurückverweisung

Grundgebühr		
(§§ 2 Abs. 2 RVG), Nr. 4100 VV RVG,	€	160,00
Verfahrensgebühr		
(§§ 2 Abs. 2 RVG), Nr. 4112 VV RVG,	€	148,00
Terminsgebühr		
(§§ 2 Abs. 2 RVG), Nr. 4114 VV RVG, (1. Termin)	€	256,00
Terminsgebühr		
(§§ 2 Abs. 2 RVG), Nr. 4114 VV RVG, (2. Termin)	€	256,00
Terminsgebühr		
(§§ 2 Abs. 2 RVG), Nr. 4114 VV RVG, (3. Termin)	€	256,00
Terminsgebühr		
(§§ 2 Abs. 2 RVG), Nr. 4114 VV RVG, (4. Termin)	€	256,00
Aktenversendungspauschale		
Nr. 9003 Nr. 1 KV GKG	€	12,00
Dokumentenpauschale		
Nr. 7000 Nr. 1 VV RVG (50 × 0,50 € + 214 × 0,15 €)	€	57,10
PT-Pauschale, Nr. 7002 VV RVG	€	20,00
Zwischensumme (Übertrag)	€	1.421,10

Zwischensumme/Übertrag	€	1.421,10
19 % Umsatzsteuer, Nr. 7008 VV RVG	€	270,01
Summe	€	**1.691,11**

2. Verfahren vor dem BGH (Revision)

Verfahrensgebühr		
(§§ 2 Abs. 2 RVG), Nr. 4130 VV RVG	€	492,00
Terminsgebühr		
(§§ 2 Abs. 2 RVG), Nr. 4132 VV RVG	€	272,00
Aktenversendungspauschale, Nr. 9003 Nr. 1 KV GKG	€	12,00
Dokumentenpauschale, Nr. 7000 Nr. 1 VV RVG (25 × 0,50 €)	€	12,50
PT-Pauschale, Nr. 7002 VV RVG	€	20,00
Zwischensumme	€	808,05
19 % Umsatzsteuer, Nr. 7008 VV RVG	€	153,62
Summe	€	**962,12**

3. Verfahren vor dem Landgericht (Strafkammer) nach Zurückverweisung

Verfahrensgebühr		
(§§ 2 Abs. 2 RVG), Nr. 4112 VV RVG	€	148,00
Terminsgebühr		
(§§ 2 Abs. 2 RVG), Nr. 4114 VV RVG, (1. Termin)	€	256,00
Terminsgebühr		
(§§ 2 Abs. 2 RVG), Nr. 4114 VV RVG, (2. Termin)	€	256,00
Aktenversendungspauschale, Nr. 9003 Nr. 1 KV GKG	€	12,00
Dokumentenpauschale, Nr. 7000 Nr. 1 VV RVG (36 × 0,50 €)	€	18,00
PT-Pauschale, Nr. 7002 VV RVG	€	20,00
Zwischensumme	€	710,00
19 % Umsatzsteuer, Nr. 7008 VV RVG	€	134,90
Summe	€	**844,90**

4. Summe Ziff. 1–3   € **3.498,13**

Erläuterung: Eine Anrechnung der Verfahrensgebühr bei Zurückverweisung ist in Strafsachen – anders als in Zivilsachen – nicht vorgesehen.

Auf die Aktenversendungspauschale ist Umsatzsteuer zu entrichten, vgl. *BGH* Beschl. v. 6.4.2011, Az. IV ZR 232/08, AnwBl. 2011, 583; DAR 2011, 356; JurBüro 2011, 412.

IX. Reisekosten

Lösungsvorschlag 76 *(SJ)*

Reisekosten gesamt:		
Fahrtkosten, Nr. 7003 VV RVG		
0,30 € × 100 km	€	30,00
Abwesenheitspauschale, Nr. 7005 Nr. 2 VV RVG		
(>4 bis 8 Stunden) einschließlich Fahrzeit 1,5 Stunden	€	40,00
Reisekosten netto	€	70,00

Reisekosten einzeln berechnet für Mandant A:

Fahrtkosten, Nr. 7003 VV RVG		
0,30 € × 100 km	€	30,00
Abwesenheitspauschale, Nr. 7005 Nr. 1 VV RVG		
(bis 4 Stunden) einschließlich Fahrzeit 1,5 Stunden	€	25,00
Reisekosten netto für Mandant A	€	55,00

Reisekosten einzeln berechnet für Mandant B:

Fahrtkosten, Nr. 7003 VV RVG		
0,30 € × 100 km	€	30,00
Abwesenheitspauschale, Nr. 7005 Nr. 1 VV RVG		
(bis 4 Stunden) einschließlich Fahrzeit 1,5 Stunden	€	25,00
Reisekosten netto für Mandant B	€	55,00

Verteilungsformel:

$$\frac{\text{tatsächliche Gesamtkosten} \times \text{Kosten der fiktiven Einzelreise}}{\text{Summe aller Einzelreisekosten}}$$

Reisekostenanteil Mandant A:

$$\frac{70,00 \text{ €} \times 55,00 \text{ €}}{55,00 \text{ €} + 55,00 \text{ €} (=110,00 \text{ €})} = \mathbf{35,00 \text{ €}}$$

Reisekostenanteil Mandant B:

$$\frac{70,00 \text{ €} \times 55,00 \text{ €}}{55,00 \text{ €} + 55,00 \text{ €} (=110,00 \text{ €})} = \mathbf{35,00 \text{ €}}$$

X. Abgrenzung Geschäftsgebühr/Beratung

Lösungsvorschlag 77 *(SJ)*

Beratungsgebühr

§ 34 Abs. 1 RVG	€	250,00
PT-Pauschale, Nr. 7002 VV RVG	€	20,00
Zwischensumme	€	270,00
19 % Umsatzsteuer, Nr. 7008 VV RVG	€	51,30
Summe	**€**	**321,30**

C. Fragestellungen im Prüfungsgespräch *(SJ)*

Die mündliche Prüfung zur Rechtsfachwirtin/zum Rechtsfachwirt besteht i.d.R. aus einem praxisorientierten Situationsgespräch. Der Prüfungsteilnehmer wählt aus zwei ihm zur Wahl gestellten übergreifenden praxisbezogenen Fällen einen Fall aus und erhält eine Vorbereitungszeit (i.d.R. 20 Minuten). Er soll dann in der mündlichen Prüfung nachweisen, dass er in der Lage ist, Sachverhalte systematisch zu analysieren, zielorientiert zu bearbeiten und darzustellen sowie Gespräche situationsbezogen vorzubereiten und durchzuführen. Dabei präsentiert der Prüfungsteilnehmer seine Lösung. An die Darstellung der Lösung schließt sich ein Fachgespräch an. Hierbei wird es häufig auch zu fallübergreifender Befragung zu anderen Prüfungsthemen kommen.

Es ist nicht möglich, ein mündliches Prüfungsgespräch schriftlich realistisch nachzustellen. Denn ein Prüfungsgespräch ist eine lebendige Angelegenheit. In diesem Sinne können die nachstehenden Fragen und Antworten allenfalls eine Anregung sein, wie Sie mit Kollegen/Kolleginnen ein wenig selbst üben können.

I. Fragen im Prüfungsgespräch *(SJ)*

Frage 1

Kann die Rechtsfachwirtin für die Wahrnehmung eines Gerichtstermins beim Amtsgericht für den beauftragenden Rechtsanwalt eine Terminsgebühr verdienen?

Frage 2

Ein Rechtsanwalt vertritt Eheleute in derselben Angelegenheit. Es liegt Gegenstandsidentität vor. Für diese Angelegenheit entstehen Wertgebühren. Am Ende des Mandats stellt der Rechtsanwalt eine Rechnung über eine 1,3 Verfahrensgebühr sowie 0,3 Erhöhung nebst Auslagen und Umsatzsteuer. Die Eheleute haben sich zwischenzeitlich getrennt. Der Ehemann überweist die Hälfte des in Rechnung gestellten Gesamtbetrags. Ist dies richtig?

Frage 3

Ein Rechtsanwalt vertritt seine Partei vor dem Sozialgericht gegenüber der Krankenkasse. Streitgegenstand des sozialgerichtlichen Verfahrens ist die durch die Krankenkasse abgelehnte Kur für den Auftraggeber. Welche Gebühren entstehen in einem solchen Verfahren vor dem Sozialgericht?

Frage 4

In einer außergerichtlichen Angelegenheit möchte der Rechtsanwalt mit seinem Auftraggeber eine geringere Vergütung als die nach RVG vereinbaren, da der Gegenstandswert sehr hoch ist und nur mit wenigen Stunden Arbeitsaufwand gerechnet wird. Ist eine solche Vereinbarung schriftlich abzufassen?

Frage 5

Ein Rechtsanwalt hat seinen Mandanten in einer Strafsache als Wahlverteidiger vor Gericht vertreten. Nachdem der Mandant die Vergütung nicht bezahlt, beantragt der Rechtsanwalt die Festsetzung der Vergütung gegen seinen eigenen Mandanten. Er reicht die Berechnung seiner Vergütung (Mittelgebühren) bei Gericht ein. Der Rechtspfleger lehnt die Festsetzung der Vergütung in diesem Fall ab. Zu Recht?

Frage 6

In einem Prozess eines Mandanten gegen die gegnerische Haftpflichtversicherung wird auch eine Geschäftsgebühr nebst Auslagen und Umsatzsteuer mit geltend gemacht. Die Versicherung bestreitet die Höhe der Gebühr und fordert die Einholung eines Gutachtens des Vorstands der Rechtsanwaltskammer. Das Gericht lehnt die Einholung eines Gutachtens ab. Zu Recht?

Frage 7

Vor dem Nachlassgericht wird der Rechtsanwalt für seinen Auftraggeber tätig. Da der Mandant unzufrieden mit der Tätigkeit des Rechtsanwalts ist, kündigt er das Mandat auf, bevor das Verfahren erledigt ist. Der Rechtsanwalt möchte seine Vergütung mit dem Auftraggeber abrechnen. Ein Verfahrenswertbeschluss liegt jedoch noch nicht vor. Welche Möglichkeit hat der Rechtsanwalt?

Frage 8

Der Rechtsanwalt vertritt den Schuldner in einem Insolvenzverfahren im Eröffnungsverfahren. Welche Gebühr kann der Rechtsanwalt hierfür abrechnen und wie hoch ist der Gegenstandswert?

Frage 9

Bitte nennen Sie die Voraussetzungen, unter denen eine hilfsweise Aufrechnung in einem Zivilprozess streitwerterhöhend ist.

Frage 10

In einer Mietstreitigkeit möchte der Vermieter Modernisierungsmaßnahmen vornehmen lassen. Es sollen neue Fenster eingebaut werden, die insgesamt 35.000 € kosten. Der Mieter widerspricht den Modernisierungsmaßnahmen. Er ist Handballfan und möchte auf keinen Fall die Handball-Europameisterschaft verpassen und in dieser Zeit in einer ungemütlichen Wohnung sitzen. Er teilt dem Vermieter daher mit, dass er die geplanten Modernisierungsmaßnahmen nicht dulden wird. Wie hoch ist der Streitwert für ein entsprechendes Klageverfahren?

Frage 11

In einem Verfahren, das eine Räumungsklage zum Gegenstand hat, erhebt der Beklagte Widerklage mit dem Antrag, das Mietverhältnis fortzusetzen. Die Miete beträgt 1.000 € monatlich. Wie hoch ist der Streitwert?

Frage 12

In einem Verbundverfahren macht die Antragstellerin das Sorgerecht für ihre drei Kinder Anna, Julia und Seppi geltend. Wie hoch ist der Gegenstandswert für diese Folgesache?

Frage 13

In einer Scheidungsangelegenheit wird als Folgesache der Versorgungsausgleich durchgeführt. Er betrifft sowohl die gesetzliche Rentenversicherung als auch eine Betriebsrente. Für die Betriebsrente werden monatlich 254 € übertragen. Wie bestimmt sich der Gegenstandswert?

Frage 14

In einem Zivilprozess hat das Gericht den Streitwert für das Verfahren auf 20.000 € festgesetzt. Der Rechtsanwalt ist der Auffassung, dass der Streitwert zu niedrig festgesetzt wurde. Was kann der Rechtsanwalt vorliegend tun, damit der Streitwert höher festgesetzt wird?

Frage 15

In einem Beratungshilfemandat weigert sich der Rechtsuchende, die Beratungshilfegebühr in Höhe von 15,00 € zu zahlen. Wie ist die Rechtslage?

Frage 16

Kann auf die Beratungshilfegebühr nach Nr. 2500 VV RVG Umsatzsteuer verlangt werden?

Frage 17

Welche Gebühren entstehen bei einem Verfahren vor dem Schiedsgericht?

Frage 18

Welche zwei Gebührentabellen kennen Sie nach dem RVG?

Frage 19

Ein Rechtsanwalt hat mit seinem Mandanten schriftlich vereinbart, dass eine Pauschalvergütung in Höhe von 1.000 € nebst 19 % Umsatzsteuer in Höhe von 190 €, zusammen 1.190 € zu zahlen ist. Der Mandant zahlt aufgrund der schriftlichen Vereinbarung den Betrag. Eine Rechnung hat er nicht erhalten. Zwei Jahre später findet im Betrieb des Mandanten eine Betriebsprüfung statt. Der Betriebsprüfer moniert, dass eine ordnungsgemäße Rechnung über den Betrag in Höhe von 1.190 € nicht vorliegt. Kann der Mandant die Berechnung von seinem Rechtsanwalt noch fordern?

Frage 20

Ein Rechtsanwalt wird in einem einstweiligen Verfügungsverfahren und später in einem Hauptsacheverfahren vor dem Landgericht München I tätig. Kann er diese Verfahren gesondert abrechnen?

Frage 21

In einem gerichtlichen Verfahren in erster Instanz schließen die Parteien einen Vergleich über die hier rechtshängigen Ansprüche in Höhe von 6.000 €. Es gibt weitere nicht rechtshängige Ansprüche in Höhe von 4.000 € sowie weitere bereits in zweiter Instanz rechtshängige Ansprüche in Höhe von ebenfalls 4.000 €. Welche Einigungsgebühren entstehen und was ist bei der Abrechnung zu beachten?

Frage 22

In einem gerichtlichen Verfahren über 3.000 € schließen die Parteien einen widerruflichen Vergleich, mit dem auch in diesem Verfahren nicht rechtshängige Ansprüche in Höhe von 2.000 € erledigt werden sollen. Über diese nicht rechtshängigen Ansprüche wurde im Verhandlungstermin auch verhandelt. Der Vergleich wird in der Folge widerrufen. Welche Auswirkungen hat der Widerruf des Vergleichs auf die Einigungsgebühren sowie die weiteren entstandenen Gebühren?

Frage 23

In einem Berufungsverfahren vor dem Landgericht Hamburg erscheint der Berufungsbeklagte nicht zum Termin. Auf Antrag des Berufungsklägers ergeht ein Versäumnisurteil. Wie hoch ist die Terminsgebühr für diese Verhandlung?

Frage 24

Nennen Sie Beispiele, wann eine Umsatzsteuer auf die Vergütung nicht berechnet werden kann.

Frage 25

Nennen Sie bitte Beispiele für Reisekosten, die der Rechtsanwalt geltend machen kann.

Frage 26

Wann wird im Sinne des RVG von einer Geschäftsreise gesprochen?

Frage 27

Welche Gebühr entsteht, wenn der Rechtsanwalt die Partei in einem Verfahren über die Beschwerde über die Nichtzulassung der Revision vor dem Bundesgerichtshof vertritt, und der Bundesgerichtshof die Revision ebenfalls nicht zulässt?

Frage 28

In einem Kostenfestsetzungsverfahren setzt der Rechtspfleger, ohne zuvor eine Stellungnahme der beschwerten Partei einzuholen, von zur Festsetzung beantragten Kosten in Höhe von 455,66 € lediglich 405,66 € fest. Gegen diese Entscheidung legt die beschwerte Partei Rechtspflegererinnerung ein. Der zuständige Rechtspfleger hilft der Erinnerung nicht ab. Kann diese Nichtabhilfe-Entscheidung des Rechtspflegers noch angefochten werden?

Frage 29

Kann ein Kostenfestsetzungsantrag als elektronisches Dokument bei Gericht eingereicht werden?

Frage 30

In einem Zivilprozess wird auf Zahlung von 4.000 € nebst Zinsen in Höhe von fünf Prozentpunkten über dem Basiszinssatz seit dem 31.8.2016 sowie weiterer Zinsen aus einer früheren Forderungsangelegenheit in Höhe von 700 € geltend gemacht. Wie hoch ist der Gegenstandswert für das Verfahren?

Frage 31

Welche Gebühr kann der Rechtsanwalt abrechnen, wenn er als Beistand für einen Zeugen im Strafverfahren tätig wird?

Frage 32

In einer Strafsache wird wegen Erkrankung des Richters ein Termin kurzfristig abgesetzt. Der Rechtsanwalt erfährt von der Aufhebung des Termins erst, als er bereits bei Gericht ist. Welche gebührenrechtliche Folge hat dies für ihn?

Frage 33

Nennen Sie Beispiele, wann eine Gebühr in einer Strafsache mit Zuschlag entstehen kann.

Frage 34

Ein Rechtsanwalt vertritt den Nebenkläger. Der Beschuldigte befindet sich nicht auf freiem Fuß. Kann der anwaltliche Vertreter des Nebenklägers die Gebühren mit Zuschlag berechnen?

Frage 35

Für welche Tätigkeit erhält der Rechtsanwalt in einer Strafsache die Grundgebühr?

Frage 36

Was ist in Bezug auf die Grundgebühr zu beachten, wenn der Rechtsanwalt zunächst in einer Strafsache, dann aber wegen derselben Tat oder Handlung in einer Bußgeldsache tätig wird?

Frage 37

Unter welchen Voraussetzungen kann eine Grundgebühr im Berufungsverfahren entstehen?

Frage 38

Was versteht man unter dem so genannten Längenzuschlag für Pflichtverteidiger?

Frage 39

In Strafverfahren hat der Rechtsanwalt die Möglichkeit, eine zusätzliche Verfahrensgebühr zu verdienen, wenn durch seine anwaltliche Mitwirkung die Hauptverhandlung entbehrlich wird. Können Sie hierzu drei Beispiele nennen?

Frage 40

Ein Rechtsanwalt vertritt seinen Mandanten und beantragt die Freigabe seines Kraftfahrzeugs, nachdem sich herausgestellt hat, dass der von der Staatsanwaltschaft erhobene Vorwurf gegen den Mandanten (als Beschuldigten) nicht haltbar war. Das Kraftfahrzeug hat einen Wert von 15.000 €. Kann der Rechtsanwalt für den Antrag auf Freigabe des Fahrzeugs eine Vergütung verlangen?

Frage 41

Welche Vergütung kann der Rechtsanwalt berechnen, wenn er für seinen Mandanten einen Strafantrag stellt?

Frage 42

Wonach bemessen sich die Gebühren in Bußgeldverfahren?

Frage 43

In einer Bußgeldsache nimmt die Verwaltungsbehörde den Bußgeldbescheid nach Einspruch des Betroffenen zurück. Gegen einen neuen Bußgeldbescheid legt der Betroffene keinen Einspruch ein. Welche Auswirkungen hat dies auf die Vergütung des Rechtsanwalts?

Frage 44

Wie ist zu bewerten, wenn wechselseitig Zugewinnausgleichsansprüche geltend gemacht werden?

Frage 45

In welchen Verfahren nach der ZPO ist eine Vorauszahlungspflicht für die Gerichtskosten nicht vorgesehen?

Frage 46

Rechtsanwalt Horn vereinbart mit seinem Mandanten in einer außergerichtlichen Angelegenheit eine Vergütung, die unter den gesetzlichen Gebühren liegt. Ist das zulässig?

II. Antworten/Lösungsvorschläge *(SJ)*

Antwort 1

§ 5 RVG listet die Vertreter des Rechtsanwalts auf, die Gebühren auslösend tätig werden können. Diese sind: Ein anderer Rechtsanwalt, ein allgemeiner Vertreter, ein Assessor bei einem Rechtsanwalt oder ein zur Ausbildung zugewiesener Referendar. Die Rechtsprechung hat jedoch in der Vergangenheit die Tätigkeit des Bürovorstehers (jetzt Rechtsfachwirts) als Gebühren auslösend betrachtet. Dabei wurden teilweise die vollen Gebühren, teilweise nur ein Bruchteil der Gebühren zugesprochen.

Antwort 2

Nach § 7 Abs. 2 S. 1 RVG schuldet jeder Auftraggeber die Gebühren und Auslagen, die er schulden würde, wenn der Rechtsanwalt nur in seinem Auftrag tätig geworden wäre. Der Rechtsanwalt kann daher von jedem Ehegatten die 1,3 Verfahrensgebühr nebst Auslagen und Umsatzsteuer fordern. Insgesamt darf er jedoch nicht mehr als die gesamten Gebühren und insgesamt entstandenen Auslagen fordern, § 7 Abs. 2 S. 2 RVG. Eine Besonderheit gilt noch für die Dokumentenpauschale nach Nr. 7000 VV RVG. Diese schuldet jeder Auftraggeber auch insoweit, wie diese durch die Unterrichtung mehrerer Auftraggeber entstanden ist, § 7 Abs. 2 S. 1 RVG. Es ist also nicht ausreichend, wenn der getrennt lebende Ehemann nur die Hälfte der Gesamtkosten zahlt. Der Rechtsanwalt kann gem. § 7 RVG fordern, dass der Ehemann eine 1,3 Verfahrensgebühr nebst Auslagen und Umsatzsteuer zahlt.

Antwort 3

Nach § 3 RVG entstehen in solchen Verfahren Betragsrahmengebühren. Bei dem Auftraggeber handelt es sich um einen Versicherten, der in § 183 SGG genannt ist. Es entstehen in einem solchen sozialgerichtlichen Verfahren Betragsrahmengebühren nach Teil 3 des VV RVG, so z.B. eine Verfahrensgebühr nach Nr. 3102 VV RVG in Höhe von 50,00 € bis 550 € oder auch eine Terminsgebühr nach Nr. 3106 VV RVG in Höhe von 50,00 € bis 510,00 €. Bei der Bemessung der Gebühr sind die Kriterien des § 14 RVG zu berücksichtigen.

Antwort 4

Vereinbarungen über die Vergütung sollen in Textform getroffen werden, § 3a Abs. 1 S. 1 RVG. Die Schriftform ist seit dem 01.07.2008 nicht mehr vorgeschrieben. Die Textform (§ 126b BGB) gilt allerdings für alle Vergütungsvereinbarungen, d.h. für solche die eine höhere als auch niedrigere Vergütung als die gesetzliche Vergütung beinhalten. Allein für die Gebührenvereinbarung nach § 34 RVG ist weder Text- noch Schriftform vorgeschrieben, § 3a Abs. 1 S. 3 RVG.

Antwort 5

In Strafsachen entstehen für den Wahlverteidiger Rahmengebühren nach Teil 4 des Vergütungsverzeichnisses. Eine Festsetzung der Vergütung gegen den eigenen Auftraggeber ist bei Rahmengebühren nur möglich, wenn entweder Mindestgebühren geltend gemacht werden oder der Auftraggeber der Höhe der Gebühren ausdrücklich zugestimmt hat. Eine derartige Zustimmungserklärung muss mit dem Antrag auf Festsetzung vorgelegt werden; ansonsten lehnt der Rechtspfleger die Festsetzung der

Vergütung gegen den Auftraggeber ab. Dies ist in § 11 Abs. 8 RVG geregelt. Hier lehnt der Rechtspfleger daher zu Recht ab.

Antwort 6

In § 14 Abs. 2 RVG ist geregelt, dass im Rechtsstreit, soweit die Höhe der Gebühr streitig ist, das Gericht ein Gutachten des Vorstands der Rechtsanwaltskammer einzuholen hat. Allerdings ist ein solches Gutachten nach herrschender Auffassung nur im Vergütungsprozess gegen den eigenen Mandanten einzuholen und nicht in einem Prozess gegen einen erstattungspflichtigen Dritten. Dem Gericht steht es daher frei, dem Antrag der gegnerischen Haftpflichtversicherung nachzukommen oder auch nicht. Gleichwohl kommen viele Richter in der Praxis einem solchen Antrag nach. Zu beachten ist noch, dass Gutachten nach § 14 Abs. 2 S. 2 RVG kostenlos zu erstatten sind. Die Kostenlosigkeit beschränkt sich jedoch auf den Vergütungsprozess gegen den eigenen Mandanten. Viele Kammern berechnen für Gutachten, die in Prozessen gegen erstattungspflichtige Dritte eingeholt werden, inzwischen Gebühren.

Antwort 7

Der Rechtsanwalt kann nach § 33 Abs. 1 RVG den Gegenstandswert für seine spezielle anwaltliche Tätigkeit durch Beschluss festsetzen lassen. Da der Auftraggeber das Mandat gekündigt hat, ist die Vergütung auch fällig, § 8 RVG, so dass der Antrag nach § 33 Abs. 2 S. 1 RVG auch zulässig ist. Zu beachten ist, dass bei einer Wertfestsetzung nach § 33 RVG gegen einen solchen Beschluss die Beschwerde nur zulässig wäre, wenn der Wert des Beschwerdegegenstands 200 € übersteigt und diese innerhalb von zwei Wochen nach Zustellung der Entscheidung eingelegt wird, § 33 Abs. 3 S. 1 und 3 RVG. Dies ist eine Besonderheit, da bei üblichen Streitwertfestsetzungen eine Beschwerde nach § 68 Abs. 1 i.V.m. § 63 Abs. 3 S. 2 GKG innerhalb von sechs Monaten, nachdem die Entscheidung in der Hauptsache rechtskräftig erlangt oder das Verfahren sich anderweitig erledigt hat, eingelegt werden kann.

Antwort 8

Die Verfahrensgebühr für die Vertretung des Schuldners im Insolvenzverfahren beträgt 1,0 nach Nr. 3313 VV RVG. Gegenstandswert für diese Tätigkeit ist der Wert der Insolvenzmasse, mindestens jedoch 4.000 €, § 28 Abs. 1 RVG.

Antwort 9

Die mögliche Streitwertaddition ergibt sich aus § 45 Abs. 3 GKG. Erste Voraussetzung ist, dass es sich tatsächlich um eine hilfsweise Aufrechnung handelt und nicht um eine Primär-Aufrechnung. D.h., die Aufrechnung erfolgt lediglich hilfsweise für den Fall, dass das Gericht die bestrittene Klageforderung für begründet hält. Die Klageforderung muss daher zunächst bestritten sein. Die zweite Voraussetzung ist, dass auch die Gegenforderung bestritten sein muss. Nur wenn die Gegenforderung von der Klagepartei bestritten wird, befasst sich das Gericht auch mit der Gegenforderung. Im Weiteren muss eine der Rechtskraft fähige Entscheidung über die Gegenforderung ergehen; d.h., die Entscheidung muss nicht rechtskräftig werden, aber der Rechtskraft fähig sein. Gleiches gilt auch für einen Vergleich. Wenn diese drei Voraussetzungen vorliegen, kann die hilfsweise zur Aufrechnung gestellte Gegenforderung zum Streitwert addiert werden, wobei die Begrenzung auf die Klageforderung zu beachten ist, § 322 Abs. 2 ZPO. Möglich ist auch, dass mehrfach hilfsweise aufgerechnet wird. Dies wird in der Praxis dann erfolgen, wenn sich der Beklagte hinsichtlich des Bestands seiner Gegenforderungen nicht sicher ist. Dabei gilt die Werterhöhung für jede einzelne Gegenforderung, die die zuerst genannten Voraussetzungen erfüllt, jeweils immer maximal bis zur Höhe der Klageforderung[15].

Antwort 10

Nach § 41 Abs. 5 S. 1 GKG bestimmt sich bei Ansprüchen des Vermieters auf Duldung einer Durchführung von Modernisierung- oder Erhaltungsmaßnahmen der Streitwert nach dem Jahresbetrag einer möglichen Mieterhöhung, in Ermangelung dessen einer sonst möglichen Mietminderung durch den Mieter. Sollte das Mietverhältnis vor Ablauf eines Jahres enden, ist ein entsprechend niedrigerer Betrag maßgebend, § 41 Abs. 5 S. 2 GKG. Streitwert für ein solches Verfahren ist also nicht der Wert der Modernisierungsmaßnahme.

Antwort 11

Für die Räumungsklage ist das für die Dauer eines Jahres zu entrichtende Entgelt maßgebend, § 41 Abs. 2 GKG, somit 12 × 1.000 € = 12.000 €. § 45 Abs. 1 GKG regelt generell, dass Klage und Widerklage nur dann zu addieren sind, wenn sie nicht denselben Gegenstand betreffen. Für vorliegenden Fall findet sich in § 41 Abs. 3 GKG jedoch eine Sonderregelung, die eine Addition der Werte verbietet.

Antwort 12

Bei der Sorgerechtssache handelt es sich um eine Scheidungsfolgesache nach § 137 Abs. 3 FamFG. Der Wert beträgt hier 20 % des Wertes der Ehesache (§ 43 FAmGKG), höchstens jedoch 3.000 €, §§ 23 Abs. 1 RVG, 44 Abs. 2 S. 1 FamGKG. Der Wert gilt auch, wenn mehrere Kinder betroffen sind, §§ 23 Abs. 1 RVG, 44 Abs. 2 S. 2 FamGKG.

Antwort 13

Nach § 137 Abs. 2 Nr. 1 FamFG ist im Rahmen einer Scheidung der Versorgungsausgleich im Zwangsverbund durchzuführen. Sein Wert bestimmt sich für jedes Anrecht nach § 50 FamGKG für die Zeit während der Scheidung nach 10 % des 3-fachen Nettoeinkommens der Ehegatten; für Verfahren nach der Scheidung nach 20 % des 3-fachen Nettoeinkommens der Ehegatten. Da sich aus der Aufgabenstellung ergibt, dass ein Scheidungsverfahren anhängig ist, ist damit von 10 % des 3-fachen Nettoeinkommens der Ehegatten auszugehen. Vorliegend werden zwei Anrechte übertragen, der Wert kann damit 2x gebildet werden. Liegt der so ermittelte Wert für beide Anrechte unter 1.000 €, ist der Wert von 1.000 € als Mindestwert anzunehmen, § 50 FamGKG. Der €-Wert der auszugleichenden Rechte spielt für die Bemessung des Werts keine Rolle.

Antwort 14

Nach § 32 Abs. 2 RVG hat der Rechtsanwalt ein eigenes Recht, Rechtsmittel gegen die Festsetzung des Streitwerts einzulegen. Vorliegend kann er nach § 68 GKG Beschwerde gegen die Festsetzung des Streitwerts einlegen. Eine Änderung des Streitwerts ist nur innerhalb von sechs Monaten zulässig, nachdem die Entscheidung in der Hauptsache Rechtskraft erlangt oder das Verfahren sich anderweitig erledigt hat, § 63 Abs. 3 S. 2 GKG.

---

15 *BGH* Urt. v. 30.1.1979, Az. VI ZR 154/78, BGHZ 73, S. 249.

Antwort 15

Die Beratungshilfegebühr nach Nr. 2500 VV RVG schuldet nur der Rechtsuchende, § 44 RVG. Die Gebühr kann erlassen werden, S. 2 der Anmerkung zu Nr. 2500 VV RVG. Eine Verpflichtung, diese Gebühr zu erlassen, besteht jedoch nicht.

Antwort 16

S. 1 der Anmerkung zu Nr. 2500 VV RVG regelt, dass neben der Gebühr keine Auslagen erhoben werden. Die Umsatzsteuer ist in Teil 7 VV RVG, d.h. bei den Auslagen, geregelt. Damit ist klargestellt, dass die Umsatzsteuer auf die Beratungshilfegebühr nicht berechnet werden kann. Gleichwohl gilt die Beratungshilfegebühr als Erlös und ist damit umsatzsteuerpflichtiges Entgelt. Das bedeutet, dass der Rechtsanwalt aus diesen 15,00 € die Umsatzsteuer abführen muss, da diese brutto sind. Dies entspricht bei einem Steuersatz von 19 % einem Betrag von 2,39 € (hier: 1 Cent Rundungsdifferenz).

Antwort 17

Die Gebühren im Verfahren vor dem Schiedsgericht richten sich nach Teil 3 Abschnitt 1 und 2 des Vergütungsverzeichnisses, damit wie in einem „normalen" Zivilprozess. Zu beachten ist § 36 Abs. 2 RVG, wonach der Rechtsanwalt die Terminsgebühr auch dann erhält, wenn der Schiedsspruch ohne mündliche Verhandlung erlassen wird. Die Einigungsgebühr würde jedoch 1,5 betragen, da das Schiedsgericht nicht „Gericht" im Sinne des Gebührenrechts ist.

Antwort 18

Das RVG hat zwei Gebührentabellen. Zunächst die Gebührentabelle nach § 13 Abs. 1 RVG, in der die normalen Regelgebühren enthalten sind. Ab einem Streitwert von über 4.000 € kommt in Prozesskostenhilfemandaten sodann die Tabelle zu § 49 RVG zur Anwendung, die geringere Gebührensätze vorsieht und eine Höchstgebühr bei einem Streitwert über 30.000 € enthält. Dies bedeutet, dass die Gebühren für den PKH-Anwalt bei z.B. 35.000 € gleich hoch sind wie die Gebühren des PKH-Anwalts bei einem Streitwert von 374.000 €.

Antwort 19

Nach § 10 Abs. 3 RVG kann der Mandant die Berechnung noch fordern, so lange der Rechtsanwalt zur Aufbewahrung der Handakten verpflichtet ist. Nach § 50 Abs. 2 S. 1 BRAO hat der Rechtsanwalt die Handakten auf die Dauer von fünf Jahren nach Beendigung des Auftrags aufzubewahren. Diese Aufbewahrungspflicht erlischt jedoch schon vor Beendigung des Zeitraums, wenn der Rechtsanwalt den Auftraggeber aufgefordert hat, die Handakten in Empfang zu nehmen und der Auftraggeber dieser Aufforderung binnen sechs Monaten, nachdem er sie erhalten hat, nicht nachgekommen ist. Zu beachten ist jedoch, dass auch bei einer Rechnungsstellung nach 2 Jahren die Vorsteuer aus einer solchen Rechnung nicht mehr gezogen werden kann (6-Monats-Frist).

Antwort 20

Nach § 17 Nr. 4b RVG stellen das Verfahren auf Erlass einer einstweiligen Verfügung und das Verfahren in der Hauptsache verschiedene Angelegenheiten dar mit der Folge, dass der Rechtsanwalt diese Gebühren gesondert abrechnen kann. Eine Anrechnung der Verfahrensgebühr für das einstweilige Verfügungsverfahren auf die Verfahrensgebühr des Hauptsacheverfahrens existiert nicht.

Antwort 21

Es entsteht eine 1,0 Einigungsgebühr nach Nr. 1003 VV RVG aus 6.000 € sowie eine 1,5 Einigungsgebühr (nicht rechtshängige Ansprüche) nach Nr. 1000 VV RVG aus 4.000 € sowie eine weitere Einigungsgebühr in Höhe von 1,3 nach Nr. 1004 VV RVG aus ebenfalls 4.000 €. Nach § 15 Abs. 3 RVG dürfen diese drei Einigungsgebühren, die aus unterschiedlichen Gebührensätzen und Teilen des Gesamtgegenstands berechnet werden, insgesamt nicht mehr betragen als eine 1,5 Einigungsgebühr aus dem addierten Wert, hier also aus 14.000 €.

Antwort 22

Die Einigungsgebühren entstehen im vorliegenden Fall erst gar nicht, da Abs. 3 der Anmerkung zu Nr. 1000 regelt, dass die Einigungsgebühr erst entstehen kann, wenn der Vertrag nicht widerrufen wird. Für den widerruflich geschlossenen Vergleich ist im vorliegenden Fall noch eine 0,8 Verfahrensgebühr nach Nr. 3101 Nr. 2 VV RVG aus dem Wert von 2.000 € entstanden. Da über die gesamten Ansprüche im Termin verhandelt worden ist, entsteht die Terminsgebühr vorliegend nicht nur aus den rechtshängigen 3.000 €, sondern aus dem Gesamtbetrag von 5.000 €, § 15 Abs. 5 RVG i.V.m. Abs. 2 und 3 der Anmerkung zu Nr. 3104 VV RVG. Diese beiden Gebühren bleiben auch dann erhalten, wenn der Vergleich später widerrufen wird. Denn ein Wirksamwerden der Einigung ist für diese Gebühren nicht erforderlich.

Antwort 23

Die Terminsgebühr beträgt nach Nr. 3202 VV RVG 1,2. Die Ausnahmeregelung der 0,5 Terminsgebühr nach Nr. 3203 VV RVG kommt in diesem Fall nicht zur Anwendung, da die reduzierte Terminsgebühr nur dann entsteht, wenn der Berufungskläger nicht erschienen oder nicht ordnungsgemäß vertreten ist und lediglich ein Antrag auf Versäumnisurteil oder zur Prozess- oder Sachleitung gestellt wird.

Antwort 24

Umsatzsteuer kann auf die Vergütung grundsätzlich dann nicht berechnet werden, wenn der Rechtsanwalt Kleinunternehmer im Sinne des § 19 Abs. 1 UStG ist und die Umsatzsteuer damit unerhoben bleibt. Sollte der Rechtsanwalt in eigener Angelegenheit tätig werden, kann er ebenfalls keine Umsatzsteuer berechnen.

Zu unterscheiden ist die Vergütungsrechnung gegenüber dem Auftraggeber und eine Berechnung der Vergütung gegenüber einem erstattungspflichtigen Dritten. Hier ist zu beachten, dass z.B. in Kostenfestsetzungsverfahren Umsatzsteuer nicht geltend gemacht werden kann, wenn der Mandant vorsteuerabzugsberechtigt ist. Dies ist regelmäßig dann der Fall, wenn die Partei eine Firma ist und sich das zugrunde Rechtsgeschäft auf die Firma bezieht. Auch bei Auftraggebern aus dem Ausland wird in vielen Fällen keine Umsatzsteuer erhoben. Im EU-Ausland hängt die Berechnung der Umsatzsteuer davon ab, ob es sich um eine Privatperson handelt oder um eine Firma. Ist der Auftraggeber ein Unternehmer, ist Ort der Dienstleistung im Ausland anzunehmen mit der Folge, dass keine Umsatzsteuer berechnet wird (vgl. § 3a UStG).

Antwort 25

Der Rechtsanwalt kann gemäß Nr. 7003 VV RVG Fahrtkosten bei Benutzung des eigenen Kraftfahrzeugs in Höhe von 0,30 € für jeden gefahrenen Kilometer geltend machen. Er kann aber auch die Fahrtkosten für eine Geschäftsreise bei Benutzung eines anderen Verkehrsmittels gemäß Nr. 7004 VV RVG geltend machen, soweit diese angemessen sind, z.B. Bus-, Bahn-, Taxi- oder Flugreisekosten. Darüber hinaus regelt

Nr. 7005 VV RVG die Möglichkeit, ein Tage- und Abwesenheitsgeld bei einer Geschäftsreise abzurechnen, so z.B. bei nicht mehr als vier Stunden 25,00 €, bei vier bis acht Stunden 40,00 € und bei mehr als acht Stunden 70,00 €. Zu beachten ist bei diesem Tage- und Abwesenheitsgeld, dass bei Auslandsreisen ein Zuschlag von 50 % erhoben werden kann. Nr. 7006 VV RVG regelt die sonstigen Auslagen wie z.B. Parkgebühren etc.

Antwort 26

Eine Geschäftsreise liegt dann vor, wenn das Reiseziel außerhalb der Gemeinde liegt, in der sich die Kanzlei oder die Wohnung des Rechtsanwalts befindet, Vorbemerkung 7 Abs. 2 VV RVG.

Antwort 27

Es entsteht eine 2,3 Verfahrensgebühr nach Nr. 3508 i.V.m. Nr. 3506 VV RVG.

Antwort 28

§ 321a ZPO sieht die Möglichkeit vor, dass möglicherweise noch die so genannte Anhörungsrüge (auch „Gehörsrüge" genannt) eingelegt wird. Voraussetzung für diese Anhörungsrüge ist, dass ein anderes Rechtsmittel bzw. ein anderer Rechtsbehelf gegen die Entscheidung nicht mehr gegeben ist und das Gericht den Anspruch des beschwerten Beteiligten auf rechtliches Gehör in entscheidungserheblicher Weise verletzt hat. In einem solchen Fall wäre die Rüge innerhalb von zwei Wochen nach Kenntnis von der Verletzung des rechtlichen Gehörs zu erheben.

Antwort 29

Ein solcher Antrag kann als elektronisches Dokument eingereicht werden, § 130a Abs. 1 S. 1 ZPO. Die verantwortende Person soll das Dokument mit einer qualifizierten elektronischen Signatur nach dem Signaturgesetz versehen, § 130a Abs. 1 S. 2 ZPO.

Antwort 30

Soweit neben dem Hauptanspruch auch Zinsen geltend gemacht werden, sind diese als Nebenforderungen nach § 43 Abs. 1 GKG nicht zu berücksichtigen. Dies bedeutet, dass die Zinsen in Höhe von fünf Prozentpunkten über dem Basiszinssatz seit dem 31.8.2016 nicht werterhöhend wirken. Der Betrag in Höhe von 700 € betrifft zwar ebenfalls Zinsen, diese sind jedoch unabhängig vom Hauptanspruch und daher nach § 43 Abs. 2 GKG zu addieren. Der Gegenstandswert beträgt daher für die Berechnung der Anwaltsgebühren nach §§ 22 Abs. 1, 23 Abs. 1 RVG, 43 Abs. 1 und 2 GKG 4.700 €.

Antwort 31

Für diese Tätigkeit erhält der Rechtsanwalt die Vergütung nach Teil 4 VV RVG.

Antwort 32

Nach Abs. 3 S. 2 der Vorbemerkung 4 erhält der Rechtsanwalt die Terminsgebühr auch dann, wenn er zu einem anberaumten Termin erscheint, dieser aber aus Gründen, die der Rechtsanwalt nicht zu vertreten hat, nicht stattfindet. Da im vorliegenden Fall der Rechtsanwalt auch nicht rechtzeitig von der Aufhebung des Termins in Kenntnis gesetzt worden ist, kann er damit eine Terminsgebühr abrechnen. Bei der Bemessung der Höhe der Gebühr hat er jedoch gemäß § 14 RVG zu beachten, dass der Umfang geringer ist.

Antwort 33

Die Gebühr mit Zuschlag entsteht nach Vorbemerkung 4 Abs. 4 VV RVG dann, wenn sich der Beschuldigte nicht auf freiem Fuß befindet. Dabei spielt es keine Rolle, ob sich der Beschuldigte z.B. in Sicherungsverwahrung, Untersuchungshaft, Strafhaft oder Abschiebehaft befindet.

Antwort 34

Obwohl Vorbemerkung 4 Abs. 4 auf den Beschuldigten abstellt, was hier der Fall wäre, geht die herrschende Meinung davon aus, dass die Gebühr mit Zuschlag für den Nebenklägervertreter nur dann anfallen kann, wenn sich auch der Nebenkläger selbst in Haft befindet.

Antwort 35

Die Grundgebühr entsteht für die erstmalige Einarbeitung in den Rechtsfall nur einmal und zwar unabhängig davon, in welchem Verfahrensabschnitt die Einarbeitung erfolgt.

Antwort 36

Die Grundgebühr entsteht nach Abs. 2 der Anmerkung zu Nr. 5100 VV RVG nicht, wenn in dem vorangegangenen Strafverfahren für dieselbe Tat oder Handlung bereits die Grundgebühr nach Nr. 4100 VV RVG entstanden ist.

Antwort 37

Es gilt der Grundsatz, dass die Grundgebühr nur einmal berechnet werden kann. Sofern der Rechtsanwalt im Berufungsverfahren erstmalig tätig wird, kann er eine Grundgebühr abrechnen. War er jedoch bereits in der ersten Instanz tätig und hat hier eine Grundgebühr berechnet, kann er für das Berufungsverfahren nicht erneut eine Grundgebühr berechnen.

Antwort 38

Der Gesetzgeber hat mit dem RVG die Möglichkeit eingeführt, dass der gerichtlich bestellte oder beigeordnete Rechtsanwalt, der an einer sehr lange dauernden Verhandlung teilnimmt, eine zusätzliche Terminsgebühr erhält. Dabei hat der Gesetzgeber eine Staffelung vorgenommen für eine weitere Terminsgebühr bei einer Teilnahme am Termin von mehr als fünf und bis acht Stunden sowie für die Teilnahme an einem Termin mit mehr als acht Stunden.

Antwort 39

Die zusätzliche Verfahrensgebühr entsteht z.B. wenn das Verfahren nicht nur vorläufig eingestellt wird oder das Gericht beschließt, das Hauptverfahren nicht zu eröffnen oder der Rechtsanwalt z.B. rechtzeitig den Einspruch gegen einen Strafbefehl zurücknimmt. Dies gilt auch bei rechtzeitiger Rücknahme einer Berufung oder Revision. Unter rechtzeitig ist in Nr. 4141 VV RVG der Zeitraum von zwei Wochen vor Beginn des Tages, für den die Hauptverhandlung vorgesehen war, geregelt.

Antwort 40

Nach Nr. 4142 VV RVG kann der Rechtsanwalt eine 1,0 Verfahrensgebühr aus dem Wert des Gegenstandes verlangen. Lediglich wenn der Gegenstandswert niedriger als 30,00 € ist, entsteht die Gebühr nicht, Abs. 2 der Anmerkung zu Nr. 4142 VV RVG.

Antwort 41

Für den Strafantrag entsteht eine Verfahrensgebühr nach Nr. 4302 Nr. 2 VV RVG in Höhe von 30,00 € bis 290,00 € für den Wahlanwalt und 128,00 € für den Pflichtverteidiger.

Antwort 42

In Bußgeldverfahren richten sich die Gebühren nach der Höhe der Geldbuße. Der Gesetzgeber hat hier drei Staffelungen vorgesehen. Die Gebühren bei einer Geldbuße von weniger als 60,00 €, dann die Gebühren bei einer Geldbuße von 60,00 € bis 5.000 € und solche bei einer Geldbuße von mehr als 5.000 €.

Antwort 43

Sofern der Rechtsanwalt hieran mitgewirkt hat, kann er eine zusätzliche Verfahrensgebühr nach Nr. 5115 VV RVG berechnen.

Antwort 44

Antrag und Widerantrag auf Zugewinn führen nach § 35 i.V.m. 39 Abs. 1 S. 1 FamGKG zu einer Addition der Werte[16].

Antwort 45

Eine Vorauszahlungspflicht gibt es nach § 12 Abs. 2 GKG z.B. nicht für die Widerklage. Eine Vorauszahlungspflicht ist auch nicht gegeben, wenn dem Antragsteller Prozesskostenhilfe bewilligt worden ist oder beispielsweise Gebührenfreiheit zusteht, § 14 Nrn. 1 und 2 GKG. Darüber hinaus kann die Vorauszahlungspflicht entfallen, wenn die beabsichtigte Rechtsverfolgung nicht aussichtslos oder mutwillig erscheint und wenn glaubhaft gemacht wird, dass dem Antragsteller die alsbaldige Zahlung der Kosten mit Rücksicht auf seine Vermögenslage oder aus sonstigen Gründen Schwierigkeiten bereiten würde oder eine Verzögerung dem Antragsteller einen nicht oder nur schwer zu ersetzenden Schaden bringen würde, § 14 Nr. 3 GKG. In diesem Fall ist jedoch zu beachten, dass der zum Prozessbevollmächtigten bestellte Rechtsanwalt diese Angaben glaubhaft machen muss.

Antwort 46

Ja. § 49b Abs. 1 BRAO verbietet zwar, unter den gesetzlichen Gebühren abzurechnen. Dies gilt aber nur, soweit nichts anderes geregelt ist. § 4 Abs. 1 RVG regelt für die außergerichtliche Tätigkeit eine Ausnahme; § 4a RVG das in Ausnahmefällen erlaubte Erfolgshonorar.

---

16 *Schneider/Herget* Streitwertkommentar, 12. Aufl. 2008, „Zugewinn", Rn. 6384 mit zahlreichen Nachweisen.

D. Übungsklausuren

I. Übungsklausur A

1. Aufgaben – Klausur A

Zeit: 180 Minuten
zugelassene Hilfsmittel:
Textausgaben RVG, GKG, FamGKG, Schönfelder
unkommentierte Gebührentabelle
Taschenrechner

Bitte geben Sie zu jeder Lösung die gesetzlichen Bestimmungen an!
Viel Erfolg!

Aufgabe 1

Rechtsanwalt Huber teilt seinem Mandanten (Kläger) mit, dass der Prozess in 1. Instanz verloren wurde. Der Mandant möchte, dass Rechtsanwalt Huber die Erfolgsaussichten einer Berufung prüft.

Was wird Rechtsanwalt Huber dem Mandanten im Hinblick auf die Gebührenfrage mitteilen?

Aufgabe 2

Rechtsanwalt Schnell beantragt im Juli 2014 Kostenfestsetzung gegen den Beklagten Müller. Er berechnet seine Gebühren aus einem Gegenstandswert von 20.000 €. Das Gericht hat einen Streitwert nicht festgesetzt. Der Beklagte Müller erhält den Kostenfestsetzungsantrag zur Stellungnahme übermittelt, äußert sich aber nicht. Aus den Gerichtsakten ergibt sich, dass der Kläger beantragt hatte, den Beklagten zu verurteilen, einen Betrag von 7.000 € zu bezahlen. Der Beklagte hatte die Klageforderung bestritten und hilfsweise aufgerechnet mit einer Gegenforderung in Höhe von 13.000 €. Im Urteil heißt es, dass die Klageforderung besteht, die Hilfsaufrechnung jedoch nicht begründet sei und daher nicht greife. Der Beklagte wurde antragsgemäß verurteilt.

Wie wird der Rechtspfleger entscheiden?

Aufgabe 3

RA Beck wird im Juli 2014 von Mandantin Schneider beauftragt, Antrag auf PKH für die Einreichung einer Klage über 40.000 € zu stellen. Auftragsgemäß stellt RA Beck Antrag auf Bewilligung von PKH für diese Klage und beantragt gleichzeitig seine Beiordnung. Das Gericht bestimmt im PKH-Prüfungsverfahren Termin zur Prüfung der Erfolgsaussichten und vernimmt in diesem Termin einen Zeugen. Die PKH wird jedoch nicht bewilligt, da das Gericht keine hinreichende Aussicht auf Erfolg erkennen kann. Die Mandantin möchte ohne PKH-Bewilligung nicht klagen.

Erstellen Sie die Vergütungsrechnung für RA Beck.

Aufgabe 4

Verfahren A:
Klage über 17.000 €, sodann Termin, im Termin Verhandlung auch über weitere Ansprüche von 14.000 € aus einem parallel anhängigen Verfahren B, Vergleich: Beklagter zahlt zur Abgeltung aller Ansprüche aus Verfahren A und B 23.000 €.

Verfahren B:
1. Instanz: Klage über 14.000 €, Termin, Urteil
2. Instanz: Berufung, Termin

Bitte rechnen Sie Verfahren A, 1. Instanz sowie Verfahren B 1. und 2. Instanz einschl. Gerichtskosten für alle Verfahren ab.

Aufgabe 5

RA R vertritt Mandantin S in einem anhängigen Scheidungsverfahren. Neben der Scheidung wurde der Versorgungsausgleich anhängig (gesetzliche Rentenversicherung). RA R legt im Termin eine zwischen den Ehegatten durch ihre Anwälte schriftlich ausgehandelte Scheidungsvereinbarung vor, die vom Gericht lediglich protokolliert wird. Gegenstand der Scheidungsvereinbarung ist nachehelicher laufender Unterhalt für die Ehefrau in Höhe von monatlich 564 € monatlich; laufenden Unterhalt für das Kind Anna in Höhe von 428 € monatlich sowie die Zahlung eines Zugewinnausgleichs in Höhe von 65.000 €. Das Sorgerecht wollen beide Parteien entsprechend der gesetzlichen Regelung beibehalten. Ein Antrag wurde insofern nicht gestellt. Der Versorgungsausgleich wird durchgeführt (3 Anrechte). Das Gericht setzt den Verfahrenswert für die Ehesache auf 44.000 € fest. Hiervon entfallen 12.300 € auf das Einkommen von Antragsteller und Antragsgegner.

Bitte erstellen Sie die Vergütungsrechnung für RA R (ohne Gerichtskosten).

Aufgabe 6

RA Müller berechnet für ein Aufforderungsschreiben eine 1,3 Geschäftsgebühr nach Nr. 2300 VV RVG aus 7.000 €. Der Schuldner zahlt kommentarlos 3.000 €.

a) Bitte berechnen Sie die entstandene Vergütung für das Aufforderungsschreiben.

b) Wie hoch ist der anzurechnende Teil der Geschäftsgebühr auf die Verfahrensgebühr des Mahnverfahrens, wenn wg. des offenen Restbetrags ein Mahnverfahren eingeleitet wird?

Aufgabe 7

RA R. beantragt für die Fa. McBrötchen eine Baugenehmigung für ein Slow-Food-Restaurant. Die Baubehörde genehmigt den beantragten Bau nicht. Es wird Widerspruch bei der Baubehörde eingereicht und RA R. wird auch im Verwaltungsverfahren, das der Nachprüfung des Verwaltungsakts dient, tätig. Schließlich wird die beantragte Baugenehmigung unter Auflagen erteilt.

Bitte erstellen Sie die Vergütungsrechnung von RA R. unter Berücksichtigung der Tatsache, dass die Sache weder umfangreich noch schwierig, sondern durchschnittlich war. Der Gegenstandswert hat 200.000 € betragen.

Aufgabe 8

Bitte berechnen Sie die Gerichtskosten für folgenden Fall:

Es wird ein Mahnbescheid eingereicht über einen Betrag von 7.200 €. Nach erhobenem Widerspruch findet ein Verhandlungstermin statt. Die Parteien einigen sich in diesem Verhandlungstermin über den eingeklagten Betrag sowie auch über nicht rechtshängige Ansprüche in Höhe von weiteren 3.000 €.

Aufgabe 9

RAin G reicht Mitte März 2014 einen Antrag auf Zahlung von laufenden Unterhalt ab Februar 2014 für seine Mandantin in Höhe von monatlich 987 € ein. Das Gericht verpflichtet den Gegner schließlich zur Zahlung eines Unterhalts i.H.v. monatlich 922 €.

Wie berechnet sich der Verfahrenswert für das Unterhaltsverfahren?

Aufgabe 10

Der im Wege der PKH beigeordnete RA Huber reicht für seine Mandanten Anna und Hans Köhler Klage zum Landgericht München I auf Zahlung eines Betrages von 9.004,20 € ein. Das Gericht bestimmt Termin zur Güteverhandlung. In der Güteverhandlung schließen die Parteien nach Erörterung der Sach- und Rechtslage auf Vorschlag des Gerichts einen unwiderruflichen Vergleich, wonach der Beklagte an den Kläger zur Abgeltung aller Ansprüche aus diesem Rechtsstreit einen Betrag in Höhe von 3.000 € zu zahlen hat. Im Vergleichsvorschlag stellt das Gericht ausdrücklich fest, dass es die Kostenverteilung bei einer gerichtlichen Entscheidung ebenso vorgenommen hätte.

a) Bitte erstellen Sie die Vergütungsrechnung von RA Huber gegenüber der Staatskasse.

b) Im Vergleich wurde eine Kostenquote vereinbart, nach der die Kläger 1/3 der Kosten und der Beklagte 2/3 der Kosten zu tragen haben. Bitte erstellen Sie die Kostenausgleichung unter Berücksichtigung der Kosten des gegnerischen RA (keine PKH beim Beklagten; Abrechnung RA Huber mit der Staatskasse ist bereits erfolgt; keine Vorsteuerabzugsberechtigung!).

c) Welche Auswirkungen hat dieser Vergleich auf die Gerichtskostenbelastung der PKH-Partei?

Aufgabe 11

In einer Verkehrsunfallsache wird ein Betrag von 7.500 € gefordert. Aufgrund umfangreicher Korrespondenz wird ein Gebührensatz von 1,6 abgerechnet. Die Versicherung zahlt 5.000 € und aus diesem Erledigungsstreitwert eine 1,3 Geschäftsgebühr. Es soll Klage erhoben werden auf Zahlung der restlichen 2.500 € sowie der „restlichen" Geschäftsgebühr.

Wie hoch ist der Betrag der einzuklagenden Vergütung? (bitte vollständige Berechnung)

Aufgabe 12

Welche Vergütung erhält der Rechtsanwalt, wenn er gegenüber der gegnerischen Haftpflichtversicherung den Schaden in Höhe von 9.000 € reguliert und gegenüber der Kaskoversicherung seines Mandanten einen sich ergebenden Differenzbetrag von z.B. 3.000 €, der nicht deckungsgleich mit dem Schaden gegenüber der Haftpflichtversicherung ist?

Berechnen Sie die Vergütung für die Geltendmachung gegenüber dem Haftpflichtversicherer und gegenüber der Kaskoversicherung nach dem RVG. Gehen Sie von einer durchschnittlichen Angelegenheit aus und lassen Sie die Umsatzsteuer unberücksichtigt.

Aufgabe 13

Der Beklagte legt Berufung gegen ein erstinstanzliches Urteil des Amtsgerichts Düsseldorf ein. Zum Verhandlungstermin im Berufungsverfahren erscheint der Vertreter der (Klägerin 1. Instanz und) Berufungsbeklagten nicht, obwohl er sich für sie bestellt und Zurückweisung der Berufung beantragt hatte. Auf Antrag des Prozessbevollmächtigten des **Berufungsklägers** ergeht Versäumnisurteil.

Bitte erstellen Sie die Vergütungsrechnung aus einem Gegenstandswert von 4.690 €.

a) des Prozessbevollmächtigten des Berufungsklägers,

b) des Prozessbevollmächtigten der Berufungsbeklagten.

2. Lösungsvorschläge – Klausur A

Lösungsvorschlag 1

RA Huber wird darauf hinweisen, dass für die Prüfung der Erfolgsaussichten eines Rechtsmittels eine Gebühr nach Nr. 2100 VV RVG in Höhe von 0,5 bis 1,0 entsteht, die nicht auf die Verfahrensgebühr für das vorangegangene Verfahren angerechnet werden muss. Lediglich wenn ein Rechtsmittel eingelegt wird, ist die Gebühr auf die Verfahrensgebühr des Rechtsmittelverfahrens anzurechnen, Anm. zu Nr. 2100 VV RVG. RA Huber weist weiter darauf hin, dass sich diese Gebühr nach dem Gegenstandswert berechnet, § 49b Abs. 5 BRAO.

Lösungsvorschlag 2

Der Rechtpfleger wird die Kostenfestsetzung aus einem Wert von 20.000 € ablehnen. Nach § 45 Abs. 3 GKG ist eine hilfsweise zur Aufrechnung gestellte Gegenforderung dann zum Wert hinzuzuaddieren, wenn die Voraussetzungen (Bestreiten der Klageforderung, Bestreiten der Gegenforderung, eine der Rechtskraft fähige Entscheidung über die Gegenforderung) vorliegen, jedoch wegen § 322 Abs. 2 ZPO immer nur in Höhe der Klageforderung, hier 7.000 €. Somit beträgt der Streitwert 14.000 €. Der Rechtspfleger wird den Kläger auffordern, eine korrigierte Abrechnung zu erteilen. Das Gericht wird den Streitwert auf 14.000 € festsetzen. Dieser Wert gilt gem. § 32 Abs. 1 RVG auch für die Berechnung der Anwaltsgebühren.

Lösungsvorschlag 3

Gegenstandswert: 40.000 €

1,0 Verfahrensgebühr (§§ 2 Abs. 2, 13 Abs. 1 RVG), Nr. 3335 VV RVG	€	1.013,00
1,2 Terminsgebühr (§§ 2 Abs. 2, 13 Abs. 1 RVG), Nr. 3104 VV RVG	€	1.215,60
PT-Pauschale, Nr. 7002 VV RVG	€	20,00
Zwischensumme	€	2.248,60
19 % Umsatzsteuer, Nr. 7008 VV RVG	€	427,23
Summe	**€**	**2.675,83**

Lösungsvorschlag 4

Verfahren A, 1. Instanz: 17.000 €

1,3 Verfahrensgebühr aus 17.000 € (§§ 2 Abs. 2, 13 Abs. 1 RVG) Nr. 3100 VV RVG	€	904,80
0,8 Verfahrensgebühr aus 14.000 € (§§ 2 Abs. 2, 13 Abs. 1 RVG) Nr. 3101 Nr. 2 VV RVG	€	520,00
Zwischensumme	€	1.424,80

§ 15 Abs. 3 RVG höchstens:

1,3 Verfahrensgebühr aus 31.000 €			€	1.219,40
1,2 Terminsgebühr aus 31.000,00 € (§§ 2 Abs. 2, 13 Abs. 1 RVG) Nr. 3104 VV RVG			€	1.125,60
1,0 Einigungsgebühr aus 17.000,00 € (§§ 2 Abs. 2, 13 Abs. 1 RVG) Nr. 1003 VV RVG	€	696,00		
1,3 Einigungsgebühr aus 14.000,00 € (§§ 2 Abs. 2, 13 Abs. 1 RVG) Nr. 1004 VV RVG	€	845,00		
Zwischensumme	€	1.541,00		

§ 15 Abs. 3 RVG höchstens:

1,3 Einigungsgebühr aus 31.000 €	€	1.219,40
PT-Pauschale, 7002 VV RVG	€	20,00
Zwischensumme	€	3.584,40
19 % Umsatzsteuer, Nr. 7008 VV RVG	€	681,04
Summe	**€**	**4.265,44**

Gerichtskosten 3,0 Verfahrensgebühr Nr. 1210 KV GKG aus 17.000,00	€	957,00
Summe	€	5.222,44
Erstattung 2,0 Verfahrensgebühr Nr. 1211 Nr. 3 KV GKG	./. €	638,00
Summe	**€**	**4.584,44**

Verfahren B, 1. Instanz, 14.000 €

1,3 Verfahrensgebühr (§§ 2 Abs. 2, 13 Abs. 1 RVG), Nr. 3100 VV RVG	€	845,00
1,2 Terminsgebühr (§§ 2 Abs. 2, 13 Abs. 1 RVG), Nr. 3104 VV RVG	€	780,00
PT-Pauschale, 7002 VV RVG	€	20,00
Zwischensumme	€	1.645,00
19 % Umsatzsteuer, Nr. 7008 VV RVG	€	312,55
Summe	**€**	**1.957,55**
3,0 Verfahrensgebühr, Nr. 1210 KV GKG	€	879,00
Summe	€	2.836,55

Verfahren B, 2. Instanz, 14.000 €

1,6 Verfahrensgebühr Nr. 3200 VV RVG	€	1.040,00
./. gekürzte 0,8 Differenzverfahrensgebühr (§§ 2 Abs. 2, 13 Abs. 1 RVG) Nr. 3101 Nr. 2 VV RVG, Abs. 1 der Anmerkung zu Nr. 3101 VV RVG	./. €	314,60
Zwischensumme	€	725,40
1,2 Terminsgebühr (§§ 2 Abs. 2, 13 Abs. 1 RVG), Nr. 3104 VV RVG	€	780,00
Zwischensumme	€	1.505,40
./. anteilige Terminsgebühr Nr. 3104 VV RVG, Abs. 2 der Anmerkung zu Nr. 3104 VV RVG	./. €	290,40
Zwischensumme	€	1.215,00
PT-Pauschale, 7002 VV RVG	€	20,00
Zwischensumme	€	1.235,00
19 % Umsatzsteuer, Nr. 7008 VV RVG	€	234,65
Summe	**€**	**1.469,55**
4,0 Verfahrensgebühr Nr. 1220 KV GKG	€	1.172,00
Zwischensumme	€	2.641,55
abzgl. 2,0 Verfahrensgebühr nach Nr. 1222 Nr. 3 KV GKG	./. €	586,00
Summe	**€**	**2.055,55**

Nebenrechnung für Anrechnung der Differenzverfahrensgebühr

(Nebenrechnung: 0,8 Verfahrensgebühr
520,00 € ist wg. Begrenzung § 15 Abs. 3 RVG zu
kürzen auf 341,60 €; angerechnet wird nach Abs. 1 der Anm. zu Nr. 3101 VV RVG
nur die gekürzte Differenzverfahrensgebühr)

Nebenrechnung für Anrechnung der Terminsgebühr

1,2 Terminsgebühr aus 31.000 € = 1.125,60 € (= Wert aus Verfahren A + B);
1,2 Terminsgebühr aus 17.000 € = 835,20 € (= Wert allein Verfahren A); Differenz:
290,40 € (= der Betrag, der in Verfahren A mehr entstanden ist, da über Wert B zusätzlich verhandelt wurde) ist anzurechnen (sogenannte Differenzterminsgebühr)

Lösungsvorschlag 5

Gegenstandswerte:

Ehesache: 44.000 € (festgesetzt) (§§ 23 Abs. 1 S. 1 RVG, 43 FamGKG)
Versorgungsausgleich: 3.690 € (10 % des Einkommens = 1.230 € × 3 Anrechte)
(§§ 23 Abs. 1 S. 1 RVG, 50 FamGKG)
Unterhalt Frau: 6.768 € (§§ 23 Abs. 1 S. 1 RVG, 51 Abs. 1 FamGKG) (12 × 564 €)
Unterhalt Kinder: 5.136 € (§§ 23 Abs. 1 S. 1 RVG, 51 Abs. 1 FamGKG) (12 × 428 €)
Zugewinnausgleich: 65.000 € (§§ 23 Abs. 1 S. 1 RVG, 35 FamGKG)

Gegenstandswert: 47.690/76.904 € (§ 22 Abs. 1 RVG)

1,3 Verfahrensgebühr aus 47.690 €		
(§§ 2 Abs. 2, 13 Abs. 1 RVG)		
Nr. 3100 VV RVG	€	1.511,90
0,8 Verfahrensgebühr aus 76.904 €		
(§§ 2 Abs. 2, 13 Abs. 1 RVG)		
Nr. 3101 Nr. 2 VV RVG	€	1.066,40
Gesamt	€	2.578,30
§ 15 Abs. 3 RVG höchstens: 1,3 aus 124.594 € =	€	2.064,40
(Kürzung erforderlich)		
1,2 Terminsgebühr aus 47.690 €	€	1.395,60
(§§ 2 Abs. 2, 13 Abs. 1 RVG)		
Nr. 3104 VV RVG (Vorbem. 3 Abs. 3 VV RVG)		
1,5 Einigungsgebühr aus 76.904,00 €		
(§§ 2 Abs. 2, 13 Abs. 1 RVG), Nr. 1000 VV RVG	€	1.999,50
PT-Pauschale, Nr. 7002 VV RVG	€	20,00
Zwischensumme	€	5.479,50
19 % Umsatzsteuer, Nr. 7008 VV RVG	€	1.041,11
Summe	**€**	**6.520,61**

Lösungsvorschlag 6 a)

Gegenstandswert: 7000 €

1,3 Geschäftsgebühr		
(§§ 2 Abs. 2, 13 Abs. 1, 14 Abs. 1 RVG), Nr. 2300 VV RVG	€	526,50
PT-Pauschale, Nr. 7002 VV RVG	€	20,00
Zwischensumme	€	546,50
19 % Umsatzsteuer, Nr. 7008 VV RVG	€	103,84
Summe	**€**	**650,34**

Lösungsvorschlag 6 b)

Der anzurechnende Teil der Geschäftsgebühr auf die Verfahrensgebühr Nr. 3305 VV RVG beträgt 163,80 € (0,65 aus 4.000 €, Vorbem. 3 Abs. 4 S. 1 und 3 VV RVG).

Lösungsvorschlag 7

Wert: 200.000 €

1. Vorverfahren – Antragsverfahren

1,3 Geschäftsgebühr		
(§§ 2 Abs. 2, 13 Abs. 1, 14 Abs. 1 RVG)	€	2.616,90
Nr. 2300 VV RVG		
PT-Pauschale, Nr. 7002 VV RVG	€	20,00
Zwischensumme	€	2.636,90

Übertrag	€	2.636,90
19 % Umsatzsteuer, Nr. 7008 VV RVG	€	501,01
Summe	**€**	**3.137,91**

2. Widerspruchsverfahren, § 17 Nr. 1a) RVG
Wert: 200.000 €

1,3 Geschäftsgebühr (§§ 2 Abs. 2, 13 Abs. 1, 14 Abs. 1 RVG) Nr. 2300 VV RVG	€	2.616,90
abzgl. 0,65 Geschäftsgebühr, Vorbem. 2.3 Abs. 4 VV RVG	€	1.308,45
Zwischensumme	€	1.308,45
1,5 Erledigungsgebühr (§§ 2 Abs. 2, 13 Abs. 1 RVG) Nr. 1002 VV RVG	€	3.019,50
PT-Pauschale, Nr. 7002 VV RVG	€	20,00
Zwischensumme	€	4.347,95
19 % Umsatzsteuer, Nr. 7008 VV RVG	€	826,11
Summe	**€**	**5.174,06**

Lösungsvorschlag 8

0,5 Verfahrensgebühr für das Mahnverfahren Nr. 1100 KV GKG aus 7.200 €	€	101,50
2,5 Verfahrensgebühr für das streitige Verfahren Nr. 1210 KV GKG aus 7.200 €	€	507,50
Zwischensumme	€	609,00
abzgl. Erstattung 2,0 Verfahrensgebühren aufgrund Vergleich, Nr. 1211 Nr. 3 KV GKG	./. €	406,00
Zwischensumme	€	203,00
0,25 Verfahrensgebühr für Mehrvergleich Nr. 1900 KV GKG aus 3.000 €	€	27,00
Summe	**€**	**230,00**

§ 36 Abs. 3 GKG: nicht mehr als 1,25 GK aus 10.200 €
= 333,75 €; hier keine Kürzung

Lösungsvorschlag 9

Maßgeblich ist der geforderte Unterhaltsbetrag i.H.v. 987 €, nicht der vom Gericht entschiedene, § 51 Abs. 1 S. 1 FamGKG. Der Wert berechnet sich aus dem Jahresbetrag (12 × 987 € =) 11.844 € zzgl. der Rückstände, § 51 Abs. 2 FamGKG, hier 2 × 987 € (Februar u. März 2014) = 1.974 €. Mehrere Gegenstände sind zu addieren, § 22 Abs. 1 RVG, somit beträgt der Wert insgesamt: 13.818 €. Da Unterhalt im Voraus zu zahlen ist, zählen die Monate Februar und März 2014 bereits als Rückstand.

> **TIPP:** Häufig wird der Fehler gemacht, dass bereits der Antrag falsch formuliert wird und das Gericht in der Folge den Wert auch falsch festsetzt. Es ist daher zu empfehlen, bereits durch den Antrag deutlich zu machen, ab wann laufender Unterhalt und für welche Monate Rückstand gefordert wird.

Lösungsvorschlag 10 a)

Die Vergütungsrechnung gegenüber der Staatskasse erfolgt nach § 49 RVG:

Gegenstandswert: 9.230,00 €		
1,6 erhöhte Verfahrensgebühr		
(§§ 2 Abs. 2, 13 Abs. 1 RVG), Nrn. 3100, 1008 VV RVG	€	491,20
1,2 Terminsgebühr		
(§§ 2 Abs. 2, 13 Abs. 1 RVG), Nr. 3104 VV RVG	€	368,40
1,0 Einigungsgebühr	€	307,00
(§§ 2 Abs. 2, 13 Abs. 1 RVG), Nr. 1003 VV RVG		
PT-Pauschale, Nr. 7002 VV RVG	€	20,00
Zwischensumme	€	1.186,60
19 % Umsatzsteuer, Nr. 7008 VV RVG	€	225,45
Summe	€	1.412,05

Lösungsvorschlag 10 b)

1. Schritt: Ermittlung der Kosten des Beklagtenvertreters nach § 13 RVG:

Gegenstandswerte: 9.230,00 €		
1,3 Verfahrensgebühr		
(§§ 2 Abs. 2, 13 Abs. 1 RVG)		
Nr. 3100 VV RVG	€	725,40
1,2 Terminsgebühr		
(§§ 2 Abs. 2, 13 Abs. 1 RVG)		
Nr. 3104 VV RVG	€	669,60
1,0 Einigungsgebühr	€	558,00
(§§ 2 Abs. 2, 13 Abs. 1 RVG)		
Nr. 1003 VV RVG		
PT-Pauschale, Nr. 7002 VV RVG	€	20,00
Zwischensumme	€	1.973,00
19 % Umsatzsteuer, Nr. 7008 VV RVG	€	374,87
Summe	**€**	**2.347,87**

2. Schritt: Ermittlung der Kosten des Klägervertreters nach § 13 RVG:

1,6 erhöhte Verfahrensgebühr		
(§§ 2 Abs. 2, 13 Abs. 1 RVG)		
Nrn. 3100, 1008 VV RVG	€	892,80
1,2 Terminsgebühr		
(§§ 2 Abs. 2, 13 Abs. 1 RVG)		
Nr. 3104 VV RVG	€	669,60
1,0 Einigungsgebühr	€	558,00

(§§ 2 Abs. 2, 13 Abs. 1 RVG)
Nr. 1003 VV RVG

PT-Pauschale, Nr. 7002 VV RVG	€	20,00
Zwischensumme	€	2.140,40
19 % Umsatzsteuer, Nr. 7008 VV RVG	€	406,68
Summe	**€**	**2.547,08**

3. Schritt Kostengegenüberstellung

Kosten nach § 13 Klägeranwalt	€	2.547,08
Kosten nach § 13 Beklagtenanwalt	€	2.347,87
außergerichtliche Kosten gesamt:	€	4.894,95
hiervon hat der Beklagte zu tragen 2/3 =	€	3.263,30
seine eigenen Kosten betragen:	./. €	2.347,87
so dass er einen Betrag in Höhe von	€	915,43

an den Kläger zu erstatten hätte.

Die Kosten des Klägers betragen	€	2.547,08
abzüglich Erstattung Staatskasse	€	1.412,05
Restbetrag	€	1.135,03

Der vom Beklagten zu erstattende Betrag mit 915,43 € bleibt unter diesem Restbetrag. In diesem Fall erfolgt kein Übergang auf die Staatskasse i.s.d. § 59 Abs. 1 RVG, da die PKH-Vergütung aus der Staatskasse und Erstattungsbetrag des Beklagten addiert unter der Wahlanwaltsvergütung des Klägervertreters liegen. (Erst wenn Erstattungsbetrag aus der Staatskasse und festzusetzender Betrag gegen den Erstattungspflichtigen Gegner die Wahlanwaltsvergütung bei Addition übersteigen, erfolgt in Höhe des überschießenden Betrags ein Übergang auf die Staatskasse).

c) Die Kläger hatten PKH beantragt und mussten daher keine Gerichtskosten einzahlen, § 14 Nr. 1 GKG. Da der Vergleich auf Vorschlag des Gerichts zustande kam und das Gericht in seinem Vergleichsvorschlag ausdrücklich festgestellt hat, dass es über die Kostenverteilung auch entsprechend entschieden hätte, bleibt es für die Kläger bei der Gerichtskostenfreiheit, § 31 Abs. 4 GKG. Der Beklagte muss entsprechend seiner Kostenquote jedoch 2/3 der Gerichtskosten bezahlen. Der Wert hat 9.230 € betragen. Die 3,0 Verfahrensgebühr gem. Nr. 1210 KV GKG reduziert sich wegen des Vergleichs gem. Nr. 1211 Nr. 3 KV GKG von 723 € auf 241 €. 2/3 hiervon = 160,67 €. Über diesen Betrag wird der Beklagte eine Gerichtskostenberechnung erhalten.

Lösungsvorschlag 11

Die Versicherung hat gezahlt:
Wert: 5.000 €

1,3 Geschäftsgebühr aus € 5.000 (§§ 2 Abs. 2, 13 Abs. 1, 14 Abs. 1 RVG), Nr. 2300 VV RVG	€	393,90
PT-Pauschale, Nr. 7002 VV RVG	€	20,00
Zwischensumme	€	413,90
19 % Umsatzsteuer, Nr. 7008 VV RVG	€	78,64
Summe	**€**	**492,54**

Dem RA stehen nach seiner Auffassung zu:

1,6 Geschäftsgebühr aus 7.500 € (§§ 2 Abs. 2, 13 Abs. 1, 14 Abs. 1 RVG), Nr. 2300 VV RVG	€	729,60
PT-Pauschale, Nr. 7002 VV RVG	€	20,00
Zwischensumme	€	749,60
19 % Umsatzsteuer, Nr. 7008 VV RVG	€	142,42
Summe	**€**	**892,02**
abzgl. gezahlt außergerichtlich durch die Versicherung	./. €	492,54
Restbetrag	€	399,48

Der Betrag von 399,48 € wird neben der Restforderung von 2.500 € eingeklagt. (Die Anrechnung einer 0,75 Geschäftsgebühr aus 2.500 € ist erst im Kostenfestsetzungsverfahren zu berücksichtigen.)

Lösungsvorschlag 12

Abrechnung gegenüber Haftpflichtversicherer

Gegenstandswert: 9.000 €

1,3 Geschäftsgebühr (§§ 2 Abs. 2, 13 Abs. 1, 14 Abs. 1 RVG), Nr. 2300 VV RVG	€	659,10
PT-Pauschale, Nr. 7002 VV RVG	€	20,00
Zwischensumme	€	679,10

Abrechnung gegenüber Kaskoversicherung

Gegenstandswert: 3.000 €

1,3 Geschäftsgebühr (§§ 2 Abs. 2, 13 Abs. 1, 14 Abs. 1 RVG), Nr. 2300 VV RVG	€	261,30
PT-Pauschale, Nr. 7002 VV RVG	€	20,00
Zwischensumme	€	281,30

Lösungsvorschlag 13

a) Vergütungsrechnung des Berufungskläger-Vertreters:

Gegenstandswert: 4.690 €, § 2 Abs. 1 RVG
1,6 Verfahrensgebühr
(§§ 2 Abs. 2, 13 Abs. 1 RVG)

Nr. 3200 VV RVG	€	484,80
1,2 Terminsgebühr (§§ 2 Abs. 2, 13 Abs. 1 RVG) Nr. 3202 VV RVG	€	363,60
PT-Pauschale, Nr. 7002 VV RVG	€	20,00
Zwischensumme	€	868,40
19 % Umsatzsteuer, Nr. 7008 VV RVG	€	165,00
Summe	**€**	**1.033,40**

b) Vergütungsrechnung des Berufungsbeklagten-Vertreters:

1,6 Verfahrensgebühr (§§ 2 Abs. 2, 13 Abs. 1 RVG) Nr. 3200 VV RVG	€	484,80
PT-Pauschale, Nr. 7002 VV RVG	€	20,00
Zwischensumme	€	504,80
19 % Umsatzsteuer, Nr. 7008 VV RVG	€	95,91
Summe	**€**	**600,71**

II. Übungsklausur B

1. Aufgaben – Klausur B

Zeit: 120 Minuten (2 Stunden)
Zugelassene Hilfsmittel:
Textausgaben RVG, GKG, FamGKG, Schönfelder
unkommentierte Gebührentabelle
Taschenrechner

Bitte geben Sie zu jeder Lösung die gesetzlichen Bestimmungen an! Gehen Sie bei Rahmengebühren immer von Mittelgebühren aus, sofern sich aus der Aufgabenstellung nicht die Anwendung der Regelgebühr ergibt.
Viel Erfolg!

Aufgabe 1

In einem Klageverfahren mit einem Gegenstandswert von 1.100 € bestimmt das Gericht Termin zur mündlichen Verhandlung. Der Beklagte versäumt diesen Termin, sodass antragsgemäß Versäumnisurteil ergeht. Gegen das Versäumnisurteil legt der Beklagte Einspruch ein, das Gericht bestimmt Termin zur Verhandlung über die Hauptsache. Nach Erörterung der Sach- und Rechtslage schließen die Parteien einen Vergleich.

Bitte berechnen Sie die Gerichtskosten für dieses Verfahren.

Aufgabe 2

a) Kann der Rechtsanwalt für einen Antrag auf Tatbestandsberichtigung eine gesonderte Vergütung verlangen?

b) Der Prozess Ihres Mandanten wird gewonnen. Das Urteil ist vorläufig vollstreckbar gegen Sicherheitsleistung in Höhe von 110 % des zu vollstreckenden Betrags. Ihre Kanzlei klärt den Mandanten darüber auf, dass er vor der Vollstreckung die Rechtskraft des Urteils abwarten kann; die Sicherungsvollstreckung gem. § 720a ZPO ohne Erbringung einer Sicherheitsleistung oder aber nach Stellung einer Sicherheitsleistung nicht nur die Sicherung sondern auch die Verwertung im Rahmen der Zwangsvollstreckung betreiben kann. Der Mandant entscheidet sich nach Ihrem Schreiben dazu, eine Bankbürgschaft beizubringen, die durch Ihre Kanzlei von Anwalt zu Anwalt zugestellt wird. Kann für diese Tätigkeiten eine gesonderte Gebühr verlangt werden?

Aufgabe 3

In einer Zwangsvollstreckungsangelegenheit beantragt RAin Schnapp die Bestimmung eines Termins zur Abgabe der Vermögensauskunft durch die Schuldnerin Pia Pleite.

Vom zuständigen Gerichtsvollzieher erhält RAin Schnapp das Vermögensverzeichnis. Nach Prüfung des Inhalts stellt Rechtsanwältin Schnapp den Antrag einen Termin zur Ergänzung der Vermögensauskunft festzusetzen und die nachstehenden Fragen der Schuldnerin zur Beantwortung vorzulegen:

- Befindet sich das 19jährige Kind der Schuldnerin bereits in Ausbildung? Falls ja, in welchem Ausbildungsjahr und wie hoch ist die monatliche Ausbildungsvergütung des Kindes?
- Angabe der Namen und Anschriften der Auftraggeber der letzten 12 Monate, bei denen die Schuldnerin mit ihrem mobilen Nagelstudio Nagelpflege betrieben hat.
- Angabe, welche zusätzlichen Leistungen im kosmetischen Bereich neben der Nagelpflege durch die Schuldnerin angeboten werden und zu welchen Preisen.

Die Forderung gegen die Schuldnerin beträgt 3.266 € nebst 5 Prozentpunkten Zinsen über dem Basiszinssatz seit dem 14.1.2018. Die Kosten des Mahnverfahrens haben 405,67 € betragen. Die bisherigen Vollstreckungskosten belaufen sich auf 233,20 €.

Bitte berechnen Sie die Vergütung für Rechtsanwältin Schnapp für die oben dargestellten Tätigkeiten.

Aufgabe 4

RAin Hase aus München vertritt den Mandanten Bruch, München, in einer Strafsache vor dem Amtsgericht Berlin-Tiergarten. RAin Hase hat sich im Strafverfahren als Verteidigerin bestellt und Akteneinsicht bei der Staatsanwaltschaft beantragt. Die Akte wird per Post versendet; RAin Hase fertigt 44 Kopien. Gegenüber dem Amtsrichter hat sie für ihren Mandanten eine Stellungnahme abgegeben. Das Gericht stellt jedoch das Verfahren nicht ein, sondern eröffnet das Verfahren zur Hauptverhandlung und bestimmt Termin. Der Termin vor dem Strafrichter in Berlin wird von einem Unterbevollmächtigten wahrgenommen. Der Unterbevollmächtigte, RA Rock, nimmt einen Termin vor dem Amtsgericht in Berlin-Tiergarten wahr. Der Mandant wird schließlich zu einer Freiheitsstrafe, ausgesetzt zur Bewährung, verurteilt.

Bitte erstellen Sie die Vergütungsrechnung für RAin Hase und für RA Rock.

Aufgabe 5

In einem Verfahren vor dem Oberlandesgericht Nürnberg ergeht ein Klage abweisendes Urteil. Eingeklagt waren 32 Mio. € entgangene Lizenzgebühren für die Fernsehübertragung eines Grand-Slam-Cups. Die Revision wurde nicht zugelassen. Der Auftraggeber beauftragt seinen in II. Instanz vor dem Oberlandesgericht Nürnberg tätigen RA Klug mit der Prüfung der Erfolgsaussichten eines Rechtsmittels bzgl. dieses Urteils. Er kommt zu dem Ergebnis, dass eine Nichtzulassungsbeschwerde allenfalls in Höhe eines Betrags von 11 Mio. € Aussicht auf Erfolg bietet. RA Klug beauftragt daraufhin namens und im Auftrag seines Mandanten RA Engel, eine Nichtzulassungsbeschwerde mit einem Gegenstandswert von 11 Mio. € beim BGH einzureichen.

Der Bundesgerichtshof lässt auf die Nichtzulassungsbeschwerde hin die Revision zu. Nach mündlicher Verhandlung verweist der Bundesgerichtshof die Sache an das Oberlandesgericht Nürnberg zurück. Vor dem Oberlandesgericht Nürnberg schließen die Parteien im Verhandlungstermin sodann einen Vergleich. RA Klug wird wieder im OLG-Verfahren nach Zurückweisung tätig.

a) Bitte erstellen Sie die Vergütungsrechnung für RA Klug.

b) Bitte erstellen Sie die Vergütungsrechnung für RA Engel.

Aufgabe 6

RA Schmidt aus München beantragt auftragsgemäß für seinen Mandanten Prozesskostenhilfe für die Durchführung eines Klageverfahrens. Es geht um die Geltendmachung von Ansprüchen (Schmerzensgeld und Schadenersatz) aus einem Verkehrsunfall. Das Gericht bewilligt die beantragte Prozesskostenhilfe nur teilweise. Die Klage soll wegen eines Betrags in Höhe von insgesamt 22.300 € geführt werden. Das Gericht sieht lediglich wegen eines Betrags in Höhe von 16.000 € Erfolgsaussichten, da es das geltend gemachte Schmerzensgeld für zu hoch angesetzt erachtet. Die Prozesskostenhilfe wird daher lediglich wegen eines Teilbetrags in Höhe von 16.000 € bewilligt. Gleichwohl reicht RA Schmidt die Klage über den gesamten Betrag in Höhe von 22.300 € ein.

Der Termin findet vor dem Landgericht in Nürnberg statt, den RA Schmidt aus München wahrnimmt. Dieser reist mit dem eigenen Pkw zum Termin an (167 km einfach) und ist 5 Std. von der Kanzlei abwesend. Nach streitiger mündlicher Verhandlung schließen die Parteien sodann einen Vergleich, wonach die beklagte gegnerische Haftpflichtversicherung einen Betrag in Höhe von 12.000 € zur Abgeltung der Klageforderung bezahlt. Zudem vereinbaren die Parteien Kostenaufhebung.

Gegenüber wem kann RA Schmidt welche Vergütung berechnen?

Aufgabe 7

In einem Klageverfahren (Verfahren A) ist ein Betrag in Höhe von 1.200 € rechtshängig. Es findet in Verfahren A ein Gerichtstermin statt, in dem ein Vergleich auch über weitere Ansprüche geschlossen wird. Mit diesem Vergleich sollen folgende Ansprüche abgegolten sein:

- Ansprüche aus Verfahren A = 1.200 €
- nicht rechtshängige Ansprüche aus Wert B = 600 €
- Ansprüche aus Verfahren C = 800 € (in 1. Instanz anhängig)
- Ansprüche aus Verfahren D = 2.300 € (in 2. Instanz anhängig)

Über alle Ansprüche wurde im Termin in Verfahren A erörtert/verhandelt. Bei allen Ansprüchen ist von einem unbedingten Prozessauftrag auszugehen.

Bitte erstellen die Vergütungsrechnung für den Klägervertreter (Verfahren A) und rechnen Sie die Verfahren A, C + D (hier nur 2. Instanz) ab, wobei davon auszugehen ist, dass in den gerichtlichen Verfahren C u. D bereits eine Termins- und Verfahrensgebühr entstanden ist.

Aufgabe 8

Die Auszubildende zur Rechtsanwaltsfachangestellten, Cherry Post, erhält von ihrem Ausbilder eine fristlose Kündigung, da sie Posteingänge, zu denen sie die Akten nicht finden konnte, wochenlang in ihrer Schublade gesammelt hat. Die Auszubildende ist der Meinung, dass ihr Arbeitgeber aufgrund der hohen Arbeitsbelastung und des Fehlverhaltens Verständnis zeigen müsste und möchte die Ausbildung in der Kanzlei fortsetzen. Sie ruft daher den Schlichtungsausschuss nach § 111 Abs. 2 ArbGG, die zuständige Rechtsanwaltskammer, an. Es wird ein Termin bestimmt, an dem der Ausbilder, die Auszubildende mit ihrem anwaltlichen Vertreter sowie ein Schlichter teilnehmen. Es kommt zu keiner Einigung. Die Ausbildungskanzlei ist nicht bereit, Frau Post wieder als Auszubildende zu beschäftigen. Damit scheitert der Schlichtungsversuch. Die Auszubildende ruft daraufhin das Arbeitsgericht an und klagt auf Fortsetzung des Ausbildungsverhältnisses. Im Termin zur Güteverhandlung kommt es ebenfalls zu keiner Einigung. Das Arbeitsgericht bestimmt daraufhin Kammertermin. Die Kammer macht der Klägerin im Termin sodann klar, dass die Klage keine Aussicht auf Erfolg hat. Die Auszubildende/Klägerin nimmt daraufhin die Klage zurück. Die Auszubildende befand sich im 2. Ausbildungsjahr und hat eine Ausbildungsvergütung in Höhe von 600 € brutto erhalten.

Bitte berechnen Sie die Vergütung des anwaltlichen Vertreters der Auszubildenden für die außergerichtliche und gerichtliche Tätigkeit.

2. Lösungsvorschläge – Klausur B

Lösungsvorschlag 1

Streitwert: 1.100 €, § 3 Abs. 1 GKG

3,0 Verfahrensgebühr Nr. 1210 KV GKG	€	213,00

Erläuterung: Das Versäumnisurteil verhindert die Gerichtskostenreduzierung, die üblicherweise aufgrund des geschlossenen Vergleichs eingetreten wäre, vgl. dazu Nr. 1211 KV GKG. Dass ein Versäumnisurteil die Gerichtskostenreduzierung ausschließt, hat bereits das Bundesverfassungsgericht 2000 entschieden.[17]

Lösungsvorschlag 2

a) Ist der Rechtsanwalt Verfahrensbevollmächtigter, so gehört ein Antrag auf Berichtigung des Tatbestands nach § 320 ZPO zum Rechtszug, § 19 Abs. 1 S. 1, S. 2 Nr. 6 RVG. Eine gesonderte Vergütung kann dann nicht berechnet werden, § 15 Abs. 2 RVG.

a) Sofern der Rechtsanwalt jedoch nicht Verfahrensbevollmächtigter war und ausschließlich für seinen Auftraggeber einen Tatbestandsberichtigungsantrag stellt, handelt es sich um eine Einzeltätigkeit, für die er eine 0,8 Verfahrensgebühr nach Nr. 3403 VV RVG zzgl. Auslagen nach Teil 7 VV RVG berechnen kann.

b) Es können keine weiteren Gebühren abgerechnet werden, da die Mitwirkung bei der Erbringung einer Sicherheitsleistung nach § 19 Abs. 1 S. 1, S. 2 Nr. 7 RVG zum Rechtszug gehört und mit der Verfahrensgebühr für die erste Instanz bereits abgegolten ist.

Lösungsvorschlag 3

Gegenstandswert: 2.000 € (Maximalwert), § 25 Abs. 1 Nr. 4 RVG

0,3 Verfahrensgebühr (§§ 2 Abs. 2, 13 Abs. 1 RVG), Nr. 3309 VV RVG	€	45,00
PT-Pauschale, Nr. 7002 VV RVG	€	9,00
Zwischensumme	€	54,00
19 % Umsatzsteuer, Nr. 7008 VV RVG	€	10,26
Summe	€	**64,26**

Es handelt sich vorliegend um eine besondere gebührenrechtliche Angelegenheit, § 18 Nr. 1 RVG.

---

17 *BVerfG* Beschl. v. 27.8.1999, JurBüro 2000, S. 146.

Lösungsvorschlag 4

1. Rechtsanwältin Hase, vorgerichtliche Tätigkeit

Grundgebühr		
(§§ 2 Abs. 2, 14 Abs. 1 RVG), Nr. 4100 VV RVG	€	200,00
Vorverfahrensgebühr		
(§§ 2 Abs. 2, 14 Abs. 1 RVG), Nr. 4104 VV RVG	€	165,00
Aktenversendungspauschale		
Nr. 9003 Nr. 1 KV GKG	€	12,00
Dokumentenpauschale		
Nr. 7000 Nr. 1a) VV RVG (44 × 0,50 €)	€	22,00
PT-Pauschale, Nr. 7002 VV RVG	€	20,00
Zwischensumme	€	419,00
19 % Umsatzsteuer, Nr. 7008 VV RVG	€	79,61
Summe	**€**	**498,61**

2. Rechtsanwältin Hase, gerichtliche Tätigkeit, § 17 Nr. 10a RVG

Verfahrensgebühr		
(§§ 2 Abs. 2, 14 Abs. 1 RVG), Nr. 4106 VV RVG	€	165,00
PT-Pauschale, Nr. 7002 VV RVG	€	20,00
Zwischensumme	€	185,00
19 % Umsatzsteuer, Nr. 7008 VV RVG	€	35,15
Summe	**€**	**220,15**

3. Rechtsanwalt Rock, gerichtliche Tätigkeit

Grundgebühr		
(§§ 2 Abs. 2, 14 Abs. 1 RVG), Nr. 4100 VV RVG	€	200,00
Verfahrensgebühr		
(§§ 2 Abs. 2, 14 Abs. 1 RVG), Nr. 4106 VV RVG	€	165,00
Terminsgebühr		
(§§ 2 Abs. 2, 14 Abs. 1 RVG), Nr. 4108 VV RVG	€	275,00
PT-Pauschale, Nr. 7002 VV RVG	€	20,00
Zwischensumme	€	660,00
19 % Umsatzsteuer, Nr. 7008 VV RVG	€	125,40
Summe	**€**	**785,40**

Erläuterung: In Strafverfahren gibt es keine gesonderten Gebühren für den Unterbevollmächtigten, so wie im Zivilprozess, vgl. dazu Nr. 3401 und 3402 VV RVG. Allerdings ist es möglich, dass die Verfahrensgebühr für das gerichtliche Verfahren unterhalb der Mittelgebühr angesetzt werden kann, wenn die Tätigkeit des Unterbevollmächtigten unterdurchschnittlich ist. Gleiches gilt auch für die Grundgebühr.

Die Aktenversendungspauschale ist zzgl. Umsatzsteuer zu berechnen.[18]

---

18 *BGH* Urt. v. 6.4.2011, Az. IV ZR 232/08; BRAK-Mitt. 4/2011, S. 214.

Lösungsvorschlag 5

a) Vergütungsrechnung RA Klug

1. Prüfung der Erfolgsaussichten der Revision

Gegenstandswert: 30 Mio. €, §§ 2 Abs. 1, 22 Abs. 2 RVG

0,75 Gebühr für die Prüfung der Erfolgsaussichten eines Rechtsmittels (§§ 2 Abs. 2, 13 Abs. 1, 14 Abs. 1 RVG) Nr. 2100 VV RVG	€	68.784,75
PT-Pauschale, Nr. 7002 VV RVG	€	20,00
Zwischensumme	€	68.804,75
19 % Umsatzsteuer, Nr. 7008 VV RVG	€	13.072,90
Summe	**€**	**81.877,85**

Erläuterung: Die Gebühr für die Prüfung der Erfolgsaussichten eines Rechtsmittels berechnet sich vorliegend nach einer Wertgebühr. Die Obergrenze beim Gegenstandswert beträgt 30 Mio. € vgl. dazu § 22 Abs. 2 RVG.

2. Berufungsverfahren (Verfahren vor Zurückverweisung)

Gegenstandswert: 30 Mio. €, §§ 2 Abs. 1, 22 Abs. 2 RVG

1,6 Verfahrensgebühr (§§ 2 Abs. 2, 13 Abs. 1 RVG), Nr. 3200 VV RVG	€	146.740,80
1,2 Terminsgebühr (§§ 2 Abs. 2, 13 Abs. 1 RVG), Nr. 3202 VV RVG	€	110.055,60
PT-Pauschale, Nr. 7002 VV RVG	€	20,00
Zwischensumme	€	256.816,40
19 % Umsatzsteuer, Nr. 7008 VV RVG	€	48.795,12
Summe	**€**	**305.611,52**

3. Verfahren nach Zurückverweisung, § 21 Abs. 1 RVG

Gegenstandswert: 11 Mio. €, § 2 Abs. 1 RVG

1,6 Verfahrensgebühr (§§ 2 Abs. 2, 13 Abs. 1 RVG), Nr. 3200 VV RVG	€	55.540,80
./. 1,6 Verfahrensgebühr (§§ 2 Abs. 2, 13 Abs. 1 RVG), Vorbem. 3 Abs. 6 RVG Nr. 3200 VV RVG	./. €	55.540,80
1,2 Terminsgebühr (§§ 2 Abs. 2, 13 Abs. 1 RVG), Nr. 3202 VV RVG	€	41.655,60
1,3 Einigungsgebühr (§§ 2 Abs. 2, 13 Abs. 1 RVG), Nr. 1004 VV RVG	€	45.126,90
PT-Pauschale, Nr. 7002 VV RVG	€	20,00
Zwischensumme	€	86.802,50
19 % Umsatzsteuer, Nr. 7008 VV RVG	€	16.492,48
Summe	**€**	**103.294,98**

Erläuterung: Die Gebühr für die Prüfung der Erfolgsaussicht eines Rechtsmittels ist vorliegend nicht anzurechnen, da diese lediglich auf die Gebühr für die Vertretung im Rechtsmittelverfahren (hier: Nichtzulassungsbeschwerdeverfahren/Revisionsverfahren) anzurechnen wäre. Da jedoch Rechtsanwalt Klug den Kläger im Verfahren vor dem Bundesgerichtshof nicht vertreten hat, scheidet die Anrechnung nach Anmerkung Nr. 2100 VV RVG aus. Dabei spielt keine Rolle, dass eine spätere Tätigkeit im Rechtsmittelverfahren nach Zurückverweisung noch erfolgt ist. Die Gebühr für die Prüfung der Erfolgsaussicht eines Rechtsmittels ist nur auf das Rechtsmittelverfahren anzurechnen, dessen Erfolgsaussichten geprüft wurden.

b) Vergütung RA Engel

Beschwerde gegen die Nichtzulassung der Revision, BGH

Gegenstandswert: 11 Mio. €, § 2 Abs. 1 RVG

2,3 Verfahrensgebühr		
(§§ 2 Abs. 2, 13 Abs. 1 RVG), Nr. 3508 VV RVG	€	79.839,90
PT-Pauschale, Nr. 7002 VV RVG	€	20,00
Zwischensumme	€	79.859,90
19 % Umsatzsteuer, Nr. 7008 VV RVG	€	15.173,38
Summe	**€**	**95.033,28**

Revisionsverfahren, BGH

Gegenstandswert: 11 Mio. €, § 2 Abs. 1 RVG

2,3 Verfahrensgebühr		
(§§ 2 Abs. 2, 13 Abs. 1 RVG), Nr. 3208 VV RVG	€	79.839,90
abzgl. 2,3 Verfahrensgebühr für Beschwerde gegen die Nichtzulassung der Revision		
(Anmerkung 3506 VV RVG)	./. €	79.839,90
	€	0,00
1,5 Terminsgebühr		
(§§ 2 Abs. 2, 13 Abs. 1 RVG), Nr. 3210 VV RVG	€	52.069,50
PT-Pauschale, Nr. 7002 VV RVG	€	20,00
Zwischensumme	€	52.089,50
19 % Umsatzsteuer, Nr. 7008 VV RVG	€	9.897,01
Summe	**€**	**61.986,51**

Erläuterung: Rechtsanwalt Engel hat die Nichtzulassungsbeschwerde nur bzgl. eines Betrags in Höhe von 11 Mio. € eingereicht, sodass auch nur aus diesem Wert die Gebühren für ihn entstanden sind. Eine Anrechnung der Gebühr für die Prüfung der Erfolgsaussicht des Rechtsmittels, die für die Tätigkeit des Rechtsanwalt Klug entstanden ist, ist nicht erforderlich, da die Anrechnungsvorschrift sich nur auf die Tätigkeit desselben Rechtsanwalts bezieht, und diese Entscheidung des BGH m.E. analog angewendet werden kann.[19]

---

19 *BGH* Beschl. v. 10.12.2009, Az. VII ZB 41/09, AnwBl. 2010, S. 295; DAR 2010, S. 177; JurBüro 2010, S. 190.

Lösungsvorschlag 6

1. Abrechnung gegenüber der Staatskasse, § 45 RVG

Gegenstandswert: 16.000 €, § 2 Abs. 1 RVG

1,3 Verfahrensgebühr (§§ 2 Abs. 2, 49 RVG), Nr. 3100 VV RVG	€	435,50
1,2 Terminsgebühr (§§ 2 Abs. 2, 49 RVG), Nr. 3104 VV RVG	€	402,00
1,0 Einigungsgebühr (§§ 2 Abs. 2, 49 RVG), Nr. 1003 VV RVG	€	335,00
Fahrtkosten für eine Geschäftsreise bei Benutzung des eigenen Pkw Nr. 7003 VV RVG (167 km × 2 = 334 km × 0,30 €)	€	100,20
Tage- und Abwesenheitsgeld Nr. 7005 Nr. 2 VV RVG	€	40,00
PT-Pauschale, Nr. 7002 VV RVG	€	20,00
Zwischensumme	€	1.332,70
19 % Umsatzsteuer, Nr. 7008 VV RVG	€	253,21
Summe	**€**	**1.585,91**

2. Abrechnung gegenüber dem Auftraggeber

Gegenstandswert: 22.300 €, § 2 Abs. 1 RVG

1,3 Verfahrensgebühr (§§ 2 Abs. 2, 13 Abs. 1 RVG), Nr. 3100 VV RVG	€	1.024,40		
./. 1,3 Verfahrensgebühr aus 16.000 € (§§ 2 Abs. 2, 13 Abs. 1 RVG), Nr. 3100 VV RVG	./. €	845,00		
Zwischensumme Verfahrensgebühr			€	179,40
1,2 Terminsgebühr (§§ 2 Abs. 2, 13 Abs. 1 RVG), Nr. 3104 VV RVG	€	945,60		
./. 1,2 Terminsgebühr aus 16.000 € (§§ 2 Abs. 2, 13 Abs. 1 RVG), Nr. 3104 VV RVG	./. €	780,00		
Zwischensumme Terminsgebühr			€	165,60
1,0 Einigungsgebühr (§§ 2 Abs. 2, 13 Abs. 1 RVG), Nr. 1003 VV RVG	€	788,00		
./. 1,0 Einigungsgebühr aus 16.000 € (§§ 2 Abs. 2, 13 Abs. 1 RVG), Nr. 1003 VV RVG	./. €	650,00		
Zwischensumme Einigungsgebühr			€	138,00
Zwischensumme (Übertrag)			€	483,00

Zwischensumme (Übertrag)	€	483,00
19 % Umsatzsteuer, Nr. 7008 VV RVG	€	91,77
Summe	€	**574,77**

Erläuterung: Die PT-Pauschale kann nur einmal abgerechnet werden, da es sich um dieselbe Angelegenheit handelt. Diese wurde bereits mit der Staatskasse abgerechnet und kann daher nicht mehr zusätzlich gegenüber dem Mandanten abgerechnet werden. Nach § 122 Abs. 1 Nr. 3 ZPO ist der im Wege der Prozesskostenhilfe beigeordnete Rechtsanwalt nicht berechtigt, Differenzvergütungsansprüche, die sich aus dem Prozesskostenhilfewert ergeben, gegenüber seinem Mandanten abzurechnen. Da der Auftragswert im vorliegenden Fall jedoch 22.300 € betragen hat und das Gericht lediglich für einen Betrag in Höhe von 16.000 € Prozesskostenhilfe bewilligt hat, ist der Mandant bzgl. des PKH-Werts in Höhe von 16.000 € so zu stellen, dass keine Differenzansprüche gegen ihn geltend gemacht werden. Aus diesem Grund sind vorliegend auch die Gebühren nach der Tabelle zu § 13 RVG aus dem Wert von 16.000 € in Abzug zu bringen, und nicht die von der Staatskasse tatsächlich gezahlten Gebühren nach der Tabelle zu § 49 RVG, da ansonsten die Vorgabe des § 122 Abs. 1 Nr. 3 ZPO unterlaufen werden würde.

Die Reisekosten können ebenfalls nur einmal angesetzt werden und werden gegenüber der Staatskasse geltend gemacht. Die Aufgabenstellung enthält keinen Hinweis darauf, dass der Rechtsanwalt des Klägers nur zu den einschränkenden Bedingungen eines im Gerichtsbezirk ansässigen Anwalts beigeordnet worden ist. Die Reisekosten sind zudem so gering, dass sie die Kosten eine potenziellen Unterbevollmächtigten deutlich unterschreiten, weshalb die Reisekosten hier auch mit der Staatskasse abgerechnet werden können.

Prüfungshinweis: Sofern in der Aufgabenstellung keine einschränkenden Angaben gemacht werden, sollten Sie in Prüfungsaufgaben solche auch nicht „hinein interpretieren". Hätte der Prüfer hier berücksichtigt haben wollen, dass die Reisekosten möglicherweise nicht gegenüber der Staatskasse abgerechnet werden können, hätte er einen entsprechenden Hinweis in die Aufgabe aufgenommen. Sollten Sie in Ihrer Abschlussprüfung unsicher sein, so bietet es sich in derartigen Fällen an, mit einem kurzen Zusatz zu signalisieren, dass sie die Problematik kennen. Dies könnte im vorliegenden Fall z.B. durch den Zusatz geschehen: „Bei der Berechnung der Vergütung gegenüber der Staatskasse bin ich davon ausgegangen, dass keine Einschränkung in der Beiordnung zu „den Bedingungen eines ortsansässigen Rechtsanwalts" oder „den Bedingungen eines im Gerichtsbezirk niedergelassenen Rechtsanwalts" erfolgt ist. Dann weiß auch der Prüfer, dass Sie um die Problematik der Reisekostenabrechnung gegenüber der Staatskasse wissen.

Lösungsvorschlag 7

Verfahren A – Mehrvergleich:

1,3 Verfahrensgebühr, Nr. 3100 VV RVG aus 1.200 €	€	149,50
0,8 Verfahrensgebühr, Nr. 3101 Nr. 2 VV RVG aus Wert B + C + D = 3.700 €	€	201,60

§ 15 III RVG: höchstens 1,3 aus 4.900 € = 391,30 €, hier keine Kürzung

1,2 Terminsgebühr, Nr. 3104 VV RVG aus 4.900 €	€	363,60

1,0 Einigungsgebühr, Nr. 1003 VV RVG aus 2.000 €
Wert Verfahren A + C = € 150,00
1,5 Einigungsgebühr, Nr. 1000 VV RVG aus 600 €
Wert nicht rechtshängig = € 120,00
1,3 Einigungsgebühr, Nr. 1004 VV RVG aus 2.300 €
Wert Verfahren D = € 261,30

§ 15 III RVG: höchstens: 1,5 EG aus 4.900 € =	€	454,50
Zwischensumme	€	1.169,20
hier keine Kürzung		
PT-Pauschale, Nr. 7002 VV RVG	€	20,00
Zwischensumme	€	1.189,20
19 % Umsatzsteuer, Nr. 7008 VV RVG	€	225,95
Summe	**€**	**1.415,15**

Nebenrechnung:

0,8 Verfahrensgebühr, Nr. 3101 Nr. 2 VV RVG aus Wert B + C + D = 3.700 €	€	201,60
Aufteilung dieser Gebühr wie folgt: nicht rechtshängige Ansprüche aus Wert B = 600 € – Anteil	€	32,69
Ansprüche aus Verfahren C = 800 € (in 1. Instanz anhängig)	€	43,59
Ansprüche aus Verfahren D = 2.300 € (in 2. Instanz anhängig)	€	125,32
Gegenprobe: Summe anteiliger Verfahrensgebühren	€	201,60

Berechnung: 201,60 € geteilt durch Gesamtstreitwert = 3.700 € mal Streitwert des Verfahrens, für das die Gebühren berechnet werden sollen, z.B. Verfahren B – × 600 € (Ergebnis: 32,69 €)

Hinweis: Hätte diese Gebühr gekürzt werden müssen wegen § 15 Abs. 3 RVG, so wäre auch nur die gekürzte Verfahrensgebühr zu quoteln.

Nebenrechnung:

1,2 Terminsgebühr, Nr. 3104 VV RVG aus 4.900 €	€	363,60
1,2 Terminsgebühr, Nr. 3104 VV RVG aus 1.200 € (Wert Verfahren A)	€	138,00
Überschuss, d.h. Mehrwert der Terminsgebühr, weil Ansprüche B + C + D ebenfalls mit erörtert wurden	€	225,60

Aufzuteilen wie folgt:

nicht rechtshängige Ansprüche aus Wert B = 600 € – Anteil	€	36,58
Ansprüche aus Verfahren C = 800 € (in 1. Instanz anhängig)	€	48,78
Ansprüche aus Verfahren D = 2.300 € (in 2. Instanz anhängig)	€	140,24
Summe der anteiligen Terminsgebühren	€	225,60

(Hinweis: 1 Cent Rundungsdifferenz kann ggf. vorkommen, lässt sich nicht immer vermeiden)

Abrechnung Verfahren C – 1. Instanz = 800 €

1,3 Verfahrensgebühr, Nr. 3100 VV RVG aus 800 €	€	104,00
1,2 Terminsgebühr, Nr. 3104 VV RVG aus 800 €	€	96,00
PT-Pauschale, Nr. 7002 VV RVG	€	20,00
Zwischensumme	€	220,00
./. anteilige anzurechnende Verfahrensgebühr Abs. 1 Anm. zu Nr. 3101 VV RVG	./. €	43,59
./. anteilige anzurechnende Terminsgebühr Abs. 2 Anm. zu Nr. 3104 VV	./. €	48,78
Zwischensumme	€	127,63
19 % Umsatzsteuer, Nr. 7008 VV RVG	€	24,25
Summe	**€**	**151,88**

Abrechnung Verfahren D = 2.300 € (in 2. Instanz anhängig)

1,6 Verfahrensgebühr, Nr. 3200 VV RVG aus 2.300 €	€	321,60
1,2 Terminsgebühr, Nr. 3202 VV RVG aus 2.300 €	€	241,20
PT-Pauschale, Nr. 7002 VV RVG	€	20,00
Zwischensumme	€	582,80
./. anteilige anzurechnende Verfahrensgebühr Abs. 1 Anm. zu Nr. 3101 VV RVG	./. €	125,32
./. anteilige anzurechnende Terminsgebühr Abs. 2 Anm. zu Nr. 3104 VV	./. €	140,24
Zwischensumme	€	317,24
19 % Umsatzsteuer, Nr. 7008 VV RVG	€	60,27
Summe	**€**	**377,51**

Lösungsvorschlag 8

1. Außergerichtliche Tätigkeit

Gegenstandswert:
3 × 600 € = 1.800 €, § 23 Abs. 1 S. 2 RVG i.V.m. § 42 Abs. 3 GKG

1,5 Geschäftsgebühr (§§ 2 Abs. 2, 13 Abs. 1 RVG), Nr. 2303 Nr. 2 VV RVG	€	225,00
PT-Pauschale, Nr. 7002 VV RVG	€	20,00
Zwischensumme	€	245,00
19 % Umsatzsteuer, Nr. 7008 VV RVG	€	46,55
Summe	**€**	**291,55**

2. Verfahren vor dem Arbeitsgericht

Gegenstandswert: 3 × 600 € = 1.800 €, § 23 Abs. 1 S. 2 RVG i.V.m. § 42 Abs. 3 GKG

1,3 Verfahrensgebühr (§ 2 Abs. 2, 13 Abs. 1 RVG), Nr. 3100 VV RVG	€	195,00
./. 0,75 Geschäftsgebühr Nr. 2303 VV RVG	./. €	112,50
(Vorbemerkung 3 Abs. 4 VV RVG)		
Zwischensumme	€	82,50
1,2 Terminsgebühr (§ 2 Abs. 2, 13 Abs. 1 RVG), Nr. 3104 VV RVG	€	180,00
PT-Pauschale, Nr. 7002 VV RVG	€	20,00
Zwischensumme	€	282,50
19 % Umsatzsteuer, Nr. 7008 VV RVG	€	53,68
Summe	**€**	**336,18**

3. Summe Ziff. 1 + Ziff. 2

291,55 € + 336,18 €	€	**627,73**

E. Die etwas andere Prüfungsvorbereitung

Leider gibt es keine bundeseinheitlichen Regelungen betreffend erlaubter Verweise in Gesetzen etc. Dies führt dazu, dass unter Prüflingen teilweise eine große Unsicherheit herrscht, was denn nun erlaubt ist, und was nicht. Zu beachten ist, dass Dinge, die in dem einen Kammerbezirk erlaubt sind, noch lange nicht für die anderen Kammerbezirke gelten müssen. Bei wichtigen Fragen, die Ihnen Ihre Lehrer nicht beantworten können, sollten Sie sich daher rechtzeitig an die entscheidenden Stellen wenden. Dies sind in der Regel die Prüfungsausschüsse. Entsprechende Anfragen können Sie daher an die für Sie zuständige Rechtsanwaltskammer, z.Hd. des Prüfungsausschussvorsitzenden bzw. Aufgabenausschusses richten. Bedenken Sie bitte, dass diese Ausschüsse oft nur alle paar Monate tagen und wenden Sie sich **rechtzeitig** mit Ihren Fragen an sie. Vorteilhaft ist es, wenn Sie alle diesbezüglichen Fragen in einem Brief von einem Vertreter/einer Vertreterin stellen lassen. Dies kann die/der jeweilige Kurssprecher/in sein.

Grundsätzlich haben in einem Kammerbezirk alle Prüflinge dieselben Voraussetzungen, d.h. wichtige Entscheidungen werden üblicherweise allgemein bekanntgegeben.

1. Häufig gestellte Fragen

a) Abkürzungen

Ist es möglich, einmal auf der 1. Seite der Prüfung zu schreiben: „Alle §§- und VV-Angaben beziehen sich, soweit nichts anderes angegeben auf das RVG?" und dann RVG nicht mehr hinter jede Gebühr zu schreiben?

Eine Standard-Antwort für die gesamte Bundesrepublik gibt es hierzu nicht, da die Prüfungsausschüsse diese Frage sehr individuell beantworten. Selbst wenn man Ihnen diese Vorgehensweise erlaubt, beachten Sie jedoch bitte, dass z.B. in der Gebührenrechts-Prüfung auch das GKG abgefragt wird. Es besteht die Gefahr, dass man in den Fällen, wo eben nicht das RVG gilt, auch vergisst, z.B. das GKG zu benennen. Das kann wichtige Punkte kosten. Gleiches gilt im Übrigen auch für die Abkürzung von Gebührenbezeichnungen (z.B. TG statt Terminsgebühr). Woher soll der Prüfer wissen, ob Sie bei „EG" die Einigungs- oder Erledigungsgebühr meinen? Auch in einer Rechnung in der Praxis sind die Gebühren ja zu bezeichnen, vgl. § 10 RVG. In manchen Kammerbezirken sind daher Abkürzungen von Gebührenbezeichnungen verboten. Lesen Sie hierzu bitte auch die Angaben auf dem Prüfungsblatt durch!

b) Ich hab nur eine „alte" RVG-Textausgabe. Reicht die aus?

Ganz klar: Nein! Sie sollten grundsätzlich mit aktuellen Textausgaben arbeiten. Denken Sie auch bitte daran, dass Sie für die Gebührenrechts-Prüfung eine Ausgabe des GKG, FamGKG und GNotKG benötigen. Die Arbeit mit dem Schönfelder sollte Ihnen vertraut und selbstverständlich sein. Vorsicht: Oft sind Textausgaben mit Erläuterungen nicht zugelassen.

c) Darf ich schriftliche Anmerkungen in meinen Gesetzestexten haben?

In den Gesetzestexten dürfen in der Regel grundsätzlich §§-Verweise angemerkt werden. Einige Prüfungsausschüsse erlauben „Ein-Wort-Hinweise", die sich aus dem Gesetz selbst auch ergeben, sind meist nicht erlaubt, wie z.B. § 511 „Berufung", da der Prüfling wissen soll, wo das geregelt ist. Dies wird aber unterschiedlich gehandhabt, daher sollte auch hier unbedingt rechtzeitig eine Rückfrage erfolgen. Nicht erlaubt sind Erläuterungen und Kommentierungen (z.B. „Das gilt nicht für FamFG-Verfahren.").

d) Darf ich farbige Markierungen in meinen Gesetzestexten haben?

Der Verfasserin ist aus verschiedenen Kammerbezirken nichts Gegenteiliges bekannt. Die farbigen Markierungen dürfen aber keine Schemata erkennen lassen. Bitte fragen Sie hierzu Ihre Kammer oder Dozenten.

e) Darf ich mein Handy als Taschenrechner in der Prüfung benutzen?

Nein. Das ist grundsätzlich verboten.

f) Welche Hilfsmittel sind für die jeweilige Prüfung zugelassen?

Die zugelassenen Hilfsmittel ergeben sich aus der Prüfungsbenachrichtigung und sind zudem in der Regel oben auf dem Aufgabenblatt der Prüfung nochmals vermerkt. Achten Sie darauf, dass sich am Prüfungstag auf Ihrem Tisch nichts befindet, was nicht als Hilfsmittel zugelassen ist. Halten Sie sich an die Kammervorgaben und nicht an „Gerüchte". Dann sind Sie auf der sicheren Seite.

2. Last-Minute-Tipps für die Prüfung

Drei Wochen vor der schriftlichen Prüfung

- Gesetzestexte kontrollieren. Unerlaubte Anmerkungen ausradieren, oder – sofern dies nicht möglich ist – neue Gesetzestexte kaufen und diese mit den §§-Verweisen versehen. Hier wird zusätzlich noch mal das Kurzzeitgedächtnis trainiert.
- Achtung: Gerade der Schönfelder ist mit aktuellster Ergänzungslieferung kurz vor Prüfungen gerne vergriffen! Unbedingt frühzeitig daran denken, eine aktuelle Version nachzubestellen, sofern dies notwendig ist.

Drei Wochen vor der mündlichen Prüfung

- Täglich die Nachrichten verfolgen. Gerade im Fach Arbeitsrecht (Personalwirtschaft) werden gerne aktuelle Tagesgeschehen in die mündliche Prüfung aufgenommen, z.B. Fragen nach laufenden Tarifverhandlungen; Streiks; evtl. auch wichtige aktuelle Entscheidungen des Bundesverfassungsgerichts.

Der Abend vor der schriftlichen Prüfung

- Der letzte Tag sollte – wenn überhaupt – nur zum Wiederholen des bereits gelernten Stoffes genutzt werden. Am besten lenkt man sich jedoch mit den letzten Vorbereitungen ab.
- Hilfsmittel bereitlegen,
    - Taschenrechner (Achtung: am besten einen Rechner, der sowohl mit Solarenergie als auch Batterie funktioniert, keinesfalls nur auf Solarrechner verlassen – manche Prüfungsräume sind zu dunkel für Solarrechner, Batterien prüfen u. ggf. auswechseln)

- Fristenkalender (und zwar für das in der Einladung ausgeschriebene Jahr, Feiertage/Samstage und Sonntage sollten deutlich erkennbar sein)
- benötigte und als Hilfsmittel erlaubte Gesetzestexte
- Regenschirm, Taschentücher, ggf. Asthmaspray, etc. nicht vergessen.

- Ausweis und Prüfungseinladung einpacken.
- Fahrtroute zum Prüfungsort bereitlegen; ggf. Kleingeld für Parkgebühren.
- Handy aufladen, nur zum Eigengebrauch mitnehmen, nicht anrufen lassen! Telefonnummer der jeweiligen Rechtsanwaltskammer oder von Mitprüflingen mitnehmen, falls unterwegs Unvorhergesehenes passiert. Handy vor der Prüfung ausschalten und in die Tasche geben!
- Rechtzeitig schlafen gehen, um am nächsten Tag ausgeschlafen zu sein.
- 1 bis 2 Stunden vor dem Schlafengehen auf jeden Fall mit dem Lernen aufhören und entspannen (warmes Bad, Musik hören).
- Extreme Spannungen kann man gut mit Sport bekämpfen, z.B. Schwimmen gehen, Joggen, Walken, etc.
- Zwei Wecker stellen mit Abstand von 5 Minuten. Batterien prüfen.
- Das passende Outfit (ein bisschen Büro-Chic darf schon sein) vorbereiten und zurechtlegen. (Alles gebügelt, Schuhe geputzt?).
- Genug Zeit am Morgen einplanen, damit keinesfalls Hektik aufkommt.

Der Abend vor der mündlichen Prüfung

Die Vorbereitungen sind ähnlich wie bei der schriftlichen Prüfung. Besonderheit:
- Ausweis, Gesetzestexte, Stift, Block und Einladung zur Prüfung bereitlegen

Der Prüfungstag

- Ordentlich frühstücken, z.B. mit Müsli oder Vollkornbrot.
- Nicht zu viel Kaffee oder schwarzen Tee – macht nervös.
- Rechtzeitig zum Prüfungsort losfahren. Überschüssige Wartezeit kann man zu einem kleinen Spaziergang nutzen.
- Optimistisch sein und sich freuen, dass man es bald geschafft hat.
- Ruhig bleiben, tief durchatmen und los geht's …

Die schriftliche Prüfung

- Legen Sie sich zu Beginn der Prüfung alle „Utensilien", die Sie benötigen, zurecht. Späteres Kramen in der Tasche ist nicht erlaubt, stört die anderen und bringt Sie in Hektik.
- Hören Sie bei der Begrüßung durch die Aufsicht genau zu. In der Regel wird ein Mitglied des Prüfungsausschusses die Prüflinge begrüßen und wichtige Anweisungen erteilen. Achten Sie darauf, die richtige Anzahl von Aufgabenblättern zu erhalten.
- Bearbeitungszeit einteilen.

- Leserlich schreiben – auch der Korrektor ist nur ein Mensch – schwer lesbare Schriften ärgern, weil das Korrigieren länger dauert. Problematisch wird es, wenn man tatsächlich nicht erkennen kann, was gemeint ist – da kann der Prüfer auch bei viel Good-Will keine Punkte vergeben.

- Nicht vergessen, den vollen Namen und das Prüfungsfach auf alle Lösungsblätter zu schreiben.

- Keinesfalls erst alle Aufgaben lesen, um zu sehen (und sich zu beruhigen), dass man alles kann – das kostet wertvolle Zeit – die Gefahr, Aufgabenstellungen zu verwechseln (Berechnen Sie bitte die Gebühren des Klägervertreters/Beklagtenvertreters) ist groß.

- Lösen Sie eine Aufgabe nach der anderen – Aufgaben, die Ihnen zu schwierig erscheinen oder bei denen Sie viel im Gesetz nachblättern müssen, hinten anstellen. Markieren Sie auf dem Aufgabenblatt die Aufgaben, die Sie ausgelassen haben (z.B. mit einem Kringel) und die, die Sie schon fertig gestellt haben (z.B. mit einem Haken).

- Denken Sie daran, die allgemeinen Vorgaben für die jeweilige Prüfung auch zu lesen! Diese befinden sich in der Regel oben auf dem Aufgabenblatt und geben Ihnen genaue Anweisungen, was zu tun ist (z.B. Berechnen Sie bei Rahmengebühren die Mittelgebühr! Oder: Lösungsschritte sind anzugeben. Oder: Bitte immer gesetzliche Bestimmungen angeben, außer es ist etwas anderes vermerkt.) Gerade §§ werden oft nicht angegeben, das kostet wertvolle Punkte!

- Wenn Zeitnot aufkommt, zumindest noch die Gebühren bezeichnen und mit VV-Nrn. oder §§-Angaben versehen – ausrechnen kann man dann immer noch, wenn Zeit bleibt.

- Wichtige Hinweise in Aufgaben markieren (Leuchtstift oder unterstreichen), um nichts zu übersehen, ggf. neben der Aufgabe Notizen machen, z.B. Nr. 1008 VV RVG.

Beispiel:

RA Josef Huber **verklagt** im Auftrag der **Eheleute Müller** Otto Meier vor dem LG München I. Nach **gescheiterter Güteverhandlung** wird streitig verhandelt. Die Zeugen Schneidhuber werden gehört. Schließlich wird ein **Vergleich geschlossen**. Der Beklagte zahlt zur Abgeltung aller Ansprüche einen Betrag von 2.000 €.

Gebührenrechtlich Wichtiges wurde markiert:

verklagt — 1. Instanz
Eheleute Müller — Erhöhung, Nr. 1008 VV RVG
Teilnahme Güteverhandlung — 1,2 Terminsgebühr
Vergleich — 1,0 Einigungsgebühr

Die mündliche Prüfung

- Ruhig bleiben; die Prüfer sind auch nur Menschen.
- Prüfungsfragen mit eigenen Worten wiederholen: Man gewinnt Zeit und geht sicher, nicht am Thema vorbeizureden.
- Nachfragen, wenn man eine Frage nicht zu 100 % verstanden hat oder nicht genau weiß, worauf der Prüfer hinaus will.
- Laut und deutlich sprechen.
- Nicht zu schnell sprechen.
- Nicht zu kompliziert denken. Vom Einfachen zum Speziellen vorarbeiten.
- Halbwissen nicht von sich aus ansprechen, es sei denn, es wird konkret danach gefragt.
- Den Dialog mit dem Prüfer suchen. Durch geschicktes Einflechten des eigenen Wissens, kann man das Prüfungsthema manchmal in eine Richtung führen, wo man selbst gut Bescheid weiß.
- Bereits Gesagtes unter Umständen mit anderen Worten noch mal wiederholen, denn oft will der Prüfer einen bestimmten Begriff hören.
- Bei mündlichen Prüfungen wird besonders positiv bewertet:
  - authentische Aussagen, keine Phrasendrescherei
  - gute Begründungen
  - Argumentationsweise mit Schlussfolgerungen
  - Transfer auf Praxissituationen
- Nicht von scheinbar klügeren Mitprüflingen nervös machen und sich verunsichern lassen.
- Fragen und Antworten der anderen Prüflinge genau mitverfolgen, da unbeantwortete Fragen oft weitergegeben werden.
- Und bitte: Lassen Sie sich Ihr Wissen nicht aus der „Nase ziehen". Sprechen Sie mit Ihrem Prüfer. Er möchte mehr als nur zwei Worte von Ihnen hören.
- Und schließlich nach der Prüfung: Dem Prüfling Mut machen, der nach einem dran ist und schon bibbernd vor der Tür wartet.

VIEL ERFOLG UND GLÜCK
BEI DER PRÜFUNG!